Découvrez l'histoire par les archives de presse

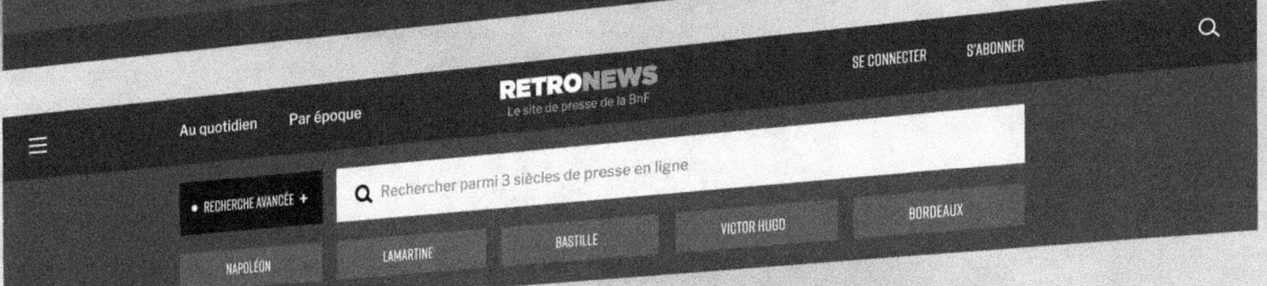

RETRONEWS

Le site de presse de la BnF

www.retronews.fr

TABLE DÉCENNALE

DE LA

REVUE ARCHÉOLOGIQUE

8° V
654
(TABLE, 1860-1869)

Paris. — E. DE SOYE et FILS, imprimeurs, place du Panthéon, 5.

TABLE DÉCENNALE

DE LA

REVUE ARCHÉOLOGIQUE

NOUVELLE SÉRIE

1860 — 1869

DRESSÉE PAR M. FERD. DELAUNAY

BIBLIOTHÈQUE SAINTE GENEVIÈVE
SG

SUIVIE

DE L'INDEX DES GRAVURES

PARIS

LIBRAIRIE ACADÉMIQUE

DIDIER ET Cie, LIBRAIRES ÉDITEURS

QUAI DES AUGUSTINS, 35

1874

TABLE ALPHABÉTIQUE PAR NOMS D'AUTEUR

A

A. B. — Armorial de Gilles le Bouvier, par M. VALLET DE VIRIVILLE, XV, 8 . — L'île de Crète, par M. Georges PERROT, XV, 231. — Topographie de l'Iliade, par M. NICOLAÏDES, XV, 232. — Bulletin mensuel de l'Académie des inscriptions, XVI, 73, 150, 227, 292, 369, 440. — Ronsardiana, de M. de Rochambeau, XVI, 376. — Bulletin de l'Académie des inscriptions, XVII 96, 166, 241, 318, 383, 463. — Écrits historiques de Philon d'Alexandrie, par F. DELAUNAY, XVII, 101. — Les Dieux et les Héros de G. Cox, traduit par BAUDRY et DÉBROT, XVII, 103. — Histoire d'Hérode, par M. DE SAULCY, XVII, 324. — Droit public et privé des Athéniens, par M G. PERROT, XVII, 470. — La Place de l'homme dans la nature, de M. Hunlay, traduit par M. DALLY, XVII, 471. — Bulletin de l'Académie des inscriptions, XVIII, 73, 138, 216, 293, 367. — La Tragédie et le Drame national de M. Sepet, XVIII, 446. — Les habitants primitifs de la Scandinavie, XIX, 157. — Bulletin de l'Académie des inscriptions, XIX, 300, 383, 454. XX, 59, 151, 221, 286, 357, 434.

ADERT. — Bas-reliefs de Thasos, XIII, 419.

ALEXANDRE (C.-A.). — Histoire romaine de Mommsen, VIII, 374. — Tomes II et III du même ouvrage, XI, 536. — Tome IV du même ouvrage, XII, 477.

ALEXANDRE (C.). — Inscriptions de Fréjus, III, 370, 459. — Inscriptions de Nice et de Provence, V, 323.

ALLARD (docteur C.). — La Bulgarie orientale, IX, 306.

ALLIEZ (abbé). — Les Iles de Lérins, de Cannes, etc., II, 64.

ALLMEN. — Mosaïque découverte dans l'Isère, XVII, 322.

AMPÈRE (J.-J.). — Voyage en Egypte, XVII, 396.

ANONYMES. — Recherches sur l'étymologie de quelques noms de lieux, III, 376. IV, 88. V, 235.

Sur les observations astronomiques envoyées, dit-on, de Babylone en Grèce, par Callisthène, sur la demande d'Aristote, V, 243.

Testament trouvé à Bâle par Kiessling, X, 121.

Recherches sur l'année égyptienne, de M. Vincent, XIII, 140.

Reliquiæ Aquitanicæ, de MM. Lartet et Christy, XIV, 152. — Les Monuments des six premières dynasties de Manéthon, XIV, 288. — Histoire de la Grèce, de M Grote, XV, 229 — L'Armorique au ve siècle, de M. Morin, XVII, 103. — La table de Peutinger, par M. DESJARDINS, XX, 300. — L'Age de bronze ou les Sémites en Occident, traduit en allemand, XX, 304.

ARBOIS DE JUBAINVILLE (H. D'). — L'église de Saint-Lyé (Aube), I, 289. — Origines de la Champagne, III, 216. — Histoire des ducs et des comtes de Champagne, depuis le vi[e] siècle jusqu'à la fin du xie siècle, I, 132. — Analogies probables de la déclinaison celtique avec la déclinaison sanscrite, XIV, 136 — Sur les noms de quelques affluents de la Seine, XV, 149. — Sur le sens du mot gaulois *durum*, XV, 273. — Les Juifs et les Sarrasins en Cornouailles, XV, 428. — Histoire des ducs et des comtes de Champagne, XVII, 102. — Chanson bretonne, XVII, 227. — Glossaire gaulois d'Endlicher, XVIII, 300. — Racines grecques et latines, de M. BAILLY, XX, 156. — Etymologie d'Agaunum, XX, 188.

ARCELIN. — L'Age de pierre en Egypte, XX, 441.

ARBAUMONT (J. D'). — Borne milliaire, près de Dijon, XVI, 57.

ASSOLANT (E.). — Archéologie de l'Amérique du Nord, XII, 180, 277, 378.

AUBÉ (B.) — Légalité du christianisme au Ier siècle, XIV, 65. — Epigraphie chrétienne de M. LEBLANT, XX, 372.

AUBERT (Ed.). — L'Empereur Honorius et le Consul Probus, V, 161. — Voies romaines de la vallée d'Aoste, VI, 65. — Reliquaire donné par saint Louis, XVII, 105.

AUBERTIN (Charles). — Sépulture celtique de la montagne de Beaune, XIII, 371. — Emplacement de la station Vidubia, XV, 50. — Silex taillés sur la montagne de Beaune, XVI, 319.

AULT-DUMESNIL (Geoffroy D'). — Granits des monuments celtiques, XVII, 221.

AURÈS. — Allée couverte à Aubussargues, XIII, 210. — Système métrique des Gaulois, XIV, 183. — Tombeau de Josué, ses dimensions, XIV, 225. — Autel gaulois votif, ses dimensions, XV, 108. — Pied gaulois ou celtique, XV, 444. — Dimensions de haches en bronze, XVI, 154. — Grotte de Durfort (Gard), XIX, 384. — Dimensions du temple de Vénus Arsinoë, XX, 377.

A. V. — Histoire de la ville et du diocèse de Paris, de l'abbé Lebeuf, continuée par M. Cocheris, XVI, 446.

AVEZAC (D'). — Globe céleste de cuivre de la bibliothèque impériale, XVIII, 293.

B

B. A. — Le Spiritualisme et l'Idéal dans l'art et la poésie des Grecs, de M. Chassang, XVIII, 78. — Vie de Socrate, de M. Chaignet, XX, 76.

BAILLET (Aug.). — De l'élection et de la durée des fonctions du grand-prêtre d'Ammon à Thèbes, VII, 44.

BAILLY (Anatole). — Racines grecques et latines, XX, 156.

BANDOT (Félix). — Vase gallo-romain de Glanen, XIII, 66.

BARDOUX (Agénor). — Les Grands Baillis au XVe siècle, VII, 440.

BARTHÉLEMY (Anatole DE). — Sens de quelques mots de basse latinité, VI, 81. — Archives de l'empire; collection des sceaux, VII, 241. — Cartulaire de l'abbaye de Redon, VII, 397. — Monnaies mérovingiennes d'Alise-Sainte-Reine, VIII, 377. — L'Art gaulois, X, 1. — Itinéraire de Bordeaux à Jérusalem, X, 98. — Les Monnayeurs, les Lieux et la Fabrication de la monnaie, XI, 1. — Le Château de Corlay, XII, 160. — Noms sur les monnaies mérovingiennes, XIII, 140. Constructions lacustres du lac de Neufchâtel, XIII, 143. — Grammaire comparée de F. Bopp, traduite par M. BRÉAL, VIII, 300. — Les Dieux de l'ancienne Rome, XIII, 303. — Deniers du Xe siècle, XIV, 151. — Brique gauloise estampée, XV, 154. — Papyrus du VIe siècle, par MM. DELISLE, A. RILLIET ET H. BORDIER, XV, 311. — Coins monétaires gaulois, XV, 346. — Topographie de l'ancienne province de Touraine, de M. E. MABILLE, XV, 381. — La Pancarte noire de Saint-Martin de Tours, de M. E. MABILLE, XV, 383. — Les Légions du Rhin, de M. Ch. ROBERT, XVI, 301. — Histoire du château et des sires de Saint-Sauveur le Vicomte, de M. L. DELISLE, XVI, 374. — Histoire des ducs et des comtes de Champagne, de M. d'ARBOIS DE JUBAINVILLE, XVII, 102. — Monogramme monétaire de Conan II, XVIII, 152. — Trésor de la cathédrale de Reims, de M. l'abbé CERF, XVIII, 296. — Chants populaires de la basse Bretagne, par M. LUZEL, XX, 455.

BARTHÉLEMY (Edouard DE). — Carrelages émaillés du moyen âge, VI, 46.

BARRY (A.-E.). — Monographie du dieu Leherenn d'Ardiège, I, 190 — Inscriptions romaines du midi de la France, XVI, 371.

BAUDRY (Frédéric). — De la science du langage et de son état actuel, IX, 13, 104. — Les Dieux et les Héros, traduit de M. Cox, XVII, 103.

BAUMEFORT (V. DE). — Le Temple des druides d'Uzès, IV, 247.

BEC DE FOUQUIÈRES (L.). — Jeux des anciens, XX, 73.

BENOIST (L.-E.). — Cistellaria de Plaute, VIII, 552. — Vers 684 et 686 du IIIe livre de l'Enéide, XVII, 385.

BERNARD (Aug.). — Sur l'emplacement du temple d'Auguste, au confluent du Rhône et de la Saône, V, 319. — La Gaule, gouvernement représentatif sous les Romains, IX, 1.

BERTRAND (Alexandre). — Les Tombelles d'Auvenay, III, 1. — Le Musée de Namur, IV, 81. — Le Musée de Besançon, IV, 377. — Difficultés du second livre des Commentaires, étudiées sur le terrain, IV, 453. — Le Musée Campana, V, 268.

— Vase et pendant de collier provenant des fouilles de Camiros, VI, 265. — d'Athènes à Argos, I, 66. — Dieux protecteurs des héros grecs et troyens dans l'Iliade, I, 66. — Analyse d'un mémoire sur l'enceinte du Haram-ech-Chérif et le temple de Salomon, VII, 12. — Dolmens et Tumulus, VII, 217. — Mesures itinéraires dans la Gaule gallo-romaine, VII, 344. — Les Voies romaines en Gaule, VII, 406. — Le Calice de Chelles, VIII, 21. — Les Voies romaines en Gaule, VIII, 62, 148, 342. — Fouilles du Châtelier, VIII, 422. — Monuments dits celtiques dans la province de Constantine, VIII, 519. — Les Anciennes populations de la Gaule, IX, 323, 404. — Opinion de M. de Vogüé sur le temple de Jérusalem, IX, 428. — Distribution des dolmens à la surface de la France, avec une carte, X, 144. — Les ruines d'Araq-el-Emir, XI, 474. — Collier en coquillages de Vignely (Seine-et-Marne), XIII, 285. — Les Derniers Jours de Jérusalem, de M. DE SAULCY, XIV, 446. — Le Signe de la croix avant le christianisme, de M. DE MORTILLET, XIV, 447. — Inscription du sud-est de la Gaule, XIX, 301.

BERTY (Ad.). — Trois Ilots de la Cité de Paris, I, 197, 366. — Annuaire de l'archéologie, etc., V, 296.

BEULÉ (E.). — Plan d'Athènes de 1687, I, 294. — Les Muses ilisiades, II, 105. — Mercure Criophore, V, 361. — Le Siége du prêtre de Bacchus, VI, 349. — Fouilles à Carthage, III, 179. — L'Architecture au siècle de Pisistrate, I, 258. — L'Acropole d'Athènes, VII, 276. — Statue d'Hercule en bronze à Rome, XIII, 446. — Préface du drame de Phidias, XVIII, 375. — Histoire de l'art grec avant Périclès, XIX, 228.

BIRCH (S.). — Sur un papyrus magique du musée britannique, VII, 119, VIII, 427. — Le Roi Rhampsinite et le Jeu de dames, XII, 52.

BLACAS (duc DE). — Vase de Gibraltar, XI, 231.

BLANC (Charles). — Histoire des peintres de toutes les écoles depuis la renaissance, VI, 275.

BLONDEL. — Sistre en bronze d'Athènes, XVII, 467.

BOETTICHER (Karl). L'Omphalos de Jupiter à Delphes, I, 257.

BOISSÉE (V.). — Fragments de Dion Cassius, XIX, 375.

BOISSIER (Gaston). — Sur les mots *saltare* et *cantare tragœdiam*, IV, 333. — Atticus, éditeur de Cicéron, VII, 93. — Réformes orthographiques attribuées à Ennius et à Attius, XX, 42.

BONSTETTEN (DE). — Sur le tumulus du Forst, IV, 309.

BOMPOIS (Ferdinand). — Nom et Numismatique de la ville de Sané (Macédoine), XIV, 405; XV, 20, 113, 124.

BORDEAUX (Raymond). — Traité de la réparation des églises, V, 424.

BOUCHER DE MOLANDON. — Charte d'Agius, XX, 78. — Salle des thèses de l'université d'Orléans, XX, 446.

BOUCHERIE. — Prononciation du grec et du latin aux IXe et XIIe siècles, XVIII, 293.

BOUQUET (dom Martin). — Historiens des Gaules et de la France, XIX, 229.

BOURASSÉ (abbé). — Inscriptions gallo-romaines de Tours, XIII, 66.

BOURGEOIS. — La Grotte de la Chaise, XII, 90.

BOUTARIC (E.). — Armement, Force et Tactique des armées françaises aux XIIIe et XIVe siècles, VIII, 338. — Institutions militaires de la France avant les armées permanentes, IX, 79.

BOUTIOT (Th.). — Notice historique sur Vendeuvre et ses environs, V, 421. — Etudes sur la géographie ancienne appliquée au département de l'Aube, IV, 248.

BOUVET (L.). — Piles ou pierres à fermetures, pierres à bassin actuelles, XIII, 452 — Tumulus de Rodmarton, XIV, 221.

BOYER (H.). — Filigranes du papier, II, 150. — Nouvelles Observations sur le papier au filigrane de Jacques Cœur, IV, 20.

BRÉAL (Michel). — Le Mythe d'Œdipe, VIII, 193. — Grammaire comparée de F. BOPP, XIII, 300. — Les Racines, XVI, 262.

BRIANCHON. — Excursion archéologique dans l'arrondissement du Havre, XVI, 152.

BROGLIE (duc DE). — Eloge de M. Silvestre de Sacy, III, 423

BRUGSCH (H.). — Inscriptions géographiques des monuments de l'ancienne Egypte, I, 401. — Revue des monuments égyptiens, IX, 224. — Le Roman de Setnau dans un papyrus démotique du musée de Boulaq, XVI, 161.

BRUNET DE PRESLE (W.). — Sur le nom de Metiosedum, V, 1. — Fouilles de l'allée couverte de la Justice près Beaumont-sur-Oise, XV, 443. — Passage des *agrimensores* sur les tumulus-limites, XVI, 73. — Limites territoriales chez

les Gallo-Romains, XVI, 210. — Fouilles du lycée Napoléon, XVI, 293. — Cimetière gaulois de Montigny-Lencoup, XVIII, 367.

BUCHÈRE (Paul.) — Les Khéta-u des textes hiéroglyphiques et les Hethéens de la Bible, IX, 333.

BULLIOT (J.-G.). — Bronzes gaulois trouvés près d'Autun, IV, 373. — Lettre sur des poteries gallo-romaines, VI, 61. — Fouilles de Bibracte au mont Beuvrai, XIV, 285; XV, 69, 446; XX, 315, 398.

BURNOUF (Emile). — La Bhagavad-Gita, IV, 247.

BURTY (Ph.). — Lit de justice tenu par Charles VII, XIV, 440.

C

CAFFIAUX (H.). — Oraison funèbre d'Hypéride, XII, 228. — Examen du texte de l'oraison funèbre d'Hypéride, publié par M. COMPARETTI, XII, 445. XIII, 18. — Régence d'Aubert de Bavière, XVIII, 444.

CAILLEMER (E.). — Histoire de la préture, de M. LABATUT, XVIII, 147.

CALLAND. — Station de l'âge de bronze dans la vallée de l'Aisne, XX, 131.

CAVEDONI (abbé Celestino). — Publication de ses manuscris, XIII, 220.

CARTAILHAC. — Dolmens de l'arrondissement de Sainte-Affrique, XIII, 67.

CASTAN (A.) — Tombelles et Ruines du massif et du pourtour d'Alaise, I, 326.

CECCALDI (G.-C.). — Inscription du camp de César à Nicopolis, X, 211. — Sépulture des environs de Beyrouth, XIX, 225. — Temple de Vénus Arsinoë, XIX, 268.

CECCALDI (T.-C.) — Fouilles de l'île de Chypre, XVIII, 367; XIX, 257; XX, 208.

C. E. R. — L'Art harmonique aux XIIe et XIIIe siècles, de M. E. DE COUSSEMAKER, XIV, 70. — L'Egypte ancienne et la Bible, de M. F.-J. MATHIEU, XIV, 150. — Salles des thèses de l'université d'Orléans, de M. BOUCHER DE MOLANDON, XX, 446. — L'Hellénisme en France de M. EGGER, XX, 452.

CERF (abbé). — Trésor de la cathédrale de Reims, XVIII, 296.

CERQUAND (J.-F.). — Les Harpyes, II, 367, III, 18. — Les Charites, VI, 325. VII, 52. — Les Sirènes, X, 282.

CERQUAND (H.). — Inscriptions de la Turbie, XX, 280.

CHABAS (F.). — Papyrus hiératiques, II, 223. — Poids égyptien, III, 12. — La Circoncision chez les Egyptiens, III, 298. — Le Cèdre dans les hiéroglyphes, IV, 47. — Papyrus hiératiques, IV, 119. — Scène mystique peinte sur un sarcophage égyptien, V, 370. — Mélanges égyptologiques, V, 291. — Le Papyrus magique Harris, III, 420. — Dernières Publications, IX, 226.

CHABOUILLET (A.). — Sur un coffret d'argent, III, 230, 265. — Inscription mithriatique du cabinet des médailles, XIII, 322. — Monument mithriatique de la bibliothèque impériale, XIV, 73. — Ville de Sané, XV, 76. — Inscriptions gauloises, XVII, 242, 320. — Camée du Grand Mogol Chah-Djihan, XIX, 425. — Main de bronze adressée à une peuplade gauloise, XX, 161. — Trophée des Alpes à la Turbie, XX, 294.

CHAIGNET (A. Ed.). Vie de Socrate, XX 73.

CHAMPFLEURY. — Histoire de la caricature antique, XI, 448.

CHAMPOLLION le jeune. — Lettres de Nubie et d'Egypte, XVII, 172.

CHAPER. — L'Ancienneté de l'homme prouvée par la géologie, IX, 453.

CHAPPUIS. — Fragments des ouvrages de Terentius Varron, XVIII, 222.

CHARDIN (Ferdinand). — Autel romain du musée de Strasbourg, XV, 42. — Autel de Brumath, XV, 159. — Autel romain découvert en 1865 à Strasbourg, XV, 352. — Vase de verre du musée de Strasbourg, XVI, 148.

CHARNOCK (R.-S.). — Etymologie de quelques surnoms curieux, XIX, 158.

CHASSANG (A.). — Le Spiritualisme et l'Idéal dans l'art et la poésie des Grecs, XVIII, 78.

CHASSANT (Alphonse). — Dictionnaire des abréviations latines et françaises, VI, 128.

CHASTEIGNER (comte Alexis DE). — L'Age de pierre dans les Landes, XVIII, 95.

CHATELET. — Sur le véritable emplacement de la capitale des Lexovii, VII, 301.

CHAUDRUC DE CRAZANNES (le baron). — Apollon gaulois, lettre à M. Maury, I, 291. — Diverses appellations de Mars considéré comme divinité topique des Gaulois, III, 311.

CHERBULIEZ (André). — La Ville de Smyrne et son orateur Aristide, X, 239. — Les Perses d'Eschyle, XIX, 75.

CHEVRIER (Jules) — Groupe antique représentant un gladiateur terrassé par un lion, I, 317.

CHOISY. — Courbes des degrés de la plateforme du Parthénon, XIII, 65. — Théâtre de Bacchus à Athènes, XV, 222.

CHRISTY (H.). — Produits de l'industrie et de l'art des premiers humains, IX, 233. — *Reliquiæ Aquitanicæ*, XIV, 152.

CLARKE-HYDE. — Bas-relief antique de Smyrne, XIII, 453

CLÉMENT DE RIS (comte L.). — Retable de Roger Van der Weyden à l'hôpital de Beaune, V, 259.

CLERC (Ed.). — Gérard de Roussillon, XX, 449.

CLERMONT-GANNEAU (Charles). — Inscription grecque d'une lampe trouvée à Jérusalem, XVIII, 77.

CLOSMADEUC (G. DE). — Dolmen tumulaire de Crubeltz, IX, 393. — Céramique des dolmens du Morbihan, XI, 257. — Colliers-talismans bretons, XII, 433. — Dolmens de Keryaval, XIV, 153.

CLEUZIOU (Henri DU). — Exploration celtique en Champagne, XVIII, 219. — Haches de pierre et de bronze, XVIII, 264.

COCHERIS (Hippolyte). — Histoire de la ville et du diocèse de Paris, IX, 147. — T. II du même ouvrage, XI, 351. — Histoire de la ville et du diocèse de Paris de l'abbé Lebeuf, XVI, 446.

COCHET (abbé). — Si les vases poussent naturellement en terre, I, 295. — Découvertes archéologiques, en 1861, dans la Seine-Inférieure, V, 16. — Cimetière mérovingien de Lamberville, VI, 153. — Opérations archéologiques dans la Seine-Inférieure, 1861-62, VII, 33. — Opérations archéologiques dans la Seine-Inférieure, 1862-63, IX, 94. — Opérations archéologiques dans la Seine-Inférieure, 1863-64, XI, 191. — Fouilles de Douvrend, XIII, 107. — Opérations archéologiques dans la Seine-Inférieure, 1864-65, XIII, 314. — Antiquités franques de Sommery, XIV, 143. — Trois cercueils de plomb à Dieppe, XIV, 322. Statue de Henri le Jeune découverte à Rouen, XIV, 363. — Découvertes à Avesnes, XV, 64. — Opérations archéologiques dans la Seine-Inférieure, 1865-66, XV, 194. — Bracelet gaulois en bronze, XV, 297. — Dalle tumulaire de l'église Saint-Jacques, XVI, 153. — Moules de haches et lances en bronze, XVI, 231. — Opérations archéologiques dans la Seine-Inférieure, 1866-67, XVII, 33. Chapelle et Tombeau des Longueil à Dieppe, XVII, 465. — Fouilles à Héricourt en Caux, XVIII, 217. — Dalles tumulaires, XVIII, 368. — Opérations archéologiques dans la Seine-Inférieure, 1867-68, XIX, 186. — Découvertes aux Dominicains de Rouen, XX, 224. — Maisons romaines dans la forêt d'Eawy (Seine-Inférieure), XX, 362. — Antiquités mérovingiennes à Nesle-Hodeng, XX, 441.

COMMISSION de la topographie des Gaules. — Dictionnaire archéologique des Gaules, XIV, 35, 121, 208.

COMPARETTI. — Oraison funèbre d'Hypéride, XII, 445.

CONESTABILE (comte Giancarlo). — Monuments écrits ou anépigraphes des Etrusques, IV, 432. — La Fiole en verre du musée de Reims, V, 379. — Inscriptions étrusques du musée Campana et du musée Blacas, VII, 312. — Urnes sépulcrales de Volterra, XII, 81. — Pierres gravées étrusques, XIII, 346. — Miroirs étrusques, XIII, 365. XIV, 109.

CONTEJEAN. — Castellum gaulois de l'Auvergne, X, 484.

CONTZEN (Léopold). — Emigrations des Celtes, IV, 166.

CORNET (E.-F.). — Enigmes de Symposius, XIX, 310.

CORRARD DE BREBAN. — Les Abbesses du Paraclet, V, 421. — Observations sur le texte de Joinville, XV, 169, 233.

COSTE (A.). — Notice sur la ville de Vieux-Brisach, II, 285. — L'Alsace romaine, I, 68.

COUGNY (G. DE). — Notice sur le château de Chinon, III, 203.

COURAJOD (Louis). — Trésor de la cathédrale d'Auxerre, XIX, 328. — Topographie ecclésiastique de la France aux XVIIe et XVIIIe siècles, XX, 448.

COURNAULT (Charles). — Instrument de musique du musée de Saint-Germain, XVIII, 56.

COURSON (Aurélien DE). — Des Curiosolithes de César, III, 260.

COUSSEMAKER (E. DE). — L'Art harmonique aux XIIe et XIIIe siècles, XIV, 70.

COYNART (R. DE). — Camp de Chassey (Saône-et-Loire), XIV, 178. XV, 261.

CREULY (général). — Lettre à M. Maury sur une inscription latine de Suèvres, II, 101. — Les Quinquégentiens et les Babares, III, 51. — Copie rectifiée du milliaire de Tongres, III, 408. — Les descendants immédiats d'Eporédorix, IV, 110. — Difficultés du second livre des Commentaires étudiées sur le terrain, IV, 453. — Musée de Beaune, V, 23. —

Musée de Dijon, V, 105. — Traduction d'un travail sur une inscription du musée de Latran, V, 384; VI, 31. — Traduction d'un travail sur une inscription de Palestrina (Præneste), VI, 97. — Quatre inscriptions funéraires de l'époque mérovingienne, VI, 313. — Examen des lieux proposés pour représenter Uxellodunum, II, 62. — Nouveau Pagus gallo-romain, VII, 299. — La Carte de la Gaule, VII, 383; VIII, 26, 137, 253, 297, 387, 496. — Cimetières chrétiens pendant la persécution, X, 28. — Gué antique dans le lit de la Mayenne, X, 265. — Estampille de *dolium*, X, 449. — Inscription romaine de Vieux, près Caen, XII, 30. — Authenticité sur le nom de famille romain Iallius, XIII, 63. — Inscriptions d'Algérie, XIII, 287. — L'Aquitaine des Romains, XIX, 90.

Curtius (Ernest). — Inscriptions grecques se rapportant aux sources et aux fontaines, I, 194.

D

Dally (Dr E.). — Place de l'homme dans la nature, XVII, 471.

Damour (A.). — Composition de haches en pierre de diverses qualités, XII, 319; XIII, 190; XV, 240.

Dannell (J.-F.). — Lieux de sépulture de l'Allemagne, XIII, 222.

Daremberg (Ch.). — Archéologie médicale, XII, 95, 249, 337. — Médecine entre Homère et Hippocrate, XVIII, 345; XIX, 63, 199, 259.

Daubrée (A.). — Exploitation des métaux en Gaule, XVII, 298.

Daumet (H.). — Mission archéologique de Macédoine, XIV, 69.

David (T.-B. Emeric). — La Peinture et la Gravure au moyen âge, IX, 311.

Dehèque. — Nouveau Dème de l'Attique, XVII, 463.

Delaroche (Paul). — Bas-reliefs du Parthénon, X, 168.

Delaunay (Ferdinand). — Ecrits historiques de Philon d'Alexandrie, XVII, 101.

Delaunay et Bourgeois. — La Grotte de la Chaise, XII, 90.

Delbet (J.). — Exploration archéologique de la Galatie et de la Bithynie, d'une partie de la Mysie, de la Phrygie, de la Cappadoce et du Pont, VI, 347.

Delisle (Léopold). — Histoire du château et des sires de Saint-Sauveur le Vicomte, XVI, 374. — Le Cabinet de Gaignières, XVIII, 293.

Deloche (Maximin). — Du principe des nationalités, III, 92.

Deltour et Moureau (Ath.). — Thèses latines et françaises pour le doctorat ès lettres depuis 1810, XX, 231.

Demmin (Auguste). — Guide de l'amateur de faïences et porcelaines, VIII, 456.

Deschamps de Pas (L.). — Histoire sigillaire de la ville de Saint-Omer, IX, 78.

Desgranges (baron). — Vues photographiques de la Grèce, XX, 374.

Desjardins (Ernest). — Notice historique et bibliographique sur M. le comte Bartolomeo Borghesi, I, 319, 405. — Ruines d'une cité inconnue près de Plaisance, XI, 129. — Position géographique des *Serrenses*, XI, 511. — Exploration archéologique du Danube inférieur, XVI, 309. — Exploration de la Debradscha, XVII, 241. — Inscription sur les douanes romaines, XVII, 385. — Table de Peutinger, XX, 300.

Desor (E.). — Constructions lacustres du lac de Neufchâtel, XIII, 143.

Dethier. — Matériaux pour l'histoire de l'artillerie, et particulièrement de l'ottomane, XVIII, 79.

Detlefsen (D.). — Sur un monument mithriatique de l'Afrique, VII, 292. — Marques de fabrique sur la verrerie romaine, VIII, 215.

Devals. — Le souterrain de Léojac, XIV, 67.

Devéria (Th.). — Monuments relatifs aux Hyq-sos ou antérieurs à leur domination, IV, 249. — Bakenkhonsou, grand-prêtre d'Ammon et architecte principal de Thèbes, contemporain de Moïse, VI, 101. — Notation des centaines de mille et des millions dans les hiéroglyphes, VI, 253. — Quelques personnages d'une famille pharaonique de la XXIIe dynastie, VII, 7. — La race supposée proto-celtique est-elle figurée dans les monuments égyptiens? IX, 38. — La Nouvelle Table d'Abydos, XI, 50. — Emblème d'Hermanubis, XX, 305.

Deville. — Attribution de Genabum à Orléans, XVIII, 367.

Dieffenbach (Lorenz). — Éléments de l'archéologie et de l'histoire de la civilisation, XII, 78.

Dietz (L.). — Les Dieux de l'ancienne Rome, XIII, 303.

Direction de la Revue. — Projet de

classification des haches en bronze, XIII, 59; des poignards et épées en bronze, *ibid.*, 180. — Note sur la métrologie architecturale des Grecs, XIII, 211. — Cavernes à ossements, XIII, 264. — Note sur une étude du texte de Joinville, XV, 169. — Projet de classification des bracelets en bronze, XV, 300. — Guerrier gaulois du musée Calvet, à Avignon, XVI, 69. — Tombe gallo-italique, XVI, 275. — Céramique gauloise, XVII, 93. — Muraille gauloise, XVII, 249. — Four d'un potier gallo-romain à Bellevue (Lot-et-Garonne), XVIII, 297. — Cimetière de l'âge de la pierre polie sur les bords du Rhin, XVIII, 377. — Le cimetière de Monsheim, XIX, 325.

DOGNÉE (O.). — Vase peint à ornements dorés; Éros et Hélène, IX, 52.

DOMENECH (abbé Em.). — Manuscrit pictographique américain, III, 182.

DOUËT-DARCQ. — Archives de l'empire; collection des sceaux, VII, 241.

DUCIS (abbé). — Inscription de Villette (Savoie), XVIII, 442.

DUGAS DE BEAULIEU. — Le Comté de Dachsbourg (aujourd'hui Dabo), II, 63.

DUMONT (Albert). — Monuments de l'âge de pierre en Grèce, XV, 356. — La Grèce avant la légende, XVI, 141. — Miroir trouvé à Corinthe, XVII, 89. — Tablettes du tribunal des Héliastes, XVII, 140. — Réédition, par M. EVELPIDES, du discours de saint Jean Chrysostome sur le sacerdoce, XVIII, 151. — Musée Sainte-Irène, à Constantinople, XVIII, 237. — Antiquités du musée de Belgrade, XVIII, 407. — Inscriptions de la Thrace, XVIII, 441. — Autel votif en Thrace, XIX, 179. — Vase de Phalère, XIX, 213. — Tablette judiciaire attique et ostrakon égyptien, XIX, 225. — Vingt sous-officiers français prisonniers en Thrace, XIX, 386. — Épitaphes chrétiennes de Syrie, XIX, 455. — Les Français de Démotika, XIX, 457. — Poids grec à Babylone, XX, 191. — Bas-relief grec funèbre, XX, 233, 421. — Archéologie préhistorique en Suisse et en Grèce, de M. FINLAY, XX, 296. — Timbre amphorique rhodien, XX, 360.

DULAURIER (Édouard). — Recherches sur la chronologie arménienne, I, 101.

DUPLESSIS (Georges). — Jehan de Paris, etc., avec une notice biographique et bibliographique sur M. RENOUVIER, IV, 79. — Ouvrages relatifs à l'histoire de la gravure et des graveurs, VII, 141.

E

E. D. — Inscription géographique en Sardaigne, XX, 347.

EDÉLESTAND DU MÉRIL. — Usage des tablettes en cire, II, 1, 91. — Si les Athéniennes assistaient à la représentation des comédies, VIII, 128.

EGGER (E.). — Inscription grecque du Sérapéum de Memphis, I, 111. — Sur l'institution athénienne correspondant à notre état civil, IV, 169. — Critique d'un témoignage de Cicéron concernant les artistes grecs, IV, 425. — Post-scriptum à un mémoire d'archéologie de M. HITTORFF, VI, 115. — Fragment oratoire en langue grecque, provenant d'un papyrus égyptien, VI, 139. — La Tour d'Ordre à Boulogne-sur-Mer, VIII, 410. — Mémoires d'histoire ancienne et de philologie, VIII, 452. — Stère du Sérapéum de Memphis, XIII, 103, 234. — Inscription athénienne, XIII, 218. — Traités publics chez les Grecs et les Romains jusqu'à l'ère chrétienne, XIII, 365. — Inscription grecque de Corfou, XV, 63. — Fragments inédits de l'orateur Hypéride, XV, 222 — Papyrus venant d'Égypte et inscription donnant un catalogue de vainqueurs aux jeux Olympiques, XV, 222. — Fouilles du Pirée, XVI, 227. — Note de M. DUMONT sur un monument métrologique, XVI, 292. — Inscription au Pirée, XVII, 318. — L'Hellénisme en France, XX, 452.

EICHTHAL (Gustave D'). — Origines asiatico-bouddhiques de la civilisation américaine, X, 187, 370; XI, 42, 273, 486. — Les trois grands peuples méditerranéens et le christianisme, XII, 479.

ENGELHART. — Inscriptions de Servie, XVIII, 367.

EVELPIDÈS (Dorothée). — Discours de saint Jean Chrysostome sur le sacerdoce, XVIII, 151.

F

FALLUE (Léon). — Objets trouvés dans la Seine et dans un cimetière gallo-romain d'Argenteuil, V, 375. — Fortifications antiques de la vallée de Montmorency, VI, 380. — Casques gaulois, XIII, 260.

FAVY (Henri). — Inscription romaine de Haute-Savoie, XV, 225. — Rectification d'une assertion de M. RILLIET, XV, 377. — Inscriptions gallo-romaines du canton de Genève, XVI, 153.

Favé (le colonel). — Études sur le passé et l'avenir de l'artillerie, V, 294.

Feer. — Relation de l'adjectif et du substantif, XVII, 241.

Féraud (L.). — Monuments dits celtiques dans la province de Constantine, XI, 202.

Ferry (H. de). — Tête de lance en silex, XV, 434. — Figurine en pierre de l'âge du renne, XVII, 207.

Fillon (Benjamin). — Sépulture des abbés de Nieuil-sur-l'Autise (Vendée), XVIII, 369.

Finlay (Georges). — L'Archéologie préhistorique en Suisse et en Grèce, XX, 296.

Flouest (Ed.). — L'Oppidum de Nages (Gard), XX, 392.

Friedlænder (L.). — Mœurs romaines d'Auguste aux Antonins, XVII, 398.

Fillioux. — Inscription gauloise de Marsac, XIII, 136.

Flechia (Giovanni). — Inscription celtique dans le Novarais, X, 453.

Fleury (Ed.). — Peintures murales de l'église de Jumigny, II, 383. — Statue romaine de Bucilly (Aisne), V, 366. — Manuscrits en miniatures de la bibliothèque de Laon, VIII, 299.

Forcella (Vincenzo). — Inscriptions des églises et autres édifices de Rome, XVI, 78.

Forgeais (Arthur). — Collection de plombs historiés trouvés dans la Seine, V, 222. — Même collection, 2e série, VII, 279. Enseignes de pèlerinages, *ibid.* — Plombs historiés, 3e série, IX, 151. — Plombs historiés, 4e série, XI, 166. — 5e série, XIV, 80.

Foucart (P.). — Le Temple d'Hercule à Tivoli, VII, 81. — Le Temple d'Apollon à Delphes, VIII, 43. — Inscriptions de Delphes, VIII, 548. — Inscriptions latines, IX, 210. — Un décret des Thiasotes, X, 399. — Inscriptions inédites de l'île de Rhodes, XI, 218, 293; XIII, 152, 351; XIV, 328; XV, 204; XVI, 21. — Ruines de Delphes, XIII, 142. — Nature et influence de certaines sociétés grecques appelées éranes et thiases, XV, 156.

Franklin (Alfred). — Histoire de la bibliothèque Mazarine, III, 95. — Recherches sur la bibliothèque publique de l'église de Notre-Dame de Paris, au XIIIe siècle, VIII, 550.

Froehner. — Ostraca inédits du musée du Louvre, XI, 422; XII, 30. — Les Trois Bouchées de pain, XIV, 316. — La Vénus d'Antibes, XV, 360. — Le Trésor de Hildesheim, XX, 65.

Faidherbe (général). — Tombeaux mégalithiques d'Algérie, XVIII, 216.

Fustel de Coulanges. — La Cité antique, XI, 77.

G

Gaidoz (Henri). — Exploitation des métaux en Gaule, XVII, 382. — Tessères de gladiateurs, XVII, 408. — Recherches étymologiques sur des noms de lieu de la Suisse, de M. Gatschet, XVIII, 144. — Gargantua, XVIII, 172. — La Conversion des Slaves au christianisme, de M. Léger, XVIII, 223. — Essais philologiques de M. Hewitt Key, XVIII, 445. — Chronique celtique, XIX, 149, 220, 378. XX, 54. — Etymologie de curieux surnoms, de M. Charnock, XIX, 158. — L'Écosse sous ses rois-comtes, de M. Robertson, XIX, 232.

Galles (René). — Le Mané-Lud de Locmariaquer, X, 355. — Tumulus de Moustoir-Karnac, XII, 15. — Menhirs et Cromlechs de Kabylie, XX, 357.

Gargollo-Grimaldi. — Publication des manuscrits de M. Cavedoni, XIII, 220.

Garnier (Edouard). — Tableaux généalogiques des souverains de la France et de ses grands feudataires, IX, 307.

Garnier (J.). — Objets de bronze à Caix (Somme), XVI, 314.

Garrucci (R.). — Nouvel Itinéraire découvert dans les *aquæ apollinares*, V, 254. — Inscription du musée de Latran, V, 384; VI, 31. — Inscription de Palestrina (Præneste), VI, 97.

Gatschet (A.). — Recherches étymologiques sur des noms de lieu de la Suisse, XVIII, 144.

Gaultier du Mottay. — Exploration d'un tumulus au Vieux-Bourg-Quintin, IX, 124. — Substructions gallo-romaines de Caulnes (Côtes-du-Nord), IX, 414. — Opérations archéologiques dans le département des Côtes-du-Nord, 1865, XIII, 292. — Monnaies gauloises, XVI, 283.

Gebhardt (Em.). — La Peinture de genre dans l'antiquité, XIX. 389.

Gerhard (Ed.). — Ueber Orpheus und die Orphiker, V, 419. — Miroirs métalliques des Etrusques, I, 193. — Miroir étrusque; Cérès et Proserpine XI, 234.

Gisli Brynjulcsson. — Remarques sur la saga d'Haavard Isfirding, III, 92.

GOBINEAU (le comte DE). — Religions et Philosophies dans l'Asie centrale, XVII, 326.

GODDENBERG (Alfred). — Castrum gallo-romain du Gross-Limmersberg, II, 65.

GOMART (Ch.). — Le Camp romain de Vermand, II, 286.

GONZALEZ. — Publication des manuscrits de M. C. CAVEDONI, XIII, 220.

GORY (A.). — Note sur un amas de coquilles, mêlé de silex taillés, signalé sur les côtes de Provence, X, 113.

GOURGUES (vicomte A. DE). — Noms anciens de lieux du département de la Dordogne, IV, 75.

GRANDMAISON (Ch.-L.). — Pillage par les huguenots des reliques et joyaux de Saint-Martin de Tours, X, 416.

GRAS (Scipion). — Sur l'existence de l'homme à l'époque quaternaire, VI, 57.

GRATTIER (Ad. DE). — Essai sur l'emplacement de Noviodunum Suessionum, V, 424.

GRÉSY. — Le Calice de Chelles, œuvre de saint Eloi, VIII, 21.

GROTE. — La Grèce antique, XII, 397. — Histoire de la Grèce, XV, 229.

GUÉRIN (V.) Le Tombeau de Josué, XI, 100. — Emplacement de Modin, XIII, 65.

GUIGNE (C.). — Deniers du xe siècle, XIV, 151.

GUILHERMY (F. DE). — Itinéraire archéologique de Paris, III, 261.

GUILLAUME (E.). — Exploration archéologique de la Galatie et de la Bithynie, d'une partie de la Mysie, de la Phrygie, de la Cappadoce et du Pont, VI, 347. — Le Temple d'Adrien à Cyzique, IX, 350. — Ghiaour-kalé-si, ses murailles cyclopéennes, XII, 1. — Bas-relief de Nymphi, XIII, 427.

H

HAEGHEN (Van). — Inscription grecque du roi nubien Silco, X, 202.

HALLÉGUEN (E.). — Evêchés gallo-romains du ve siècle dans l'extrême Armorique, V, 6, et du ve siècle au IXe siècle, VI, 235. — L'Armorique bretonne, celtique, romaine et chrétienne, XI, 78.

HAURÉAU (B.). — Le Concile de Paris de l'année 1210, X, 418.

HAVET (Ernest). — Discours d'Isocrate intitulé : Sur l'*Antidosis*, VII, 437.

HENRIQUEL DUPONT. — Bas-reliefs du Parthénon, X, 168.

HERMAND. — Histoire sigillaire de la ville de Saint-Omer, IX, 78.

HENZEN (G.). — Sur l'inscription de Palestrina (Præneste), VII, 247.

HÉRON DE VILLEFOSSE (A.). — Topographie ecclésiastique de la France aux XVIIe et XVIIIe siècles, de M. COURAJOD, XX, 448.

HERVILLIERS (Edm. Caillette DE L'). — Le Mont Gannelon à Clairoix, près de Compiègne, I, 67.

HEUZEY (Léon). — Inscriptions de l'Illyrie et de la Thrace, VI, 318. — Le mont Olympe et l'Acarnanie, II, 216. — Les Couvents des météores en Thessalie, IX, 153. — Le Panthéon des rochers de Philippes, XI, 449. — Mission archéologique de Macédoine, XIV, 69. — La Ville d'Eané (Macédoine), XVIII, 18. — Bacchus Tasibastenus en Thrace, XVIII, 138. — Dictionnaire de l'Académie des beaux-arts, XVIII, 145. — Le dieu Mên à Bayeux, XIX, 1.

HEWITT-KEY. — Essais philologiques, XVIII, 445.

H. G. — Catalogue du musée archéologique du Mans, de M. HUCHER, XIX, 464.

HIGNARD (H.). — Des Hymnes homériques, XII, 470.

HITTORFF. — Pompéi et Pétra, VI, 1. — Recherches archéologiques en Grèce, VI, 105. — Sur les cimetières chrétiens, X, 115.

HORRACK (J. DE). — Note sur un hypocéphale, VI, 130. — Sur un mot égyptien signifiant *la gauche,* VI, 368. — Nom égyptien du cèdre, IX, 44.

HOUSEL (Ch.). — Les Porismes d'Euclide, III, 221. — Le bronze et le fer dans l'antiquité et au moyen âge, IV, 95.

HOUZÉ (A.). — Quelques noms de lieux, XIV, 200. XV, 99. XX, 214, 271.

HUCHER (Eugène). — Histoire du jeton au moyen âge, IV, 328. — Catalogue du musée archéologique du Mans, XIX, 464.

HUGO (comte Léopold). — Inscription d'Alise, XIV, 222.

HUILLARD-BRÉHOLLES. — Inscription latine de Neuvy-en-Sullias, VI, 350.

HURE (comte DE LA). — Les Conchyliosites du Brésil, XV, 306.

HUSSON (Hyacinthe). — Bronze du cabinet de M. de Saulcy, XX, 72. — Légende de Samson et les mythes solaires, XX, 333.

J

JACOBS (Alfred). — Commerce en Gaule au temps de Dagobert, IV, 187. — Histoire des Francs. Grégoire de Tours et Frédégaire, IV, 408. — Examen des lieux proposés pour représenter Uxellodunum, II, 62. — Les Trois Itinéraires des *aquæ appollinares*, I, 193.

JOURDAIN. — Hérésies d'Amaury de Chartres et de David de Dinan, XVIII, 367.

JUDAS (A.). — De l'écriture libyco-berbère, VI, 157. — Tarif des taxes pour les sacrifices, trouvé à Carthage, VI, 160. — Cartouche pharaonique, XVI, 265.

K

KELLER. — Rapport sur les habitations lacustres de la Suisse, IX, 437.

KENNER (Dr Fr.). — Un édit de l'empereur Claude, XX, 447.

KIESSLING. — Testament trouvé à Bâle, X, 121.

KOUTORGA (DE). — Les Villes de Cyrtones et de Corsia, ruines d'Halæ, II, 390.

KRAPFF (le baron DE). — Les Villes de la Tripolitaine, IV, 29.

KUNSSBERG (Henri) — Excursions dans le domaine de l'antiquité germanique, IV, 487.

L

LABARTE (Jules). — Le Palais impérial de Constantinople, Sainte-Sophie, le forum Augustéon et l'Hippodrome, tels qu'ils existaient au Xe siècle, V, 88. — Histoire des arts industriels au moyen âge et à l'époque de la renaissance, XI, 167.

LABATUT (Edmond). — Histoire de la préture, XVIII, 147. — La Municipalité romaine, XIX, 156.

LABERGE (C. DE). — Jeux des anciens, XX, 73.

LACOUR (Emile). — Ventia et Solonion, II, 396.

LACOUR (Louis). — Annuaire de l'archéologue, etc., V, 296.

LACROIX (P.). — La Peinture et la Gravure au moyen âge, IX, 311. — La Statuaire chez les anciens et les modernes, *ibid.*

LALANDE (Ph.). — Dolmens de la Corrèze, IX, 507. — Station de l'âge du renne en Périgord, XV, 66.

LARCHEY (Lorédan). — Les Maîtres bombardiers de la cité de Metz, IV, 405. — Matériaux pour l'histoire de l'artillerie et particulièrement de l'ottomane, XVIII, 79.

LAROCQUE (Jean). — Date du troisième livre des oracles sibyllins, XX, 261.

LARTET (Ed.). — Produits de l'industrie et de l'art des premiers humains, IX, 233. — *Reliquiæ Aquitanicæ*, XIV, 152.

LARTET (Louis). — Poteries primitives, instruments en os et silex taillés des cavernes de la vieille Castille, XIII, 114.

LAURENT (P.). — Notice sur un Jupiter gallo-romain, V, 86.

LAUTH. — Lettre de M. DE ROUGÉ relative à un mémoire de M. Lauth, VII, 70.

LEBEUF (abbé). — Histoire de la ville et du diocèse de Paris, IX, 147. — Tome II du même ouvrage, XI, 351.

LE BLANT (Edmond). — Représentation inédite de Job, II, 36. — Inscription trilingue de Tortose, II, 345. — L'église de Trèves après l'invasion des Ripuaires, VIII, 531. — Sur quelques noms bizarres adoptés par les premiers chrétiens, X, 4. — Rachat des captifs au temps des invasions barbares, X, 435. — Parabole de la vigne aux premiers siècles chrétiens, XI, 461. — Archéologie chrétienne, XVIII, 228. XIX, 23. — Le Vase de sang des catacombes, XIX, 429. — Epigraphie chrétienne, XX, 372.

LEBRUN-DALBANNE. — Recherches sur l'histoire et le symbolisme de quelques émaux de la cathédrale de Troyes, VII, 439.

LECOQ-KERNEVEN (J.-M.-R.). — Monogramme monétaire de Conan II, XVIII, 152.

LEFLOCQ (J.). — Mystère des bardes de l'île de Bretagne, XVIII, 203.

LÉGER (Louis). — Conversion des Slaves au christianisme, XVIII, 223.

LEGUAY (Louis). — Allée couverte d'Argenteuil, XV, 364.

LEHIR. — Pierres et Bronzes à Goarillach, XX, 359.

LEJEAN (Guillaume). — Sculptures trouvées dans l'ancienne Caphine, XV, 305. — Ruines d'une ville romaine à Kaialik (Bulgarie), XVIII, 81.

LELEUX. — Observations sur les principaux monuments et établissements publics de Paris, VIII, 87, XII, 479.

LENORMANT (Ch.). — Sur la bataille livrée par Labienus sous les murs de Paris, IV, 265. — Bas-reliefs du Parthénon, X, 168.

LENORMANT (François). — Recherches archéologiques à Eleusis en 1860, VI, 125. — Le Vase de la reine Cléopâtre, VII, 259. — Sept inscriptions grecques inédites, IX, 120. — Epitaphe grecque métrique, IX, 282. — Inscriptions latines de Corinthe, IX, 375. — Le Théâtre de Bacchus à Athènes, IX, 434. — Inscription grecque d'Antandrus, X, 49. — Fouilles sur la voie sacrée Eleusinienne, X, 88. — Inscription latine de Patras, X, 386. — Inscriptions grecques de Pholécandros, XI, 124. — Inscriptions chrétiennes de Mégare, XI, 438. — Vase antique de verre représentant des combats de gladiateurs, XII, 305. — Tombeau antique de l'île de Cimolos, XIV, 56. — Légendes dans la numismatique ancienne, XIV, 91. — Constructions préhistoriques dans l'île de Therasia, XIV, 423. — L'âge de pierre en Grèce, XV, 16. — Les Armes de pierre de Marathon, XV, 145. — Triptolème, bas-relief d'Eleusis, XV, 161. — Passage des lettres de Thémistocle relatif à l'écriture cunéiforme, XV, 246. — Fragments de sculpture de l'Héréum d'Argos, XVI, 116. — Origines et formation de l'alphabet grec, XVI, 273, 327, 423. — Inscriptions himyaritiques, XVI, 293. — Statuette de bronze du musée britannique, XVIII, 124. — Intaille phénicienne, XVIII, 137. — Système métrique de Babylone, XVIII, 216. — Statuette babylonienne, XVIII, 231. — Histoire ancienne de l'Orient, XX, 79. — Inscriptions cunéiformes, XX, 350.

LE MEN (R.-F.) — Fouilles au faubourg de Locmaria (Quimper), XIII, 219. — L'Aguilanneuf, XIX, 172. — Sarcophage gallo-romain, XX, 329.

LEROUX DE LINCY. — Vie de la reine Anne de Bretagne, VI, 122.

LÉVÊQUE (G.). — Origines des Gaulois, XX, 302.

LIEBLEIN (F.). — Chronologie égyptienne, IX, 309. — Place chronologique de la XXIIe dynastie égyptienne, XVIII, 272.

LINAS (Charles DE). — Trésor de Pétrossa, XVII, 46.

LINDENSCHMIT (Ludwig). — Le Pilum, XI, 387.

LONGNON (A.). — Les *Pagi*, XIX, 361. — Les Tumuli de Bussy, XX, 34. — Gérard de Roussillon, de M. CLERC, XX, 449.

LONGPÉRIER (Adrien DE). — Monnaies de plomb, X, 322. — Inscriptions latines de Nice, XII, 187. — Vase arabo-sicilien, XII, 366. — Inscription métrique du XIIe siècle, XIII, 41. — Crosse de l'abbaye de Choalis, XIII, 65. — Figure de Bacchus, XIII, 145. — Statue d'Hercule en bronze à Rome, XIII, 446. — Vase d'Amathonte, XIV, 66. — Fibules antiques à pas de vis, XIV, 103. — Vase oriental du Louvre, XIV, 283. — Vase oriental du Louvre appelé baptistère de saint Louis, XIV, 306. — Ateliers monétaires de Dioclétien, XIV, 310. — Représentations des fleuves sur les monnaies antiques des pays grecs, XIV, 359. — Lampes chrétiennes, XV, 376. — Bustes d'Auguste et de Livie, XVIII, 293. — Cachet d'oculiste, XX, 61. — Taureaux d'or italiens, XX, 286.

LONGPÉRIER (Henri DE). — Vases peints de la collection Dzialynski, XVII, 345. — Insignes de la questure et récipients monétaires, XVIII, 58, 100, 158. XIX, 131, 161.

LORIQUET (Ch.). — Tombeau de Jovin à Reims, I, 141, 216, 275. — Marque pharmaceutique, V, 247. — La Mosaïque des promenades et autres trouvées à Reims, VI, 124. — Reims pendant la domination romaine, IV, 406.

LOUANDRE (Ch.) — Les Arts somptuaires, VII, 276.

L. R. — Inscription donnant le nom d'un vicus gallo-romain, VII, 238.

LUBBOCK. — Archéologie de l'Amérique du Nord. XII, 180, 277, 378.

LUCAS (Charles). — L'Empereur Adrien architecte, XX, 303.

LUZEL (F.-M.). — Chanson bretonne, XX, 120. — Chants populaires de la basse Bretagne, XX, 455.

LYELL (Charles). — L'Ancienneté de l'homme prouvée par la géologie, IX, 453.

M

MABILLE (Emile). — Topographie de l'ancienne Touraine, XV, 381. — La Pancarte noire de Saint-Martin, XV, 383.

MANIER (E.). — Etudes étymologiques, IV, 75.

MARCELLUS (le comte DE). — Les Perses d'Eschyle, 286. — Nonnos, les Dionysiaques ou Bacchus, II, 63.

MARCHAL (Ch.) de Lunéville. — Les Ruines de Champlieu, II, 438.

MARCHANT (docteur). — Description des disques en pierre de diverses qualités, XII, 79.

MARIETTE (Aug.). — Fouilles en Egypte,

lettre à M. de Rougé, II, 17. — Lettre à M. Jomard, II, 206. — Inscription de Karnak, II, 287. — Fouilles de Tanis, III, 97. V, 297. — La Table de Saqqarah, X, 109. — Inscription de l'an 400, XI, 169. — Pages des archives officielles de l'Ethiopie, XII, 161. — Nouvelle table d'Abydos, XIII, 73. — Inscription bilingue de Tanis, XIII, 449. — Stèle bilingue de Chalouf, XIV, 283, 361, 433. — Utilité des allitérations dans le déchiffrement des hiéroglyphes, XV, 290. — Tombes de Saqqarah, XIX, 7, 81.

Marquard (Paul). — Les Eléments harmoniques d'Aristoxène, X, 79.

Martha (C.). — Les Moralistes sous l'empire romain, XI, 7. — Lucrèce, XX, 366.

Martin (Henri). — Mystère des bardes de l'île de Bretagne, XVIII, 329, 431. XIX, 27.

Martin (Thomas Henri). — Opinion de Manéthon sur la durée des trente dynasties d'Egypte, II, 78, 131. — Lettre et note en réponse à M. Vivien de Saint-Martin au sujet de la durée des observations astronomiques envoyées de Babylone en Grèce par Callisthène, VI, 62. — Prédictions d'éclipses mentionnées par les auteurs anciens, IX, 170. — La foudre et le feu Saint-Elme dans l'antiquité, XII, 124, 293. XIV, 260, 339.

Mas-Latrie (de). — Histoire de l'île de Chypre sous le règne des princes de la maison de Lusignan, V, 87.

Maspero (G.). — La stèle du songe, XVII, 329. — Découvertes de M. Ch. Nicholson à Memphis, XVIII, 447.

Masson (Gustave). — Manuscrits grecs du *British museum*, XIX, 447. XX, 116.

Mathieu (F.-J.) d'Annecy. — L'Egypte ancienne et la Bible, XIV, 150.

Mauricet (docteur). — Sur le tumulus de Moustoir-Karnac, XII, 25.

Maury (Alfred). — Apollon gaulois, I, 58. — Etudes étrusques en Italie, I, 167. — Apollon gaulois, II, 60, 61. — Antiquités danoises, VI, 19. — Servius Tullius et les premiers temps de l'histoire romaine, VI, 277. — Analyse d'un mémoire sur des monnaies connues vulgairement sous le nom de petits plats à l'arc-en-ciel, VI, 393. — La Gaule dans la table de Peutinger, IX, 60. — Les Académies d'autrefois, IX, 308. — Inscription celtique dans le Novarais, X, 453. — Miroir étrusque; Cérès et Proserpine, XI, 234. — Inscription d'Alise, XIV, 8. — Tumulus tchoudes, XVIII, 29 — Ethnogénie gauloise de M. Roger de Belloguet, XVIII, 367. — Ethnographie gauloise, XIX, 154.

Melleville. — Objet travaillé de main d'homme provenant d'un lignite, V, 181.

Ménard (Louis). — Du polythéisme hellénique, VIII, 192. — Hermès Trismégiste, XV, 230.

Ménard (Louis et René). — La Sculpture antique et moderne, XVII, 248.

Ménant (Joachim). — Principes de la lecture des textes assyriens, III, 467. IV, 31. — Ecritures cunéiformes, I, 314.

Mérimée (P.). — Découverte du véritable usage de l'*Amentum*, II, 210.

Miller (E.). — Explication d'un nom d'artiste grec, III, 59. — Nouvelles observations sur l'inscription gréco-latine de Fréjus, IV, 10. — Oxybaphon du musée Campana, VI, 90. — Inscription grecque des environs d'Athènes, XI, 154. — Inscription grecque en vers de Salonique, XII, 66. — Inscriptions grecques de l'île de Thasos, XII, 139, 268, 368. Bas-reliefs archaïques de l'île de Thasos, XII, 429. — Fragments de N. Choniate sur la numismatique, XIII, 216. — Inscription grecque de Thasos, XIII, 276. — Lettre de M. Adert avec remarques de M. Miller, XIII, 419. — Inscription de Thasos, XIV, 58. — Marbres antiques à Thasos, XIV, 359. — Inscription grecque de Corfou, XV, 63. — Sur le fragment d'Aristodème, XIX, 61. — Fragments inédits d'Appien, XIX, 101. — Réponse à M. Boissée, XIX, 452. — Manuscrit d'Eschyle, XX, 50. — Sceaux amphoriques et inscriptions de Thasos, XX, 135.

Moland (Louis). — Charlemagne à Constantinople et à Jérusalem, III, 37. — Un collège de Paris au XIVe siècle, XI, 519.

Mommsen (Th.). — Histoire romaine, VIII, 374. — Tomes II et III du même ouvrage, XI, 536. — Observations sur les inscriptions de Troesmis, XIII, 187. — Mémoire sur les provinces romaines, XIII, 377. XIV, 369. XV, 1.

Montgravier (A. de). — Ruines d'un oppidum des Volces Arécomiques, VII, 145.

Morel (Ch.). — Poëme latin du IVe siècle, retrouvé par M. L. Delisle, XVII, 451. XVIII, 44.

Morel. — Cimetière gaulois de Somsois, XIV, 23.

Morin (A.-S). — Dissertation sur la légende

Virgini pariturœ, ayant cours à Chartres, IX, 149.

Morin (E.). — L'Armorique au ve siècle, XVII, 103.

Morlot (A.). — Leçon d'ouverture d'un cours sur la haute antiquité, IV, 167. — Rapport de M. Keller sur les habitations lacustres de la Suisse, IX, 437. — Les Pierres à écuelles, X, 25. — Rapport de J.-F. Danneil sur les sépultures de l'Allemagne, XIII, 222. — Relations des Grecs et des Romains avec le nord, XIII, 375.

Mortillet (G. de). — Les Terramares du Reggianais, XI, 302. XII, 112. — Sépultures anciennes du plateau de Somma (Lombardie), XII, 453. XIII, 59. — Age des diverses haches en pierre, XIII, 449. — Origines de la navigation et de la pêche, XIV, 269. — Série d'anneaux, XIV, 417. — Le signe de la croix avant le christianisme, XIV, 447.

Mourier (Ath.). — Thèses grecques et latines du doctorat-ès-lettres, depuis 1810, XX, 231.

Mowat (Robert). — Quelques noms de lieux, XIV, 441. — Signification de quelques noms d'homme, XVII, 355. — L'élément africain dans l'onomastique latine, XIX, 233.

Mullenhoff (Charles) — Appendice au mémoire sur les provinces romaines de Mommsen, XIII, 377. XV, 1.

Muller (M.). — Essai de mythologie comparée, I, 192.

N

Napoléon III. — Monnaies d'Alise, XIV, 1.

Narducci (Henri). — Inscriptions des églises et autres édifices de Rome, de M. Forcella, XVI, 78.

Nicholson (sir Charles). — Découvertes à Memphis, XVIII, 447.

Nickles (Napoléon). — Haches en pierre et en bronze, XIII, 294.

Nicolaïdes (G.). — Topographie de l'Iliade, XV, 232.

Nillson (Sven). — Les Habitants primitifs de la Scandinavie, XIX, 157.

O

Odobesco. — Trésor de Pietrossa (Roumanie), XIII, 65.

Olleris (A.). — Rôle de Gerbert dans l'introduction en Occident des signes de numération, VI, 383.

Oppert (Jules). — Texte persépolitain; rapports de la Syrie et de l'Egypte, XIII, 446. XIV, 65. — Traité babylonien sur brique, XIV, 164. — Monuments assyriens du musée britannique, XVIII, 293. — Chronologie biblique fixée par les éclipses des inscriptions cunéiformes, XVIII, 308, 379.

P

Pappadopoulos (G.-G.). — Antiquités de Syra, VI, 224.

Parent (Auguste). — Pierres-Marteaux des mines d'Espagne, XIII, 137.

Pariset (Ernest). — Histoire de la soie, XI, 448.

Parker (J.-H.). — Les Abbayes de Caen, VIII, 231.

Payan-Dumoulin (E. de). — Antiquités gallo-romaines de Toulon-sur-Allier, II, 436.

Peccadeau de l'Isle. — Objets sculptés et gravés des temps préhistoriques, XVII, 213.

Penguilly-l'Haridon (O). — Tumulus gaulois de Suriauville, II, 200. — Emmanchement des haches de bronze, IV, 329. — Sur des armes grecques, V, 171. — Armes romaines, V, 306.

Perrot (Georges). — Etude et usage du modèle vivant chez les artistes grecs, I, 55. — Légende populaire sur la Vénus corinthienne, I, 178. — Daton, Néopolis, les ruines de Philippes, II, 45. 67. — Sceaux d'amphores thasiennes, III, 283. — Sur les monuments de la Ptérie, V, 125. — Antiquités d'Amasia, V, 207. — Exploration archéologique de la Galatie et de la Bithynie, d'une partie de la Mysie, de la Phrygie, de la Cappadoce et du Pont, VI, 347. — Inscription inédite de Prusias *ad Hyppium*, VII, 371. — Le Temple d'Arien à Cyzique, IX, 350. — Ghiaour-kalé-Si, ses murailles cyclopéennes, XII, 1. — Bas-relief de Nymphi, XIII, 427. — L'Ile de Crète, XV, 231. Discours de M. J. de Witte, à l'anniversaire de la fondation de Rome, XVII, 175. — Sculpture antique et moderne, de MM. Louis et René Ménard, XVII, 248. — Religions et philosophies dans l'Asie centrale, de M. de Gobineau, XVII, 326. — Voyage en Egypte et en Nubie, de J.-J. Ampère, XVII, 396. — Histoire ancienne de l'Orient, de M. F. Lenormant, XVII, 397. — Mœurs romaines,

d'Auguste aux Antonins, de M. FRIEDLOENDEN, XVIII, 398. — Mémoires de la Société de linguistique, XVII 399. — Droit public et privé des Athéniens, XVII, 470. — Bulletin de l'Académie des inscriptions, XVIII, 440. — Régence d'Aubert de Bavière, de M. H. CAFFIAUX, XXIII, 444. — Bulletin de l'Académie des inscriptions, XIX, 151, 223. — La Municipalité romaine, de M. LABATUT, XIX, 156. — L'art grec avant Périclès, de M. BEULÉ, XIX, 228. — Enigmes de Symposius, XIX, 310. — La Peinture de genre dans l'antiquité, de M. GEBHARDT, XIX, 389. — Inscription latine de la Slavonie, XIX, 153. — Bronze d'Asie Mineure, XIX, 393. — Histoire ancienne de l'Orient, de M. LENORMANT, XX, 79. — Thèses latines et grecques pour le doctorat ès lettres, depuis 1810, de MM. DELTOUR et MOURIER, XX, 231. — Origines des Gaulois, de M. LÉVÊQUE. XX, 302. — L'Empereur Adrien, architecte, XX, 303. — Un Edit de l'empereur Claude, XX, 447. — Lucrèce, XX, 366.

PETERSEN (Christian). — Origine et interprétation du droit sacré chez les Grecs, II, 65.

PICOT (Emile). — Mémoire sur les provinces romaines de Th. MOMMSEN, XIII, 377. XIV, 369. XV, 1.

PICTET (Adolphe). — Noms d'hommes gaulois empruntés aux animaux, X, 304. XI, 109. — Essai sur les inscriptions gauloises. XV, 276, 313, 385. XVI, 1, 123. Nouvelle déesse gauloise de la guerre, XVIII, 1.

PIERIDÈS (D.). — Inscriptions de l'île de Cypre, XIII, 437.

PIERRET (Paul). — Prière de Ramsès IV, XIX, 273. — Stèle d'Abydos, XIX, 459.

PINARD. — Histoire et Archéologie du canton de Longjumeau, X, 168.

P. J. — Vues photographiques de la Grèce, de M. Desgranges, XX, 374.

PIPER (Ferdinand). — Verschollene und ausgefundene Denkmæler und Handschriften, VI, 126. — Die calendarien und die martyrologien der Angelsachen, VI, 126.

PONGERVILLE (DE). — Lucrèce, XIV, 150.

PRÉVOST (F.). — Sur l'Interprétation d'un dispositif employé par les défenseurs de l'oppidum des Aduatuques, V, 315. — Mémoire sur les forts vitrifiés, VIII, 87.

PRINCE (Charles). — Les Perses d'Eschyle, XIX, 75.

PRIOUX (Stanislas). — Monuments populaires de Notre-Dame de Liesse, II, 53. — La Butte des croix, tumulus de Limé, III, 129. — Les Joyaux de Monsieur Saint-Quentin, VII, 65. — Le Chemin de la barbarie, VIII, 402. — Eglise de Saint-Thibault de Bazoches, X. 241, 474. — Sépultures du IVe siècle à Quincy-sous-le-Mont, XIII, 208.

PROMIS (Carlo). — Les Antiquités d'Aoste, VII, 80. — Sur un nom géographique, XVI, 46.

PRUNER-BEY. — Tumulus sépulcral des Tchoudes à Ananyino (Russie), IX, 371. — Le Premier Age de fer en Danemark, IX, 424.

Q

QUATREFAGES (DE). — Mâchoire de Moulin-Quignon, XIII, 449.

QUICHERAT. — Prétendu fragment du poëte Turnus, XVII, 463.

QUICHERAT (Jules). — Armes d'Alise-Sainte-Reine, XI, 81. — Basilique de Saint-Martin de Tours, XIX, 313, 403. XX, 1, 81.

QUIRIELLE (Roger DE). — Cimetière gallo-romain de Eysses, XIII, 219.

R

RABOU (commandant). — Voie Aurélienne entre Antibes et Aix, III, 112.

RABUT (L.). — Fouilles au lac du Bourget, XVI, 323.

RAILLARD (abbé F.). — Sur les quarts de ton du graduel *Tibi Domine*, II, 187.

RAMÉ (Alfred). — Emplacement de la cité d'Alet (Ille-et-Vilaine), VII, 353. — Le champ funéraire de Cojou (Ille-et-Vilaine), IX, 81. — Monument gallo-romain de Langon, XIII, 250. — Rectification d'une erreur sur les épées en bronze, XIII, 296.

RATHEAU (A.). — Le Château de Salses, II, 284.

RAYMOND (Paul). — Tumulus des environs de Pau, XI, 36. — Mosaïque de la cathédrale de Lescar (Basses-Pyrénées), XIII, 305. — Dolmens et cromlechs de la vallée d'Ossau, XV, 342.

READ. — Vase gallo-romain avec inscription, XVIII, 225.

RÉGNIER (Ad.). — Présentation du dictionnaire sanscrit-anglais de M. BENFEY, XIII, 305.

Reinaud. — L'art de la mosaïque chez les Byzantins et les Arabes, VI, 43. — Mémoire sur le commencement et la fin du royaume de la Mésène et de la Kharacène, V, 221. — Relations politiques et commerciales de l'empire romain avec l'Asie orientale, IX, 150. — Tétradrachme représentant le fondateur du royaume de la Mésène, XIII, 218.

Renan (Ernest). — Inscription trilingue de Tortose, II, 345.

Renier (Léon). — Fouilles du Palatin, VI, 201. — Inscriptions latines, IX, 210. — Inscriptions latines relatives au procurateur Q. Axius Œlianus, X, 314. — Inscription de Troesmis (Mysie), X, 390. — Inscription d'Orléans, XI, 408. — Inscription de Mesve (Nièvre), XII, 386. Inscriptions de Troesmis (Mysie), XII, 406. — Inscription en Algérie, XIII, 102, 134. — Découvertes de M. P. Rosa à Rome, XIII, 217. — Inscription à Carthage, XIII, 291. — Présentation de la mission archéologique en Macédoine de M. Heuzey et de M. Daumet, XIII, 365. — Décret de Justinien, XIV, 142. — Cimetière de Balbine; lampes chrétiennes, XV, 375. — Inscription romaine d'Algérie, XV, 443. — Sur une inscription, XVI, 369. — Fouilles du Palatin, XVII, 241. — Inscriptions bilingues d'Algérie, XVIII, 138.

Réveilat (J.-P.). — Les Ruines du trophée de Q. Fabius Maximus, X, 12.

Revon (Louis). — Sépultures burgondes en Savoie, XV, 72. — Antiquités romaines aux Fins d'Annecy, XVII, 392, 97.

Rey (E. Guillaume). — Voyage dans le Haouran, III, 94. — Note sur un bronze phénicien, X, 214. — Travaux topographiques sur le Liban, XIV, 64.

Rhoné (Arthur). — Antiquités préhistoriques dans la campagne romaine, XVI, 48.

Rigard (Ad.). — Ruines d'un oppidum des Volces Arécomiques, VII, 145.

Rich (Antony). — Dictionnaire des antiquités romaines et grecques, I, 130.

Rigollot. — Histoire des arts du dessin, XI, 534.

Robert (Charles). — Numismatique de Cambrai, VI, 346. — Les Légions du Rhin, XVI, 301. — Les Légions d'Auguste, XVII, 318, 385. — Rosmerta et Mercure, XVIII, 138.

Robertson (E.-W.). — L'Ecosse sous ses rois-comtes, XIX, 232.

Robiou (Félix). — Périples d'Afrique dans l'antiquité, III, 191. — Campagne de Manlius Vulso contre les Galates, VIII, 313. — Inscription ptolémaïque, XIV, 88. — Recherches sur l'origine des lectisternes, XV, 403.

Rochambeau (Achille de). — Construction gallo-romaine, XIII, 340. — Ronsardiana, XVI, 376.

Rodenbach (C.). — Signes hiéroglyphiques de la coudée, XVII, 314.

Roget (baron de Belloguet). — Ethnogénie gauloise, IV, 76. XIX, 154.

Rohault de Fleury (Georges). — L'Arc de triomphe de Constantin, VIII, 245.

Ronchaud (Louis de). — Phidias, sa vie et ses ouvrages, IV, 407.

Rosa (Pietro). — Peintures découvertes au Palatin, XIX, 460.

Rossi (cav. Giovanni Battista di). — De la détermination chronologique des inscriptions chrétiennes, VI, 370. — Bulletin d'archéologie chrétienne, VII, 436. — Cimetières chrétiens pendant la persécution, X, 28. — Découvertes au cimetières de Domitille, XIII, 225.

Rossignol (J.-P.). — Les Métaux dans l'antiquité, X, 167. — De l'orichalque, *ibid.*

Rougé (vicomte de). — Etudes sur le rituel funéraire des anciens Egyptiens, I, 69, 230, 237, 337. — Inscription de Karnak, II, 287. — Monuments du règne de Toutmès III, IV, 196, 344. — Lettre relative au mémoire de M. Lauth, VII, 70. — Monuments égyptiens de Phénicie, VII, 194. — Inscription historique du roi Pianchi-Mériamoun, VIII. 94. — Nouvelles explorations en Egypte, IX, 128. — Rapport sur une mission en Egypte, X, 63. — Monuments des six premières dynasties de Manéthon, XIII, 136. — Chronologie égyptienne, XIII, 217. — Traité entre Ramsès II et le prince de Chet, XIII, 268. — Textes persépolitains, inscription de Tanis, XIII, 446. — Attaques des peuples de la Méditerranée contre l'Egypte, vers le XIVe siècle avant notre ère, XVI, 35, 81.

Rougé (Jacques de). — Textes géographiques du temple d'Edfou, XI, 353. XII, 193, 321. XIV, 297. XV, 330. — Inscriptions cunéiformes et bilingues d'Égypte, XIV, 142. — Monuments des six premières dynasties de Manéthon, XIV, 288. — Invasions des peuples de la Méditerranée en Egypte vers le XIVe siècle avant notre ère, XV, 375, 443.

Rougemont (Fr. de). — L'Age du bronze

ou les Sémites en Occident, traduit en allemand par M. KEERL, XX, 304.

ROUJOU (Anatole). — Sépultures antiques des environs de Choisy-le-Roi, VII, 306.

ROULEZ (J.). — Voies romaines de Belgique, II, 286. — Cachets d'oculiste, XVI, 180.

ROULIN. — Instrument en bronze du Chili, XX, 358.

ROUYER (J.). — Histoire du jeton au moyen-âge, IV, 328.

RUELLE (Ch.-Em.). — Le Philosophe Damascius, I, 158, 297, 180, 250, 307. II, 107, 193, 260, 417. III, 145, 392, 483. — Bibliothèque du comité des travaux historiques, VIII, 190. — Etudes sur la musique grecque, de M. TIRON, XIV, 366. — L'Hermès Trismégiste de M. Louis MÉNARD, XV, 230. — Charte d'Agius, de M. BOUCHER DE MOLANDON, XX, 78.

S

SACY (Silvestre DE). — Mélanges de littérature orientale, III, 423.

SADOUS (DE). — La Grèce antique, XII, 397. — Histoire de la Grèce, XV, 229.

SAFFRAY (marquise Blanche DE). — Les Origines de Paris, II, 437.

SAINT-MARCEAUX (DE). — Instruments en silex du diluvium, trouvés à Quincy, III, 290.

SAINT-PRIX (vicomte Ph. DE). — Fonderie de bronze de Limoges, XX, 360.

SALIAT (Pierre). — Histoire d'Hérodote, X, 335.

SALINAS (A.). — Sur deux statues découvertes à Athènes, IX, 361.

SALIS (comte DE). — Date de la naissance de Jules César, XIV, 17.

SALZMAN (Aug.). — Une Ville homérique; sa nécropole, IV, 467. — Bijoux phéniciens de Camiros, VIII, 1.

SARCUS (baron DE). — Gué de Saint-Léonard (Mayenne), XII, 383. — Fouille de Jublains, XIV, 144.

SAULCY (F. DE). — Expéditions de Jules César dans la Grande-Bretagne, I, 1, 101. 133. — Numismatique gauloise, lettre à M. le général CREULY, I, 261. — Guerre des Helvètes, II, 165, 242, 313. — L'arc de l'*Ecce homo* à Jérusalem, III, 185. — Bataille d'Octodure, III, 439. IV, 1. — Fouilles opérées dans des *tumuli* gaulois aux environs de Contrexéville, IV, 393. — Nécropoles gauloises de Brully (Côte-d'Or) et du bois de la Perrouse, IV, 409. — Les Campagnes de Jules César dans les Gaules, V, 159. — Deux Villes des Evangiles, Beisayda et Capharnaum, VII, 166. — Sur la pourpre phénicienne, IX, 216. — Le Musée du Caire, IX, 313. — Etude sur la série des rois inscrits à la salle des ancêtres de Toutmès III, IX, 309. — Inscription du tombeau de saint Jacques à Jérusalem, XI, 147. — Sur le même sujet, XI, 398. — Inscriptions hébraïques de Nefer-Berêim, XII, 69. — Tombeau d'Hélène, XIII, 291, 365, 446. — Réponse à la note de M. MADDEN, XIII, 326. — Numismatique gauloise, XIII, 400. — Travaux topographiques de M. REY sur le Liban, XIV, 64. — Fouilles de Sauville (Vosges), XIV, 243. — Monnaies gauloises à Villeneuve-au-Roi, XIV 283, 284. — Age de l'arc d'Orange, XIV, 313. — Les Derniers Jours de Jérusalem, XIV, 446. — L'Ora maritima de Rufus Festus Avienus, XV, 54, 81. — Inscriptions de Bâalbeck, XV, 158, 163. — Dictionnaire archéologique de la Gaule, XVI, 73. — Tumulus dans les Vosges et la Côte-d'Or, XVI, 417. — Fouilles à Jérusalem, XVI, 440. — Numismatique des Eduens et des Séquanes, XVII, 57, 122. — Histoire d'Hérode, XVII, 324. — Muraille gauloise à Mursen, XVIII, 73. — Contre-marques sur des monnaies de Néron, XIX, 415. — Inscription hébraïque de Jérusalem, XIX, 459. — Costume sacerdotal chez les Juifs, XX, 91. — Monnaie contre-marquée, XX, 251. — Inscriptions de Sidon, XX, 286. — Trésor de statères gaulois, XX, 293. — Les contre-marques sur les monnaies impériales romaines XX, 310.

SAUSSAYE (L. DE LA). — Blois et ses environs, III, 180.

SCHUERMANS (H.). — Marques de fabrique sur la verrerie romaine, XV, 437. — Cachets d'oculistes romains, XVI, 75.

SCHWAB (Moïse). — Inscription de Grave-Creek, XV, 130.

SÉMICHON (Ernest). — Géographie normande, V, 62, 187. — Histoire de la ville d'Aumale, VI, 409.

SEPET (Marius). — La Tragédie et le Drame national, XVIII, 446.

SILVA (DA). — Inscriptions latines de Portugal, XIV, 64.

SLAARS (B.-F.). — Situation du fleuve Melès, XVI, 214, 243.

SOUCAILLE (A.). — Inscription romaine des environs de Béziers, XVI, 373.

SPRINGER (A.). — Paris au XIIIe siècle, II, 214.

STREBER (Fr.). — Des Monnaies connues vulgairement sous le nom de petits plats à l'arc-en-ciel, VI, 393.

T

TALBOT (Eugène). — Histoire d'Hérodote, X, 335.

THENON (L.). — Inscription archaïque de Gortyne, VIII, 441. — Description de l'île de Crète, XIV, 396. XV, 265, 416. XVI, 104, 409. XVII, 293. XVIII, 126, 192.

THIERRY (Amédée). — Récits de l'histoire romaine au ve siècle, II, 365.

THIOLY (F.). — Fouille dans la caverne de Bossey, XIII, 367.

THUROT (Charles). — Observations philologiques sur les choéphores d'Eschyle, II, 351 — Observations critiques sur la rhétorique d'Aristote, IV, 52, 291. V, 40. — De la symétrie et du récitatif dans les tragédies d'Eschyle, V, 228. — Etudes sur Aristote, III, 184. — Observations philologiques sur la poétique d'Aristote, VIII, 281. — De la logique de Pierre d'Espagne, X, 267. — *Æschyli supplices*, XIII, 221. — Lucrèce de M. de PONGERVILLE, XIV, 150. — Sur le traité d'Aristote *de Partibus animalium*, XVI, 196, 233, 305. XVII, 72. — Fragments des ouvrages de Terentius Varron, de M. CHAPPUIS, XVIII, 222. — Recherches historiques sur le principe d'Archimède, XVIII, 389. XIX, 42, 111, 284, 345. XX, 14. — Histoire de saint Louis, de Joinville, par M. N. DE WAILLY, XIX, 300. — Observations sur les *Meteorologica* d'Aristote, XX, 415.

TIRON (Alix). — La Musique grecque, XIV, 366.

TISSOT (Ch.). — Antiquités de l'île de Rhodes, XVIII, 153.

TOURNAL. — Catalogue du musée de Narbonne, IX, 305 — Inscriptions romaines, à Narbonne, XVII, 387.

TOURNIER (Ed.). — Némésis et la Jalousie des dieux, VIII, 189. — Observations critiques sur saint Jean Chrysostome, XI, 238. — Réponse à M. BOISSÉE, XIX, 453.

TROYON (Frédéric). — Habitations lacustres de Concise, I, 26. — Habitations lacustres des temps anciens et modernes, III, 256. — Sur l'attitude repliée dans les sépultures antiques, IX, 289.

TUDOT (Ed.). — Un céramiste arverne, IV, 282. — Collection de figurines en argile, de l'époque gallo-romaine, III, 175.

V

VALLET DE VIRIVILLE. — Filigranes du papier, II, 150. — Sur deux médailles de plomb relatives à Jeanne d'Arc, III, 380, 425. — Collection de portraits historiques antérieurs au XVIe siècle, XIII, 297. — Plombs historiés de la Seine, XIV, 80. — Armorial de Gilles le Bouvier, XV, 80.

VERCHÈRE DE REFFYE. — Les Armes d'Alise, X, 337. — Procédés pour la conservation des objets en fer, XI, 392.

VERGERS (Noël DES). — Essai sur Marc-Aurèle, II, 283. — Peintures murales de la nécropole de Vulci, VIII, 457. — Chronologie du règne de Trajan, XIII, 291. — Nécrologie, XV, 159.

VIDAL-LABLACHE. — Statuette chypriote du musée d'Athènes, XIX, 344. — Inscriptions de Salonique, XX, 62.

VIGNERAT (Ch. DE). — Ruines romaines de l'Algérie, XVII, 166.

VINCENT (A.-J.-H.). — Sur la messe grecque qui se chantait à l'abbaye de Saint-Denis, IX, 268. — Observations sur une note de M. DE ROUGÉ relative au calendrier et aux dates des Egyptiens, X, 488. — L'année égyptienne, XIII, 140. — — Ouverture spontanée des portes d'une chapelle, XIII, 446. — Calendrier des Lagides, XVII, 1.

VIOLLET-LE-DUC. — Ruines de Champlieu, I, 44. — Collection Gaignières, II, 219. — Eglise de Saint-Denis, III, 301, 345. — Casque antique, V, 225. — Description du château de Pierrefonds, IV, 166. — Description du château de Coucy, *ibid.* — Dictionnaire raisonné de l'architecture française au XIe siècle, III, 502. — Essai sur l'architecture militaire au moyen âge, III, 503. — Album de Villard de Honnecourt, architecte du XIIIe siècle, VII, 103, 184, 250, 301.

VIVIEN DE SAINT-MARTIN. — Anciens Sites de la Tripolitaine, IV, 413. — Quelques points de la chronologie assyrienne, V, 136. — Expédition de Cornélius Balbus en Phazanie, VI, 303.

VOGEL (Ch.). — Mœurs romaines d'Auguste aux Antonins, XVII, 398.

VOGÜÉ (comte Melchior DE). — Talent de bronze trouvé à Abydos, V, 30. — Fouilles de Chypre et de Syrie, VI, 244. — Les églises de la terre sainte, I, 131. — Sur le temple de Jérusalem, VII, 282.

R. F. BIBLIOTHÈQUE ... RENNES

— Inscriptions hébraïques de Jérusalem, IX, 200. — Inscriptions araméennes et nabatéennes du Haouran, IX, 284. — Ruines d'Araq-el-Emir, X, 52. — L'Alphabet archaïque et l'Alphabet araméen, XI, 319. — Inscriptions grecques de Chypre, XIII, 441 — Inscriptions phéniciennes de Chypre, XVI, 73. — Intailles à légendes sémitiques, XVII, 432. — Exploration des fondations du temple de Jérusalem, XX, 59.

W

WADDINGTON (W.). — Edit de Dioclétien, IX, 232. — Ères employées en Syrie, XI, 263. — Vie du rhéteur Ælius Aristide, XIII, 135, 291. — Mémoire sur les ruines et l'histoire de Delphes, de M. FOUCART, XIII, 142. — Mission archéologique de Macédoine, par MM. HEUZEY et DAUMET, XIV, 69. — Médailles des proconsuls d'Asie et d'Afrique, XV, 305. — Edit de l'empereur Anastase, XVIII, 417.

WATELET. — Épée en bronze, XIII, 444.

WAILLY (N. DE). — La Langue de Joinville, XVIII, 73, 216, 367. — Histoire de saint Louis, par Joinville, XIX, 390.

WEIL (Henri). — Tragédies d'Eschyle, X, 415. — Règle des trois acteurs dans les tragédies de Sénèque, XI, 21. — *Æschyli supplices*, XIII, 221.

WESCHER (Carle). — Le Tombeau d'Agathon, VIII, 16, 89. — — Le Monument de Dexiteos, VIII, 351. — Texte et explication d'un décret en grec dorien, provenant de l'île de Carpathos, VIII, 469. — Inscriptions de Delphes, VIII, 548. — Inscription ptolémaïque d'Alexandrie, IX, 379. — Inscription du règne de Cléopâtre à Alexandrie, IX, 420. — Inscription d'Halicarnasse en dorien et en vers, X, 133. — Rapport sur une mission en Égypte, X, 219. — Paléographie grecque de Montfaucon, X, 350. — Inscriptions de Rhodes, relatives à des sociétés religieuses, X, 460. — Fragment de stèle athénienne, XI, 497. — Deux inscriptions de l'île de Théra, XII, 214. — Nom géographique attribué à l'île de Corcyre, XII, 311. — Inscription de Théra, XIII, 245. — Texte grec de l'inscription de Tanis, XIV, 49. — Un prêtre d'Alexandre et des Ptolémées, XIV, 156. — Découvertes archéologiques au Pirée, XIV, 349. — Stèle hypothécaire des environs d'Athènes, XV, 36. — Poliorcétique des Grecs, XVI, 286, 448. — Fragments inédits de l'historien grec Aristodème, XVI, 363. XVII, 177. — Fragment en dialecte ionien, relatif au siége d'une cité gauloise, XVII, 401. — Fragments inédits de l'historien grec Priscus, XVIII, 86. — Fragments inédits de Polybe, relatifs au siége de Syracuse, XIX, 50, 124.

WHITLEY-STOKES. — Glossaire gaulois de Endlicher, XVII, 340.

WIBERG (C.-F.). — Relations des Grecs et des Romains avec le nord, XIII, 375.

WIESELER (Frédéric). — L'Apollon Stroganoff et l'Apollon du Belvédère, IV, 246. — Antiquités de Gœttingue, II, 216.

WITTE (J. DE). — Jupiter et Sémélé, VI, 29. — Vases trouvés à Milo, VI, 401. — Vase peint à ornements dorés, trouvé à Corinthe, VII, 1. — Miroirs étrusques, XIV, 118. — Statue de bronze dorée, XVI, 369. — Miroir trouvé à Corinthe, XVII, 89. — Discours à l'anniversaire de la fondation de Rome, XVII, 175. — Le Génie des combats de coqs, XVII, 372. — Amphores panathénaïques de Tripoli, XVII, 463. — Miroir grec du musée de Lyon, XVIII, 76. — Tombeau d'une prêtresse de Cérès, XVIII, 439.

WYCNIFE GOODWIN. — Papyrus hiératiques, II, 223. IV, 119.

Z

ZALESKI (Ladislas). — Tessère en bronze XVI, 227.

ZOTEMBERG (Hermann). — Inscription phénicienne de Carthage, XIII, 111.

ZUNDEL (J.). — Esope était-il Juif ou Egyptien? III, 354.

TABLE ALPHABÉTIQUE DES MATIÈRES

Aa. — Sens du vocable = dans les idiomes celtiques. XIV, 35 et suiv.

Abbayes. — = de Saint-Denis et de Saint-Victor. II, 209. — = de Beaulieu. II, 278. — = de Bouxières. III, 78. — L'= du Mont Saint-Eloi. III, 83. — = de Saint-Denis. III, 301. — Visite à l'= de Saint-Denis en 1804, III, 306. — Marché institué par Dagobert à l'avantage de l'= de Saint-Denis. IV, 1880. — L'= du Paraclet et ses abbesses. V, 421. — Carrelages émaillés de l'= d'Orbais. VI, 47. — Carrelages émaillés de l'= de Toussaint (Châlons-sur Marne). VI, 50. — Histoire de l'= de Saint-Denis. VI, 180. — Cartulaire de l'= de Bonpart. VI, 186. — Cartulaire de l'= de Redon. VII, 397. VIII, 181. — Extrait du cartulaire de l'= de Molesme. VII, 434. — Les = de Caen. VIII, 231. — Cartulaire de l= de Notre-Dame de la Roche. VIII, 268. — L'= de Marmoutier près de Tours. X, 242, 245. — Histoire et Chartes de l'= de Saint-Thibault de Bazoches. X, 246 et suiv. — Reliquaires donnés par saint Louis à l'= de Saint-Maurice d'Agaune. XVII, 105 et suiv. — L'= de Montier-en-Der. XIX. 367.

Abbecourt. — Antiquités gauloises d'=. XIV, 37.

Abbeville. — Antiquités d'=. XIV, 38.

Abeille. — Rôle de l'= dans les anciennes mythologies. XX, 335 et suiv.

Abilly. — Antiquité de l'âge de la pierre à =. XIV, 47.

Absalon. — Tombeau d'= à Jérusalem. V, 398.

Abydos. — La nouvelle table d'=. (V. *Table*). XI, 50. XIII, 73. — L'ancienne table d'=. XI, 53. — Omission regrettable à propos de la publication en Allegne de la table d'=. XI, 163.

Ac. — Différents rôles de la particule = fréquemment employée dans l'idiome celtique. IV, 91.

Académie. — Les = d'autrefois. IX, 308. — Dictionnaire de l'= des Beaux-Arts. XVIII, 145. — L'= d'Irlande. XIX, 149. — (V. *Bulletin, Annuaire, Société savante.*)

Académie des inscriptions. — II, 211. — Août et septembre 1860. II, 275 et suiv. — Octobre. 1860 II, 359. — Novembre 1860. II, 428. — Décembre 1860. III, 64. — Janvier 1861. III, 164. — Février 1861. III, 240. — Mars 1861. III, 317. — Avril 1861. III 414. — Mai 1861. III, 495. — Juin 1861. IV, 69. — Juillet 1861. IV, 143. — Août 1861. IV, 223, — Septembre 1861. IV, 312. —Octobre. 1861. IV, 399. — Novembre 1861. IV, 473. — Décembre 1861. V, 78. — Janvier 1862. V, 151. — Février 1862. V, 214. — Mars 1862. V, 273. — Avril 1862. V, 336. — Avril et Mai 1862. V, 394 et suiv. — Juin 1862. VI, 52. — Juillet 1862. VI, 117. — Août 1862. VI, 179. — Septembre 1862. VI, 269. — Octobre 1862. VI, 341. — Novembre 1862. VI, 404. — Décembre 162. — VII, 74. — Janvier 1863. NII, 129. — Février 1863. VII, 199. — Mars 1863. VII, 267. — Avril 1863. VII, 350. — Mai 1863. VII, 413. — Juin 1863. VIII, 80. — Juillet 1863. VIII, 174. — Août 1863. VIII, 264. — —Septembre 1863. VI I, 358. — Octobre 1863, VIII, 448. —Novembre 1863. VIII. 537. — Décembre 1863. IX, 64. — IX, 219, Janvier 1864. IX, 135. — Février 1814. Mars 1864. IX, 300. — Avril 1864. IX, 382. —Mai 1864. IX, 446. — Juin 1864. X, 70. — Juillet 1864. X, 155. — Août 1864. X, 227. — Septembre 1864. X, 335. — Octobre 1864. X, 406. — Novembre 1864. X, 496. — Décembre 1864. XI, 66. — Janvier 1865. XI, 160. — Février 1865. XI, 248. — Mars 1865. XI, 342. — Avril 1865. XI, 438. — Mai 1865. XI, 525. Juin 1865. XII, 74. — Juillet

1865. XII, 148. — Août 1865. XII, 242. Septembre 1865. XII, 314. — Octobre 1865. XII, 389. — Novembre 1865. XII, 467. — Décembre 1865. XIII, 65. — Janvier 1866. XIII, 135. — Février 1866. XIII, 217. — Mars 1866. XIII, 291. — Avril 1866. XIII, 365. — Mai 1866. XIII, 446. — Juin 1866. XIV, 64. — Juillet 1866. XIV, 142. Août 1866. XIV, 218. Septembre 1866. XIV, 283. — Octobre 1866. XIV, 356. — Novembre 1866. XIV, 433. — Décembre 1866. XV, 63. — Janvier 1867. XV, 156. — Février 1867. XV, 222. — Mars 1867. XV, 305. — Avril 1867. XV, 375. — Mai 1867. XV, 443. — Juin 1867. XVI, 73. — Juillet 1867. XVI, 150. — Août 1867. XVI, 227. — Septembre 1867. XVI, 292. — Octobre 1867. XVI, 369. — Novembre 1867. XVI, 440. — Décembre 1867. XVII, 96. — Janvier 1868. XVII, 166. — Février 1868. XVI, 241. — Mars 1868. XVII, 318. — Avril 1868. XVII, 385. — Mai 1868. XVII, 463. — Juin 1868. XVIII, 73. — Juillet 1868. XVIII, 138. — Août 1868. XVIII, 216. — Septembre 1868. XVIII, 293. — Octobre 1868. XVIII, 367. — Novembre 1868. XVIII, 440. — Décembre 1868 et janvier 1869. XIX, 151. — Janvier et février 1869. XIX, 223. — Mars 1869. XIX, 300. — Avril 1869. XIX, 383. — Mai 1869. XIX, 454. — Juin 1869. XX, 50 — Juillet 1869. XX, 151. — Août 1869. XX, 221. — Septembre 1869. XX, 286 — Octobre 1869. XX, 357. — Novembre 1869. XX, 434.

Acarnanie. — Exploration archéologique de l'=. II, 216.

Accent. — Les = dans les inscriptions. XI, 411.

Achéen. — Etablissements des = en Crète. XVI, 112 et suiv. — Origine et formation de l'alphabet =. XVII, 189. — Les = à Gortyne. XVIII, 193.

Achille. — Combat d'= et de Memnon sur un vase de Milo. VI, 402. — = figuré sur une pierre gravée étrusque. VII, 341. — = sur une fresque d'un tombeau de Vulci. VIII, 448, 461. — = pansant Patrocle sur un vase étrusque. XII, 342.

Acier. — = de Damas. IV, 106.

Açoka. — = protecteur et propagateur du Bouddhisme, vers la fin du IVe siècle avant notre ère. X, 373, 382.

Aconit. — Discussion d'un passage d'une inscription latine où il semble être question de l'=. X, 128.

Acron. — Histoire du médecin =. XIX, 211.

Acropole. — = de Philippes. II, 69. — — = d'Oum-el-Awamid (Tyr). IV, 154. — Fouilles à l'= d'Athènes. V, 416. — L'= d'un oppidum gaulois. VII, 147, 155. — L'= d'Athènes VII, 276. — L'= de Troie. X, 156.

Admagetobriga. — Difficulté de l'identification d'= XIV, 124.

Adonis. — = Dieu suprême en Phénicie. III, 334. — Souvenirs du culte d'= en Phénicie. V, 343. — = figuré sur un miroir étrusque avec Vénus. XIV, 112.

Adrien. — (V. *Hadrien*.)

Aduatuques, peuple gaulois. — Emplacement de l'oppidum des = IV, 458. VII, 390. VIII, 32, 137. XIV, 129. — Défense de l'oppidum des = V, 315. — Identification d'*Aduatuca* et de Tongres. XIV, 126. — Territoire des =. XIV, 126.

Adyton. — Description de l'= ou sanctuaire du temple de Delphes. VIII, 47.

Ælius Aristide. — Passage d'un discours du rhéteur = IX, 353. — Histoire du rhéteur. =. X, 239.

Aff. — Nom celtique de la rivière d'= (Morbihan). XIV, 210.

Afrique. — Géographie de l'= chez les anciens. II, 276. — Périplex de l'= dans l'antiquité. III, 191. — L'= connue des anciens, expédition de C. Balbus. VI, 303. — Divisions administratives de l'= sous l'empire romain. (V. *Province, Dolmen, Monuments mégalithiques.*

Agamemnon. — La tragédie d'= dans Sénèque. XI, 32.

Agapes. — Les = des chrétiens aux tombeaux des martyrs. X, 34.

Agathon. — Tombeau d'=. VIII, 16, 89.

Agaune. — Abbaye d'=. XVII, 105 et suiv.

Agaunum. — Etymologie d'=. XX, 188.

Agedincum. — = identifié avec Sens. VIII, 388. XIV, 212. — Labienus à =. VIII, 502.

Agesinates. — Quel est en Gaule le pays des =. XIV, 214.

Agoranomat. — Sur la magistrature de l'=. XX, 201.

Agriculture. — Tableaux relatifs à l'= sur les tombeaux de Saqqarah. XIX, 88.

Aguilanneuf. — Origine et signification du cri = (au gui l'an neuf?) XIX, 172.

Aiguière. — Belle = en cristal du musée du Louvre. XII, 365 — = du trésor de Saint-Marc à Venise. XII, 366. — = du trésor de Pétrossa. XVII, 47.

Aiguilles de l'âge préhistorique. — I, 34, 35. VI, 273. XVII, 216.

Aix. — Voie romaine entre Antibes et =. III, 112.

Alaise. — = est-elle l'*Alesia* de César? VIII, 506.

Alet. — Emplacement et monuments de cité gallo-romaine d'=. VII, 353.

Algérie. — Ruines romaines de l'=. XVII, 166. — Grotte à ossements en =. XVII, 469. — Monuments mégalithiques en =. XVIII, 215. — Poterie et antiquités des monuments mégalithiques d'=. XVIII, 294. XX, 357 et suiv.

Alesia. — Emplacement d'=. III, 75, 415, 496. IV, 318. — Noms grecs analogues à celui d'=. V, 83. — = est-elle Alaise? VIII, 506. — Etat de la question d'= en 1865. XI, 94 et suiv. — Identité des noms d'=, d'*Alisia* et d'*Alise*. XI, 244. — = et Alisia sont deux formes d'un même vocable. XI, 252 et suiv. (V. *Alisia, Alise, Alaise.*)

Alise-Sainte-Reine. — I, 325. II, 60, 61. III, 495. V, 409. VI, 343. VII, 206. VIII, 81, 381. X, 337.— XI, 81 XIV, 1 et suiv., 8 et suiv. XV, 314. XVII, 66 et suiv. (V. *Alesia.*)

Alexandrie. — Antiquités d'=. (V. *Antiquités*). — Temple de Vénus Arsinoé près d'=. XIX, 268 et suiv. — Ecoles d'=. (V. *Ecole, Damascius, Ammonius Saccas, Philon, Pléthon*). I, 301. IX, 170.

Alisia. — = n'est pas l'*Alesia* des commentaires de César. XI, 94 et suiv. — Identité des noms d'=, d'Alesia et d'Alise. XI, 244. — = et Alesia sont deux formes d'un même vocable. XI, 252, et suiv.

Allitération. — Utilité de l'= pour déchiffrer les hiéroglyphes. XV, 290.

Allée couverte. — Les = de la province de Constantine. VIII, 519. — = de Cojou. IX, 83. — Monument du genre des = à Aubussargues. XIII, 219. — = d'Argenteuil. XV, 223, 364. L'= dite de la Justice. XV, 443. — = de Saint-Jean-Brevelay (Morbihan). XVI, 230.

Allobroges. — Lutte des = contre les Romains. II, 396.

Alphabet. — = phénicien, son origine, sa propagation. II, 275. — Les Gaulois se servent de l'= grec. II, 333. — = primitif sémitique, souche commune des = phénicien et araméen. V, 34. — = de Thugga ou berber antique. VI, 159. — = berber moderne. VI, 162. — Les = berber, himyarique, éthiopien comparés. VI, 167 — = d'une inscription grecque archaïque. VIII, 443. — Divers = de l'hébreu. IX, 203. 220. — L'= sémitico-égyptien. IX, 226. — L'= hébraïque à lettres carrées. X, 325. — Histoire de l'= des populations palestiniennes, syriennes et phéniciennes. XI 145. — L'= hébraïque et l'= araméen. XI, 319 et suiv. — L'= phénicien archaïque. XI, 329. — L'= araméen. *Ibid.* — L'= arabe dérive du nabathéen. XI, 333. Sur l'antiquité de l'= carré chez les hébreux. XI, 400 et suiv. — Origines de l'= phénicien mises en question. XII, 148. — Quel était l'= primitif des peuplades américaines? XII, 292, 378. — Différents = sur les légendes des monnaies antiques. XIV, 255. — Mention de l'= cunéiforme dans un passage des lettres de Thémistocle. XV, 246. — Origine et formation de l'= grec. XVI, 273 et suiv., 327 et suiv., 423 et suiv. XVII, 189 et suiv., 279 et suiv. — = cadméen à Santorin et à Thérasia. XVI, 274. — Origine de l'= achéen. XVII, 189. — Modifications de l'= phénicien du IXe au IVe siècle avant notre ère, d'après les légendes des pierres gravées. XVII, 433 et suiv. — L'= araméen transmis aux Juifs. XVII, 448.

Alsace. — = romaine. I, 67. — = celtique et gallo-romaine. II, 63. — Réunion de l'= à la France. III, 83. — Tombes celtiques de l'=. VI, 187.

Amasia. — Antiquités d'=. V, 207.

Ambarres. — Sur la peuplade gauloise des =. II, 253.

Ambibarii. — Géographie des =, peuplade gauloise. IX, 406.

Ambiorix — Lutte d'= contre les romains. VIII, 137.

Ambléon. — Habitations lacustres du lac d'=. V, 413.

Ame. — Ce qu'est l'= dans les chants d'Homère. XII, 105 et suiv. — L'= dans la doctrine du bardisme. XVIII, 211. — Transmigration de l'= d'après les bardes. XVIII, 339 et suiv.

Amen-Meri-Nout — =, roi éthiopien mentionné dans une inscription hiéroglyphique. XII, 161. — Conquête de Thébes par =. XII, 163, 164.

Aménophis III. — Sur le roi égyptien =. IV, 252.

Amenti. — (V. *Rituel funéraire. Saqqarah.*)

Amentum. — Ce que c'était que l'=. II, 210. — Rôle et position de l'=. V, 175. X, 345.

Amérique. — L'antique civilisation de l'= présente des affinités avec celle de l'Inde. X, 70 et suiv. — Origines asiatico-bouddhiques des anciennes civilisations de l'=. X, 188 et suiv., 370 et suiv. XI, 42 et suiv., 273 et suiv., 486 et suiv. — Archéologie de l'= du Nord. XII, 180 et suiv. XII, 277 et suiv., 379

et suiv. — Caractères des races primitives de l'=. XII, 378.

Ammonius-Saccas. — Sur la doctrine et les écrits du philosophe alexandrin =. I, 159.

Ammon-Ra, divinité égyptienne. — IV, 198. VI, 135. — Election, et durée des fonctions du grand prêtre d'= à Thèbes. VII, 44. — = le dieu suprême de l'Egypte. XII, 322.

Amphithéâtre. — = de Champlieu(Oise). I, 45. — = de Philippes détruit. II, 72.

Amphore. — Sceaux des = de Thasos. III, 283. — = diverses. IV, 444. — = grecques. XVI, 431. — Une = de l'école d'Euphronios. XVII, 347. — Les = panathénaïques. XVII, 463. (V. *Vases, peintures, sceaux.*)

Amphyctions. — Inscription relative au conseil des =. X, 407.

Amrit. — Les antiquités d'=. V, 337.

Anatomie. — Les connaissances en = du temps d'Homère. XII, 104 et suiv. XII, 249 et suiv., 338 et suiv. — L'= depuis Solon jusqu'à Hippocrate. XVIII, 356 et suiv. (V. *Médecine.*)

Anaxagoras. — = prédit la chute d'un aérolithe. IX, 191

Ancêtres. — L'hommage aux = est un acte religieux imposé aux rois égyptiens. XI, 181.

Andromaque. — = représentée sur un vase peint. III, 59. — Le rôle d'= dans les *Troyennes* de Sénèque. X, 23.

Angcor. — Ruines et antiquités d'=. XII, 473.

Angon. — L'=, arme des mérovingiens. XI, 83 et suiv. (V. *Armes.*)

Anneau. — = antiques et indéterminés. VII, 75. — = mérovingiens. XII, 153. — = provenant des tombes de la Somme. XII, 465. — = de jambes gaulois. XIV, 28, 33, 244. — Sur quelques = d'une forme particulière. XIV, 417. — Les = antiques considérés comme instruments de suspension. XVI, 343 et suiv. — Classification des = servant à la suspension. XVI, 397 et suiv. — Cinq = d'or à Pompéi. XVI, 446. — = du trésor de Petrossa. XVII, 52. — = gravés et autres des tumuli tchoudes. XVIII, 39. — Les = d'or du costume du grand-prêtre des Juifs. XX, 103. (V. *Bijoux.*)

Année. — L'= civile et religieuse chez les égyptiens et dans les hiéroglyphes. XI, 185. XIII, 141. (V. *Calendrier.*)

Annone. — Préfecture de l'= à Rome. VI, 37.

Annuaires. — = de la Société archéologique de la province de Constantine. I, 318. — = de l'archéologue, du numismate et de l'antiquaire pour 1862. V. 296. — = historique, topographique et statistique de Seine-et-Marne. VII, 80.

Antimoine. — Mines d'= en Gaule. XVII, 303.

Antiquités. — = romaines et grecques. I. 130. — = de Paris. I, 197, 366. — = phéniciennes et grecques. II, 208. — = romaines et celtiques. II, 209. — = de Gœttingue. II, 216. — = nationales. II, 219. — = préhistoriques à Glascow. II, 282. — = celtiques à Cussy. II, 341. — = gallo-romaines à Toulon-sur-Allier. II, 436. — = celto-germaines à Auvenay. III, 3. — = nationales (concours de 1861). III, 65. — Contrefaçon des =. III, 166. — = bellovaques. III, 258. — = préhistoriques. (V. *Silex*). — = de Byblos. III, 171, 319 (V. *Byblos*). — = préhistoriques, gauloises et gallo-romaines du musée de Namur. IV, 83. — = rhénanes. IV, 166. — La haute =. IV, 167. — Rapport de la commission des = de la France (1861) IV, 227. — = franques à Colleville, près Fécamp. IV, 480. — = germanique. IV, 487. — = gallo-romaines et franques du musée de Dijon. V, 109. — Objet travaillé de main d'homme appartenant à l'= préhistorique. V, 181. — = d'Amasia. V, 207. — = d'Aradus. V, 274. — = de Lithuanie. V, 283. — = franques. V, 350. — = d'Hebron (Palestine) et de Jérusalem. V, 398, 400. — = danoises. VI, 19. — Rapport sur le concours des = de la France (1862). VI, 178. — = d'Aoste. VII, 140. — = romaines de Digeon. VII, 213. — = artistiques de Fouquet acquises par Louis XIV. VII, 432. — Rapport sur le concours des = nationales. VIII, 268 (1863), 362. — = gallo-romaines de Pouilly-sur-Saône. VIII, 541. — Les = prétendues celtiques de la province de Constantine. IX, 390. — = gauloises à Crubelz. IX, 396. — = gallo-romaines de Caulnes. IX, 414. — Les = des *Terramare*. IX, 438. — Les = chrétiennes de Milan. X, 39. — = de l'île de Crète. X, 75. — = gauloises de Saint-Pierre-le-Chastel (Puy-de-Dôme). X, 159 et suiv. — = romaines à Mareu (près du lac de Neufchâtel). X, 238. — = gallo-romaines à Saint-Etienne-au-Temple (Marne). X, 410. — = gallo-romaines de Lillebonne. X, 411. — = gauloises en Auvergne. X, 484. — = gauloises des tumuli de Pau. XI, 37. et suiv. — = gallo-romaines de Nuits. XI, 72. — = franques dans la Seine-Inférieure. XI, 197 et suiv. — = de l'île de Rhodes. XI, 218. — = de

Gibraltar. XI, 231. — = celtiques de Mané-Beker-nos. XI, 250. — = celtiques de Moustoir-Carnac. XII, 15 et suiv. — = étrusques de Volterra. XII, 81 et suiv. — = gallo-romaines à Blainville. XII, 151. — = de l'Amérique du Nord. XII, 180 et suiv. (V. l'*Amérique*.) — = cyrénaïques. XII, 391. — = gallo-romaines à Corseul (Côtes-du-Nord). XIII, 293. — = gauloises dans la Seine-Inférieure. XIII, 315. — = gallo-romaines à Cunaille (Loir-et-Cher). XIII, 340 et suiv. — = gauloises de Somsois. XIV, 23 et suiv. — = celtiques de Plouharnel. XIV, 143. — = franques de Sommery (Seine-Inférieure). *Ibid.* — = préhistoriques de Thérasia. XIV, 423. — = gallo-romaines aux environs de Saint-Bernard. XV, 50 et suiv. — = franques à Avesnes. XV, 65. — = gréco-boudhistes de Caphène. XV, 305. — = préhistoriques dans la campagne romaine. XVI, 48. — = préhistoriques de la Grèce. XVI, 141. — = gallo-italiques de Sesto-Calende. XVI, 279. — = provenant d'une cité lacustre. XVI, 323. — = des tumuli des Vosges et de la Côte-d'Or. XVI, 417 et suiv. — = gauloises, gallo-romaines et franques découvertes dans la Seine-Inférieure. XVII, 34 et suiv. — = celtiques dans le Haut-Rhin. XVII, 168. — = romaines à Rennes. XVII, 246. — = d'Eané en Macédoine. XVIII, 18 et suiv. — = des tumuli tchoudes. XVIII, 36. — = de Rhodes. XVIII, 154. — = romaines de Héricourt-en-Caux. XVIII, 217. — = gréco-romaines et byzantines au musée de Sainte-Irène à Constantinople. XVIII, 239. — = gallo-romaines près d'Agen. XVIII, 292, 297 et suiv. — Les = romaines en Allemagne. XVIII, 373. — Dictionnaire des = chrétiennes. XVIII, 375. — = du musée de Belgrade. XVIII, 407. — = romaines de Bayeux. XIX, 1 et suiv. — = dans la Seine-Inférieure et à Rouen. XIX, 188 et suiv. — = dans l'île de Chypre. XIX, 257. — = de Thasos. XX, 135 et suiv. — = gallo-romaines du Pouldu. XX, 329 et suiv. — = romaines dans la forêt d'Eawy (Seine-Inférieure). XX, 362 et suiv.

Antechrist. — La légende de l'= au XIIIe siècle. X, 419.

Antibes. — Voie romaine entre = et Aix. III, 112. — La Vénus d'=. XV, 360 et suiv. — Les origines d'=. XVI, 361.

Anubis. — Inscription en l'honneur d'=. XIX, 82.

Aoste. — Les antiquités d'=. VII, 140. VIII, 269. XII, 391.

Aphrodite. — (V. *Vénus*.)

Apis. — Inscription chronologique et généalogique de la stèle d'=. XVIII, 274. (V. *Stèle*.)

Apollon. — L'= gaulois. I, 58, 391. II, 101, 342. VIII, 424. — L'= du Belvédère et = Stroganoff. IV, 246. — = sur un vase de Milo. VI, 401. — Le temple d'= à Delphes. — VIII, 43. — Date de la naissance d'=. XII, 67. — = patron d'une société religieuse de Théra. XII, 215, 217 et suiv. — = sur un bas-relief archaïque de Thasos. XII, 439. — Statuettes d'= Hélius. XIII, 148 et suiv.

Appien. — Fragment inédit et histoire d'=. XIX, 101 et suiv.

Aptère. — Fouilles et découvertes à = (Crète). X, 75.

Aqueduc. — Traces d'un = au sommet du mont Beuvray. XV, 69. — Restes d'un = à Paléokastro (Crète). XV, 421. — = du moyen-âge à Axos (Crète). XVI, 410.

Aquitaine. — Sur l'= des Romains. XIX, 90 et suiv.

Aradus. — Antiquités d'=. V, 274.

Araq-el-émir. — Ruines d'=. X, 52. — L'inscription d'=. XI, 147. — L'édifice d'= a-t-il été construit par Hyrcan? XI, 477. — Les grottes d'=. XI, 478. — Les ruines d'= sont peut-être les restes d'un temple de Moloch. XI, 481.

Arca. — Usage et représentations de l'= sur les monnaies des questeurs. XVIII, 164 et suiv. — Inscriptions relatives à l'=. XVIII, 167.

Architecture. — = civile en Angleterre, de Richard II à Henry VIII. I, 65. — = au siècle de Pisistrate. I, 258. — = française du XIe au XVIe siècle. III, 174, 502. VI, 184. — = militaire au moyen-âge. III, 503. — L'= du XIIIe siècle. VII, 101, 250, 361, 184. — L'= ogivale. VII, 114. — L'= du temple de Delphes. VIII, 45. — L'= des abbayes de Caen. VIII, 234. — Détails de l'= de l'arc de Constantin. VIII, 246. — Débris d'= du temple d'Hadrien à Cyzique. IX, 355. L'= du palais d'Hyrcan à Araq-el émir. X, 56 et suiv. — Plan et = de l'église romaine de Saint-Thibault de Bazoches (Soissonnais). X, 474 et suiv. — = du temple égyptien d'Edfou. XI, 354. — L'= des ruines d'Araq-el-émir. XI, 480 et suiv. — L'= des lieux sacrés chez les Grecs. XII, 221 et suiv. — Les mesures employées en = par les Grecs. XIII, 211. — L'= des églises de l'époque mérovingienne, et spécialement de Saint-Martin de Tours. XIX, 313 et suiv., 403 et suiv. XX, 1 et suiv. 81 et suiv. —

L'= de l'empereur Adrien. XX, 303.

Archives. — Les = départementales du Bas-Rhin. VIII, 366. — Sceaux des = de l'Empire. VII, 241.

Arc. — L'= de l'*Ecce homo*, à Jérusalem, III, 185. — L'= de Caracalla à Tabessa (Algérie). VII, 134. — L'= de Constantin, à Rome. VIII, 245. — Sur l'âge de l'= d'Orange. XIV, 313.

Arènes. — Fouille des = de Senlis. XX, 60. (V. *Théâtre*)

Argent. — Mines d'= en Gaule. XVII, 300, 382 et suiv.

Argonautes. — III, 23, 24.

Archimède. — Recherches historiques sur le principe d'=. XVIII, 389 et suiv. XIX, 42 et suiv., 111 et suiv., 284 et suiv., 345 et suiv. XX, 14 et suiv. — Démonstration et théorie d'=. XVIII, 401 et suiv.

Argentoratum. — = (Strasbourg) était le quartier général d'une légion. XII, 415.

Argos. — Temple de Junon à =. XVI, 116. — Alphabet archaïque d'=. XVII, 279.

Aristée. — Sur l'authenticité de la lettre d'= concernant la version des Septante. XIX, 300.

Aristide (Ælius). — I, 116. (V *Ælius Aristide.*)

Aristodème. — Livre de l'historien grec =. XVI, 353 et suiv. XVII, 177 et suiv. — Sur l'authenticité contestée du manuscrit d'=. XIX, 61. — Divers personnages qui ont porté le nom d'= dans l'antiquité. XVI, 365.

Aristophane. — La représentation des comédies d'=. VIII, 128.

Aristote. — Physique d'=. III, 159. — = précepteur d'Alexandre. III, 166. — Politique, dialectique et rhétorique d'=. III, 184. — Observations critiques sur la rhétorique d'=. IV, 52, 291. V, 40. — Observations astronomiques envoyées par Callisthène à =. V, 243. — Observations philologiques sur la poétique d'=. VIII, 281. — Etude critique sur le traité d'= *De partibus animalium*. XVI, 196 et suiv., 233 et suiv., 305 et suiv. XVII, 72 et suiv. — Observations d'= sur la physique et sur le principe d'Archimède. XVIII, 391. XIX, 42, 111, 284 et suiv. — Sur le texte des Meteorologica d'=. XX, 415 et suiv.

Armachis. — Sur la divinité égyptienne du nom d'= et la découverte de son temple. II, 18.

Armée. — Les = françaises aux XIIIe et XIVe siècles. VIII, 333. — Les institutions militaires de la France avant les = permanentes. IX, 79. — A quelle distance les = des anciens lançaient le pilum? X, 342. — La médecine d'= chez les anciens Grecs. XIX, 200.

Armes. — Les = de pierre chez les Esquimaux. III, 341. — = et divers objets provenant des fouilles d'Alise-Ste-Reine. IV, 66. — = de pierre du musée de Namur. IV, 83. — = franques. IV, 85. — = romaine (épée) à Alise-Ste-Reine. IV, 141. — = celtiques, près de Douarnenez. IV, 245. = celtiques, du musée de Besançon. IV, 382. — = celtiques dans les tumuli du bois de la Perrouse. IV, 411. — = franques. IV, 483. — = du musée de Dijon. V, 107. — Etude sur les = grecques. V. 171. — = gauloises et gallo-romaines du camp de St-Pierre. V, 282 — = Mérovingiennes. V, 286. — Notice sur les = romaines. V, 306. — = Mérovingiennes ou burgondes. V, 352. — = gauloises et gallo-romaines trouvées dans la Seine. V, 375. — = de bronze des tumuli danois. VI, 25. — = Mérovingiennes. VI, 154. VIII, 277. — Les = des chevaliers. VIII, 333. — Les = des bourgeois. VIII, 335. — = retrouvées dans les marais de Nydam. VIII, 369. — = burgondes de Pouilly-sur-Saône. VIII, 542. — = empoisonnées. X, 131. — = gauloises provenant du cimetière de Meloisey. — Les = retrouvées dans les fossés de César, à Alise. X, 337. — Structure des = retrouvées à Alise. X, 338 et suiv. — Examen des = d'Alise. XI, 81 et suiv. — Quelques = de bronze des terramares du Reggianais. XI, 308 — = en fer et en silex d'un tumulus allémanique. XI, 406. — = provenant d'un cimetière mérovingien. XII, 153. — = Antiques découvertes dans l'Amérique du Nord. XII, 181 et suiv. — Les = des gladiateurs. XII, 307. — = de Hallstadt (VIIe siècle avant notre ère). XII, 315 et suiv. — Collection d'= en pierre provenant de Java. XII, 390. — Diverses = franques dans les sépultures de Douvrend. XIII, 108. — = gauloises dans des sépultures. XIV, 25. — = franques dans les sépultures d'Avesnes. XV, 65. — Les = de pierre de Marathon. XV, 145. — Les = des Gaulois, d'après une statue du musée d'Avignon, XVI, 70. — = provenant d'une sépulture gallo-italique. XVI, 281. — = de bronze de Caix. XVI, 315 et suiv. — = provenant de sépultures franques. XIX, 191.

Armoiries. — Les = de Jacques Cœur dans des filigranes. II, 154. — Les = étudiées par Gilles le Bouvier. XV, 80

Armorique. — Histoire de l'= bretonne, celtique, romaine et chrétienne. XI, 78 et suiv. — Etymologie du mot =. XVII, 341. — Histoire de l'= au ve siècle. XX, 57.

Art. — L'= gaulois, X, 1. — L'= poétique d'Horace à propos de la règle des trois acteurs. XI, 1 et suiv. — La règle des quatre actes dans l'= poétique d'Horace. XI, 32 et suiv. — Histoire des = industriels au moyen âge et à l'époque de la Renaissance. XI, 167. — L'= architectonique de l'Orient, inspirateur des Grecs. XI, 482. et suiv. — L'= du potier chez les Indiens. XII, 184. — L'= harmonique aux XIIe et XIIIe siècles. XIV, 70. — L'= gaulois, à propos d'une brique estampée. XV, 154. — = monétaire gaulois. XV, 346. — Objets d'= dans les tumuli tchoudes. XVIII, 36. — Du spiritualisme et de l'idéal dans l'= et la poésie des Grecs. XVIII, 78. — Liste d'antiques spécimens de l'= chaldéen. XVIII, 232. — Caractères de l'= égyptien sous les premières dynasties. XIX, 19 et suiv. — Histoire de l'= grec avant Périclès XIX, 228. — L'influence de l'= assyrien en Asie-Mineure. XIX, 394 et suiv.

Artemis. — L'= de Pergé. XVI, 25. (V. *Diane.*)

Artillerie. — Le passé et l'avenir de l'=. V, 294. VI, 183. — Histoire de l'= en général et de l'= ottomane en particulier. XVIII, 79.

Artistes. — Si les = grecs signaient leurs œuvres. IV, 425. — Noms d'= gaulois. X, 2. — Noms d'= grecs. XI, 228. — Les = rhodiens de l'époque macédonienne. XIII, 163. — Inscriptions relatives aux = dionysiaques d'Athènes. XIII. 218. — Liste des = sculpteurs qui figurent dans les inscriptions de Rhodes. XVI, 33. — Les plus grands = sculpteurs de la Grèce. XVI, 117.

Arvad. — (V. *Aradus.*)

Arvales. — Fragments des actes des frères = XVII, 166.

Arvernes. — Etymologie du mot =. XVII, 341. XVIII, 303.

Arvii. — Géographie des =, peuplade gauloise. IX, 413.

Ascète. — Pratique des = américains. XI, 274.

Asch. — =, probablement le nom du cèdre dans les hiéroglyphes. IX, 44.

Ascia. — Sens de la formule : *sub ascia dedicavit*. VIII, 448. — Signe en forme d'= sur les dolmens. XI, 259.

Asclépiades. — Sur les =. XIX, 262 et suiv.

Asclépius, fils d'Apollon. I, 117.

Asdrubal. — Sur l'étymologie du nom d'= et ses similaires. XIX. 252.

Asi. — Nom du peuple des = dans les hiéroglyphes. IV, 218.

Asie. — Divisions administratives de l'= sous l'empire romain. (V. *Province.*)

Asran. — Election d'=, roi d'Ethiopie. XII, 171 et suiv.

Astaroth. — Sur =. IV, 372.

Astronomie — Connaissances en = des anciens. V, 243. IX, 170.

Atelier. — Les = pour la fabrication des silex taillés. (V. *Silex*). — Les = pour la fabrication des monnaies. XI, 2 et suiv. — = monétaire établi à Lyon pour la Gaule. XIII, 414. — = monétaires sous Dioclétien et la Tétrarchie. XIV, 310. — = de fondeur gaulois découvert au jardin des plantes de Nantes. XVII, 246. — = pour la fabrication des armes et outils de silex dans les landes de la Gironde. XVIII, 97. — Découverte de deux =, l'un pour la fabrication des haches en bronze, l'autre pour celle des haches en silex. XIX, 188. = de forgeron gaulois au mont Beuvray. XX, 316.

Atepomaros. — Nom gaulois d'=. XI, 110 et suiv.

Atepomorus. — = est le nom d'un roi gaulois. XI, 413.

Ateporix. — = est le nom d'un chef galate dans une inscription grecque. XI, 413.

Athènes. — Plan d'= de 1687. I, 294. — Institution correspondant à l'état civil à =. IV, 169, 184. — Fouilles à l'acropole d'=. V, 416. — L'acropole d'=. VII, 276.

Athubodua. — =, nom d'une divinité gauloise de la guerre. XVIII, 1 et suiv.

Atoum. (V. *Rituel funéraire.*)

Atrium. — L'= de la basilique de Saint-Martin de Tours. XX, 84.

Attius. — Réformes orthographiques attribuées à =. XX, 42 et suiv.

Aulon. — Antiquités d'= (Crète). XVI, 409 et suiv.

Aumale. — Géographie d'= depuis la troisième race. V, 62. — = ne fut pas compris dans la cession faite par Charles le Simple à Rollon. V, 195. — Histoire d'=. *Ibid.* VI, 187, 409. VIII, 363.

Auguste. — Réformes accomplies et organisation de la Gaule par =. IX, 2. — Buste d'=. XVIII, 293.

Auribeau. — =, station romaine sur la voie Aurélienne. III, 112, 118.

Autel. — = à Daubeuf-sur-Seine (Eure). I, 64. — = gaulois, III, 259. — = romains au musée de Dijon. V, 108. — Huit = romains au musée de Dijon. V, 116. — Sur un = romain du musée de Strasbourg. XV, 42. — = trouvé à Brumath avec inscription latine. XV, 159 — = gallo-romain de Roncherolles. XV, 197. — = votif de Mars avec inscription. XV, 225. — = romain à Strasbourg avec inscription. XV, 352. — Inscription de l'= gaulois trouvé à Notre-Dame de Paris. XVI, 123. — = gaulois avec inscription en l'honneur de Jupiter. XVI, 371 et suiv. — = en Thrace, du IIe siècle de notre ère. XIX, 179. — = trouvés à Vaison avec inscriptions grecques et latines en l'honneur de Belus. XX, 222.

Autun. — Inscription latine à =. VII, 275. — Monnaies d'=. VIII, 379. — Fouilles à = XV. 446.

Auxerre. — Trésor de la cathédrale d'=. XIX, 328 et suiv.

Avallon. — Nom antique d'=. XIV, 36.

Avaris. — Identité de Tanis et d'=. III, 99, 107. =, capitale des Hycsos. IV, 259. — = après l'expulsion des Hycsos. IX, 130. — Antiquités d'=. X, 65. — Les ruines et le sphinx d'=. XI, 173. — Prise d'=. XI, 181.

Avienus (*Festus Rufus.*) — Etudes sur l'ouvrage géographique d'=, intitulé : *Ora maritima.* XV, 54, 81.

Axos. — Antiquités d'= (Crète.) XVI, 409 et suiv.

Aztalan. — Les ruines d'=. XII, 280.

B

Baal. — =, dieu de Byblos. III, 172.

Baalbek. — Ruines de =. V, 394. — Sur deux inscriptions de =. XV, 163.

Babares. — Sur les =, peuple d'Afrique. III, 58.

Babylone. — Plan de =. I, 199. — Nom égyptien de =. II, 303. — Poids grec trouvé à =. XX, 191.

Bacchus. — Les Dionysiaques ou fêtes de Bacchus. II, 63. — Restes de l'ancien culte de =. II, 95. — = et St-Martin. II, 97. = Théâtre de = à Athènes. V, 354. VI, 108, 117. IX, 431. — Siège du prêtre de =. VI, 197, 272, 343. — Rapports de = et des Charites. VII, 63. — Représentation du = thrace à Philippes. XI, 450. — Affinité du = thrace et du Sabazius phrygien. XI, 453. — Figure de = privée du bras gauche. XIII, 145. — Tête en marbre de =, trouvée au Pirée. XIV. 350. — Peinture de = sur un oxybaphon. XVII, 350. = Peintures diverses de = . XVII, 353.

Bagensonensis (pagus). — Sur le =. XIX, 361 et suiv., 371 et suiv.

Bagues. — (V. *Anneaux).*

Baillis. — Les grands = du XVe siècle. VII, 440.

Bains. — = publics de l'époque romaine en Crète. XV, 266.

Bakenkhensou. — =, grand-prêtre d'Ammon, contemporain de Moïse. VI, 401. — *Cursus honorum* de =. VII, 65. — Remarques sur l'inscription relative à =. VII, 70. XVIII, 279 et suiv. — Emblème d'Hermanubis dans le tombeau de =. XX, 305 et suiv.

Balsa, nom d'une barque. — X, 131.

Banquet. — = funèbres sur des bas-reliefs gréco-romains. XVIII, 251 et suiv. — Sur un bas-relief représentant un = funèbre. XX, 233 et suiv, 421 et suiv. — Liste de monuments représentant des = funèbres. XX, 234. — Diverses opinions sur les = funèbres. XX, 235 et suiv. — Histoire des croyances religieuses relatives aux = funèbres. XX, 247 et suiv. (V. *Bas-reliefs.)*

Baptême. — Habitude de différer le = combattue par les Pères. XI, 470 et suiv. — Le = de divers princes dans le baptistère de saint Louis. XIV, 308.

Baptistère. — Vase appelé le = de saint Louis. XIV, 306. — Le = de la basilique de Saint-Martin de Tours. XX, 86 et suiv.

Baraques. — = des vivandiers et des marchands autour des camps romains. XII, 413 et suiv.

Barbares. — Dévastations des = en France au moyen-âge. X, 439 et suiv.

Barcelonnette. — = à l'époque celtique. VIII, 363.

Barde. — Le mystère des = de l'île de Bretagne. XVIII, 203, 329 et suiv., 431 et suiv. — Sur l'authenticité du mystère des =. XX, 54 et suiv. — Le = de Glamorgan. XVIII, 329. — L'assemblée des = de 1081. XVIII, 334. — Les écrits des = les plus célèbres. XIX, 36. — Lutte de deux écoles rivales de = dans le pays de Galles. XIX, 38.

Bardisme. — Doctrine religieuse du = XVIII, 210 et suiv., 334 et suiv., 431 et suiv. XIX, 23 et suiv.

Barkal. — (V. *Gebel-Barkal.)*

Barque. — = celtique. V, 353. — Plusieurs = de l'âge de pierre. XIV, 274.

— = sacrées des Egyptiens. XIV, 300. (V. *Edfou*.)

Basilique. — La = primitive de Saint-Clément retrouvée. V, 356. — Découvertes dans la = de Saint-Clément. VII, 207. — = de l'abbaye d'Agaune. XVII, 107. — Restitution de la = de Saint-Martin de Tours. XIX, 313 et suiv., 403 et suiv., XX, 1 et suiv., 81 et suiv.

Basques. — Constitution de la famille chez les =. III, 79. — Les origines controversées des =. XI, 135. — Les = appartiennent à la famille des Ibères. XVI, 383.

Bas-reliefs. — = du tombeau de Jovin à Reims. I, 151. — = de la chapelle Saint-Zacharie à Eleusis. I, 401. — = représentant les Muses Ilissiades II, 105. — = de style assyrien à Djebeil. III, 174. — = d'un coffret (V. ce mot) d'argent du XVIe siècle. III, 267. — = syrien d'Oum-el-Awamid. IV, 159. — = funèbre de Salonique. IV, 316. — = représentant Jupiter, trouvé à Vailly (Aisne). IV, 476 — = en terre cuite du musée de Dijon. V, 108. — = sur le rocher, à Ptérium. V, 127. — = à Uyuck (Ptérie). V, 180. — = sur le roc à Irapta (Liban). V, 395. — Un = de divinité gauloise. VII, 131. — = Africain relatif à une divinité thermale. VII, 136. — = égyptien de Gébeil. VII, 197. — Le = du tombeau de Dexileos. VIII, 82. — = athénien. VIII, 181. — Les = de l'arc de Constantin VIII, 247. — = égyptiens peints, relatifs à la race des Tamahou. IX, 39 — Un = gallo-romain de la ville de Dinan. X, 2. — = représentant l'intérieur d'un port, trouvé à Ostie. X, 74. — Sur les = du Parthénon. X, 168. = = de Palenqué supposé représenter Bouddha XI, 487. — = cyclopéens de Ghiaour-kalé-si. XII, 1 et suiv. XIII, 427 et suiv. — = sur une urne sépulcrale étrusque XII, 81. — = représentant une femme assise tenant un coffret, trouvé à Thasos avec inscription XII, 139. — Deux = de Théra relatifs à une société religieuse XII, 215 et suiv. — = représentant des combats de gladiateurs sur un vase de verre antique. XII, 305. — = archaïques de l'île de Thasos. XII, 438. XIII, 419. — Deux = gallo-romains. XIII, 257. — = supposés gaulois. XIII, 292. — = moabite au musée du Louvre. XIII, 366. — = aux environs de Smyrne. XIII, 453. — = figurant une danse sacrée. XIV, 350. — Triptolème et les grandes déesses sur un = d'Eleusis. XV 161. — = funéraire macédonien. XVIII, 26. — = grec de la belle époque à Constantinople. XVIII, 241. — = gréco-romains à Constantinople. XVIII, 247. — = byzantins à Constantinople. XVIII, 257. — Plusieurs = d'Asie-Mineure. XIX, 306 et suiv. — Sur un = représentant un banquet funèbre. XX, 233 et suiv, 421 et suiv. — Le = de Merkaba. XX, 241

Batailles. — = des Helvètes et des Romains au passage de la Saône. II, 171, 256. — Grande = de César contre les Helvètes, dans le pays Eduen. II, 176, 326. — Emplacement de cette grande =. II, 335. — = d'Octodure livrée à un lieutenant de César par les Seduns et les Veragres. III, 439. IV, 1. — = livrée par Labienus sous les murs de Paris. IV, 265. — = de César contre les Nerviens. IV, 453. — Comment se donnaient les = au moyen âge. VIII, 337. (V. *Gaule* et *Géographie*.)

Bayeux. — Origine et sens du nom de =. XIV, 201. — Le dieu Mên à =. XIX, 1 et suiv. — Antiquités romaines de = *Ibid*.

Beaune. — Le musée de =. V, 23. — L'hôpital de =. V, 258. — Silex de =. (V. *Silex*.)

Beauvais. — Origine et signification du nom de =. XIV, 205.

Bebryces. — Les =, peuple du midi de la Gaule. XV, 84.

Bed. — Le mot = signifie en celte, tombeau. XVII, 152.

Belenus. — (V. *Apollon*.) Apollon = sur une monnaie gauloise. VIII, 424.

Belgrade. — Antiquités du musée de =. XVIII, 407.

Bélocasses. (V. *Véliocasses*.) — IV, 288.

Bellovaques, peuple de la Gaule. — Antiquités des = III, 258. — Campagne de César contre les =. VIII, 510.

Bélus. — Autel voué à = avec inscriptions grecque et latine. XX, 222.

Bendis. — =, déesse lunaire des Thraces. XIX, 5.

Béotie. — Inscriptions archaïques de la = XVI, 428.

Bérénice — = fille de Magas, roi de Cyrène. V, 404.

Bérose. — Histoire et chronologie de =. V, 138.

Besançon. — Musée de =. IV, 377. V, 370.

Bethléem. — Couteaux en silex à =. IX. 220.

Bethsaïda, ville de Palestine. — Emplacement de =. VII, 177.

Betulus, roi gaulois vaincu par Q. Fabius Maximus. — X, 18, 19, 22.

Beuvray (mont). — (V. *Bibracte.*)

Bhagavad-Gita. — Traduction de la =. IV, 247.

Bibliothèque. — La = de Cicéron. VII, 93. — La = du Comité des travaux historiques. VIII, 190. — Manuscrits à miniature de la = de Laon. VIII, 272, 279 — = héraldique de la France. VIII, 363. — La = publique de Notre-Dame de Paris. VIII, 550.

Bibracte. — Sur =, ancienne capitale des Eduens. II, 257. — Emplacement de =. II, 324. — Fouilles sur l'emplacement de =, au mont Breuvray. XIV, 285. XV, 69. XX, 315 et suiv. (V. *Fouilles.*)

Bibrax. — Emplacement de =. VIII, 298.

Bière. — La = chez les Romains. XVII, 167.

Bijoux. — = gaulois. II, 201. — = égyptiens. II, 360. — = d'or à l'effigie de Tetricus. III, 419. — = du musée de Namur. IV, 86. — = gaulois émaillé. IV, 398. — = funèbres de Camiros (Rhodes). IV, 471. — = francs. IV, 483. — = gallo-romains et gaulois du camp de Saint-Pierre. V, 282. — = mérovingiens à Château-Thierry. V, 287. — = mérovingiens à Lamberville. VI, 155. — = funéraires de Camiros. VI, 267. — = Catalogue des = du musée Napoléon III. VI, 348 — Un = égyptien. VII, 210. — = gaulois. VII, 269. — = mérovingiens. VII, 270. — = phéniciens de Camiros. VIII, 1. — = gaulois. VIII, 538. — = burgondes. VIII, 543. — Représentation de = grecs sur un vase. IX, 57. — Les = égyptiens du musée de Boulaq. IX, 319 et suiv. — = gaulois provenant du cimetière de Meloisey. X, 328, 329, 413. — = mérovingiens. XII, 153. — = indiens. XII, 185. — = de Hallstadt (VIIe siècle avant J.-C.). XII, 315 et suiv. — = trouvés dans des sépultures franques. XV, 66. — = gallo-romains dans une sépulture intacte. XV, 227. — = de bronze à Caix. XVI, 316 et suiv. — Sur les = servant à pendre et réunir des objets à la ceinture. XVI, 343 et suiv. — = dans les tumuli des Vosges et de la Côte-d'Or. XVI, 420 et suiv. — Divers = trouvés à Pompéi. XVI, 446. — = dans un tumulus celtique. XVII, 366. — = des tumuli tchoudes. XVIII, 38. — Collection de = provenant des anciens Bulgares. XVIII, 413. — = trouvés dans des sépultures franques. XIX, 193. — Les = du grand-prêtre des Juifs. XX, 92 et suiv.

Binson. — Sur l'identification du village de = avec un ancien pagus. XIX, 372 et suiv.

Bisellium. — Usage et forme du = XVIII, 69 et suiv.

Bithynie. — Exploration archéologique de la =. VI, 347.

Blois. — = et ses environs. III, 180.

Bodio. — Signification du vocable = en gaulois. XIV, 201

Boii. — Quel était l'oppidum des =? XI, 70 et suiv.

Bonheur. — La théorie du = d'après les Bardes. XVIII, 339 et suiv. XIX, 27 et suiv.

Boniface. — Sur la signification du nom de = XIX, 233.

Bonnet phrygien. — Le = sur les œuvres d'art étrusque. XII, 84.

Bordeaux. — Découverte d'une station palustre à = XVII, 169 — Collection d'anciens monuments originaires de =. XIX, 91. — Liste de noms d'indigènes de =. XIX, 96.

Bornes milliaires. — Une = de la voie Egnatienne (Grèce). IV, 480. — Deux = du musée de Dijon. V, 119. — Une = au gué de Saint-Léonard. X, 328, 367. — = près de Dijon. XVI, 57.

Bostra. — L'ère syrienne de =. XI, 264.

Bouclier. — = de Chypre. II, 208. — Umbo en or d'un =. II, 430. — Les = des héros d'Homère. V, 172. — Description du = romain. V, 311. — = mérovingiens. VIII, 277. — Les = d'Alise. X, 347. — Le = gaulois. XVI, 70. (V. *Armes*).

Bouddha. = Représentation supposée de = sur les murs de Palenqué. XI, 487 et suiv.

Bouddhisme. — Des rapports du = avec l'antique religion des Américains. X, 70 et suiv., 188 et suiv. — Modifications et propagation du =. X, 370 et suiv. — Réforme de Çakia-Mouni dans le =. X, 371. — Fusion du = avec les sectes nationales de l'Inde. X, 374. — Grandes fêtes consacrant une révolution dans le =. X, 374. — Le = au Japon. X, 379. — Le = en Chine. X, 382. — Présence du = chez les Peaux-Rouges. XI. 273. — Croyances sur la vie future du =, conformes aux croyances des Indiens. XI, 289.

Boulaq. — Le musée de =. IX, 313. — Stèles de Gebel-Barkal au musée de =. XII, 161.

Bourges. — Cimetière gallo-romain et mérovingien de =. XII, 392.

Bourse. — La = figure parmi les insignes des questeurs. XVIII, 113. = Les = sur les monnaies romaines. XIX, 131 et suiv. — Les = des jeux. XIX, 138 et suiv.

Boustrophedon. — En quoi consistait l'écriture appelée = XVI, 335 et suiv.

Bracelet. — = gaulois à Bouy (Seine-et-Marne). I, 63. — = gaulois. II, 201. — = gallo-germains. III, 4, 8, 9. — = gaulois, près d'Autun. IV, 374. — = gaulois à Contrexeville (Vosges). IV, 396. — = d'or gaulois à Caudos VII, 431. — = gaulois dans les tumuli de Meloisey. X, 328, 413. — = des tombes de la Somma XII, 465. — Un = en verre mérovingien. XIII, 220. — Plusieurs = gaulois. XIV, 28 et suiv. XV, 297. — Projet de classification des = en bronze. XV, 300. — = du trésor de Pétrossa. XVII, 52.

Bratuspansium. — Emplacement de = V, 424.

Brescello. — Terramara de = XI, 303 et suiv.

Bretagne (Grande). — Géographie, population et mœurs de la =. I, 1 et suiv. — La légende de Gargantua dans la =. XVIII, 179. — Le mystère des Bardes de la =. XVIII, 203 et suiv., 329 et suiv., 431 et suiv. XIX, 27 et suiv.

Brigindo — =, nom d'une divinité gauloise sur une inscription. XV, 390.

Briquet antique. — V, 216.

Britomartis. — =, divinité des anciens Crétois. XV, 270, 424.

Bronze. — = prétendu de l'impératrice Faustine aux environs de Vienne (Dauphiné). I, 62, 126. — = gaulois, II, 201. — Colosse de = de Barletta. II, 213. — Groupe en = à Saint-Amour (Jura). II, 281. — = celto-germains d'Auvenay. III, 3. — = celtiques. III, 259. — = trouvés dans le département de l'Allier. III, 494. — = d'Alise-Ste-Reine. III, 495. IV, 67. — Le = dans l'antiquité et au moyen-âge. IV, 95. — = découverts à Neuvy (Loiret) IV, 138. — = gaulois trouvés près d'Autun. IV, 373. — = gaulois à Contrexeville (Vosges.) IV, 396. — Talent de = trouvé à Abydos. V, 30. — Le = des tumulus du Danemark. VI, 22, 25. — Les = gallo-romains de Caulnes. IX, 417. — Un = phénicien androcéphale. X, 214. — Sur le même =. X, 333. — Quelques = gaulois dans la Seine-Inférieure. XI, 192. — Un = de Bacchus privé du bras gauche. XIII, 145. — Collection de = trouvés en Savoie. XVII, 392. — Sur une statuette en = provenant d'Asie-Mineure. XIX, 393 et suiv. XX, 72. — Sur un = représentant une main, adressé à une peuplade gauloise. XX, 161 et suiv. — Un = représentant un athlète trouvé à Autun, XX, 292. — Objets de = dans des sépultures mérovingiennes. XX, 443. — Bracelets de l'âge du =. XV, 302. — Antiquités de l'âge du =. XVI, 54. — Epoque du = en Grèce. XVI, 146. — Objets en = trouvés à Caix (Somme). XVI, 314. — Objets en = provenant d'une sépulture franque. XIX, 191 et suiv. — Station de l'âge du = dans l'Aisne. XX, 131. — L'âge du = en Occident XX, 304. — Sur l'âge du = XII, 117. — L'âge du = dans les habitations lacustres de Peschiera. XII, 120. (V. *Statues*, *Statuettes*, *Groupes*.)

Bubastis, divinité égyptienne. — VII, 195.

Bubastites, rois égyptiens. — Généalogie des =. VIII, 110. — Les = à Tanis. IX, 133. — La généalogie des = =. XVIII, 288 et suiv.

Bulgarie. — La = orientale. IX, 395. — Exploration archéologique d'une partie de la = XVII, 257 et suiv. — Ruines d'une ville romaine en =. XVIII, 81 et suiv. — Anciens poëmes de la =. XVIII, 409. — Histoire et origine des habitants actuels de la =. XVIII, 410 et suiv. - Antiquités préhistoriques de la =. XVIII, 411 et suiv. (V. *Troesmis*, *Tomis*, *Dobrudja*.)

Bulletin. — = de l'Académie des Inscriptions. (V. *Académie*). — = d'archéologie chrétienne. VII, 436. X, 29, 36, 37, 43, 211. — = de l'Ecole française d'Athènes. XVIII, 76. XIX, 226, 386, 455. = de l'Institut de correspondance archéologique. XVIII, 141 et suiv., 375. XIX, 152, 227, 386. XX, 70, 293, 360, 444. — = de l'Académie de Berlin. XVIII, *Ibid.*, 375. XX, 70, 360.

Bussy. — Les tumuli de Bussy. XX, 34 et suiv.

Byblos. — Fouilles de =. III, 171, 319. (V. *Fouilles* et *Antiquités*.) — Fouilles de =. III, 171.

Byzantin. — Monuments = du muséum de Sainte-Irène à Constantinople. XVIII, 255 et suiv.

C

Cabal. — =, radical du langage gaulois significatif du cheval. XI, 122.

Cachet. — Un = trouvé à Pompéi. VIII, 275. — = d'oculiste à Rouen. IX, 98. — Sur les = d'oculistes romains trouvés à Heerlen à Bavay. XVI, 75, 180. — Un

= d'oculiste romain avec trois inscriptions trouvé à Senlis. XX, 61. (V. *Sceaux.*)

Cadelbosco. — Terramara de =. XI, 305.

Cadmus. — = figuré sur des pierres gravées étrusques. VII, 337.

Cadurques, peuplade gauloise. — VIII, 515.

Caen. — Les abbayes de =. VIII, 231.

Caire (Le). — Le musée du =. IX, 313.

Cakia-Mouni — Réforme de = dans le Boudhisme. X, 371.

Calendrier. — = arménien. I, 191. — = français du XIIIe siècle. V, 89. — Les = des anglo-saxons. VI, 126. — Recherches sur le = égyptien. X, 81 et suiv. — Observations sur le = égyptien. X, 488. — Le = des anciens mexicains. XI, 45. — Sur le =. XI, 160. — Détails sur le = égyptien. XI, 176 et suiv. — Réforme du = égyptien. XI, 178 et suiv., 187 et suiv. — Le = Farnèse du musée de Naples. XI, 447. — Détails sur le = égyptien. XII, 207. — Influence des nombres impairs dans le = romain. XIV, 234. — = des fêtes d'Horus et d'Hator à Edfou. XIV, 302. — Sur le = des Lagides. XVII, 1 et suiv.

Calice — Le = de Chelles, œuvre de saint Eloi. VIII, 21.

Californie. — La = point de départ de la civilisation américaine. X, 198.

Callisthène. — Observations astronomiques envoyées en Grèce par =. V, 243. (V. *Chronologie.*)

Callixte (saint). — Antiquités du cimetière de Saint-Callixte à Rome. (V. *Cimetière.*)

Camée. — Le = du grand mogol Chah-Djihan XIX, 425. (V. *Sceau, Pierre gravée, Intaille.*)

Camiros. — Nécropole de =. IV, 467. V, 409. VI. 265. VIII, 1. X, 227.

Campeggine. — Terramares et antiquités de =. XI, 306 et suiv.

Camp. — = gallo-romain sur le Gross-Limmersberg (Bas-Rhin). II, 65. — = romain de Vermand. II, 286. — = de Berry-au-Bac. V, 360 — = de Mauchamp. V, 409. 418. — = romain d'hiver à Wachtelhau, près du Danube. VI, 56. — = romain de Gergovie. VI, 198. — Monument commémoratif élevé sur le = de Mauchamp. VII, 132. — Le = de Gembloux. VIII, 38. — = d'Agedincum VIII, 388. — Le = du Chatelier. VIII, 422. — Le = retranché de Sylla sous Eleusis. X, 95. — Un = gaulois en Auvergne. X, 484. — Origine et physionomie des = appelés *Castra stativa.* XII, 413 et suiv. — Fouilles du = de Chassey. XIV, 178. XV, 261. — Le = de Dijon. XVI, 60.

Camulogène. — = Défend Paris contre Labienus. IV, 270. VIII, 496.

Canabæ. — Origine et signification du mot = appliqué aux noms de lieu. XV, 47.

Canal. — Mention du = de chaque nôme égyptien. XII, 195 et suiv., 321 et suiv.

Canecosedlon. — Sur le sens du mot = dans une inscription gauloise. XVII, 243.

Cannes. — = et les îles de Lérins. II, 64.

Canope. — Indications chronologiques du décret de =. XVII, 1 et suiv. (V. *Calendrier.*)

Capharnaoum, ville de Palestine. — Situation et ruines de =. VII, 167.

Capitation. — Quelle était la valeur de la = en Egypte sous les Ptolémées et sous les Romains? XII, 39 et suiv.

Captifs. — Le rachat des = au temps des invasions barbares. — X, 435 et suiv.

Caractère. = Comparaison des = de l'alphabet grec primitif avec ceux de l'alphabet phénicien XVI 330 et suiv. — Histoire des = de l'alphabet éolo-dorien. XVII, 198 et suiv. — Variétés du = *sigma* grec. XVII, 350. — Les = sacrés des Juifs. XX, 115 (V. *Alphabet.*)

Caricature. — Histoire de la = antique. XI, 448. — Une = antique représentant deux animaux jouant aux dés. XII, 58. — Spécimen de = antique sur un vase de Phalère. XIX, 217.

Carnidu. — Sens du mot gaulois =. XVI, 126 et suiv.

Carn. — Signification du mot celtique =. XVII, 148.

Carpathos. — Antiquités de =. VIII. 469. — Chants populaires de =. VIII, 491.

Carrelages émaillés. — Quelques = du XIIIe siècle. XI, 200. = des dominicains de Rouen XX, 225. (V. *Emaux.*)

Carrière. — = exploitées par les Romains en Gaule. XVII, 310. — Inscriptions des = (V *Inscriptions* et *Hercule.*) — La = ou labyrinthe de Gortyne (Crète). XVIII, 200 et suiv.

Carte. — = de la Gaule. (V. *Gaule* et *Géographie.*)

Carthaginois. — (V. *Périple.*)

Cartulaire. — = du diocèse de Carcas-

sonne. II, 276. — = de l'abbaye de Beaulieu. II, 278. IV, 227. — = général de l'Yonne. IV, 231. — = de l'abbaye de Bonport. VI, 186. — du monastère de Bonne-Nouvelle à Orléans. VI, 189. — = de l'abbaye de Redon. VII, 397. VIII, 181. — Extrait du = de l'abbaye de Molesme. VII, 434. — = de l'abbaye de Notre-Dame de la Roche. VIII, 268. — Extraits du = de l'abbaye de Marmoutier. X, 249 et suiv.

Casque. — Un = antique retrouvé dans un ancien bras de la Seine. V, 226. — Description du = romain. V, 311. — Les = d'Alise. X, 347. — Moulage d'un = de gladiateur. XI, 94. — Deux = gaulois du musée de Falaise. XIII, 260. (V. *Armes.*)

Casses. — Sens du vocable = chez les Gaulois. XIV, 202.

Castellum. — Un = gaulois à Servière (Puy-de-Dôme). X, 484.

Castelnovo. — Terramara de =. XI, 304.

Catacombe. — Epitaphes de la = de Saint-Callixte. XVII, 461. — Sur le vase de sang des = romaines. XIX, 429. (V. *Sépultures, Tombeaux.*)

Cathédrale. — (V. *Eglise.*)

Caulnes. — Antiquités de =. V, 412. — IX, 414.

Cavalier. — L'armement du = romain. V, 309. — L'armement du = français au moyen-âge. VIII, 333. — Le = thrace sur les monuments de ce pays. XIX, 179 et suiv.

Caverne. — Les = de la Vallée de Tarascon. — VIII, 539. — Les = à ossements de la Dordogne. IX, 233. — Les = de Beyrouth. IX, 301. — Une = antique aux environs de Gibraltar. XI, 231. — Exploration des = de la Belgique. XII, 75. — Liste des = à ossements de la France. XII, 76 et suiv. XIII, 264 et suiv. — Poteries et ossements des = de la vieille Castille. XIII, 114 et suiv. — La = de Bossey. XIII, 367. (V. *Grottes.*)

Celicnon — Sens du vocable = dans l'inscription gauloise d'Alise. XV, 317.

Celt. — (V. *Hache.*)

Cella. — Le mot de = employé dans une inscription funéraire chrétienne pour désigner la chambre funéraire. X, 29, 115.

Celtes. — Emigrations des =. IV, 166. — Si les = ont élevé les monuments qu'on leur attribue. VII, 217. — Peuple analogue aux = désigné dans les inscriptions égyptiennes. IX, 39. — Arrivée des = en Europe. IX, 70, 74. — Tribus indépendantes des =. XV, 2. — Y a-t-il en Occident un peuple antérieur aux =? XVI, 382. — Rapports des = et des Libyens. XVI, 394.

Celtique. — Antiquités = en Champagne. XVIII, 219. (V. *Ethnogénie.*)

Cenabum — La ville gauloise appelée = dans une inscription est Orléans. XI, 408. — Pourquoi César a-t-il écrit = *Genabum?* XI, 418.

Centrons, peuplade gauloise. — II, 251.

Céphale. — Le mythe de = et Procris. VIII, 198.

Ceraunia. — Ce qu'est la pierre = dans Pline et selon la croyance de l'antiquité. XIII, 6. (V. *Foudre.*)

Céramique. — = gauloise chez les Arvernes. IV, 262. — = phénico-grecque de Camiros (Rhodes). IV, 468. — = du XVIe siècle au musée de Dijon. V. 107. — Guide de l'amateur de faïences, porcelaines, poteries, etc. VIII, 456. — = normande du moyen-âge. IX. 100. — La = des dolmens du Morbihan. XI, 257 et suiv. — La = grecque au musée de Sainte Irène. XVIII, 243. — Caractères d s diverses = grecques, XIX, 213. (V. *Poterie, Vases.*)

Cerbère. — Image de = sur un marbre. XVIII, 21 et suiv.

Cercueil. — Le = de la reine égyptienne Ahotep. — Sur trois = de plomb trouvés à Dieppe. XIV, 322. (Voy. *Sarcophage, Tombeau, Sépulture.*)

Cernunnos. — =, nom d'une divinité gauloise, XIX, 5.

Cerès. — = se venge d'Erysichthon. III, 30. — Statuette de = découverte au Palatin. VI, 201. — Effigies de = et de Proserpine sur un miroir étrusque. XI, 234. — Tombeau d'une prêtresse de =. XVIII, 440.

César. — Campagnes de = dans les Gaules. V, 159. — Lieu du débarquement de = en Grande-Bretagne. V, 283. VIII, 301. — Campagne de = contre les Helvètes. (V. *Helvètes.*) — Campagne de = contre les Belges. VIII, 297. — Campagne de = contre Vercingétorix. VIII, 393, 504. — Campagne de = contre les Bellovaques. VIII, 510. — Date de la naissance de =. XIV, 17 et suiv.

Chaîne. — = gauloise en bronze. XIV, 28.

Chaldéen. — Antiques spécimens de l'art =. XVIII, 232.

Chambre. — La = des ancêtres de Toutmès III. XI, 55. — Les = des géants en Danemark, VI, 20.

Chamos. — Statue présumée du dieu Ammonite, =. IX, 64.

Champ du mensonge. — Théâtre de la trahison des fils de Louis-le-Débonnaire. IV, 240.

Champagne. — Ducs et comtes de =. I, 132. — Histoire de Bar-sur-Aube sous les comtes de =. III, 74. — Les origines de la =. III, 217. — Les foires de =. IV, 229. — Antiquités gauloises en =. XVIII, 219.

Champollion. — I, 69.

Chanson. — Fausse = du XVe siècle. XVII, 227. = Une = bretonne intitulée le *Retour d'Angleterre*. XVII, 227. — Texte d'une = du XVIe siècle sur la serpe et le vin. XIX, 176. — Une = bretonne intitulée : la *Quenouille d'ivoire*. XX, 122 et suiv. — Recueil de = populaires de la Basse-Bretagne. XX, 455.

Chansons de geste. — III, 36. — Sens du mot *Ventail* dans les =. VIII, 176.

Char. — Roue de = provenant d'une sépulture gallo-italique. XVI, 282.

Charites. — Rapport du mythe des = grecques avec les mythes Hindous. VI, 325. — Noms des =. VI, 328. — Culte des = dans diverses îles de la Grèce. VI, 329. — Signification des =. VII, 52. — Généalogie des =. VII, 54. — Rôle des = dans la littérature. VII, 56. — Virginité des =. VII, 63. — Transformations successives des =. VII, 63.

Charlemagne. — = à Constantinople et à Jérusalem. III, 36.

Charte. — Une = du XIIe siècle relative à l'abbaye de Marmoutier. X, 245. — Une = du XIIIe siècle relative au prieuré de Saint-Thibault. X, 249. — Copie de diverses = concernant l'abbaye de Saint-Thibault-de-Bazoches. X, 253 et suiv. — Les = grecques provenant de la succthèque de M. Hase, acquises par la bibliocession nationale de Paris. XI, 69. — La = d'Agius, évêque d'Orléans. XX, 78.

Chasse. — = funèbre du tombeau de Jovin à Reims. I, 224. — Les = funèbres. I, 275. — = de Proserpine ou d'Hécate. II, 93. — Episodes de = sur un coffret du XVIe siècle. III, 269, 270. — Sujets de = à Kabi-Hiram près de Tyr. III, 418. — Représentation relative à la = sur les tombeaux thraces. XIX, 179.

Châsse. — (V. *Reliquaire.*)

Chassey. — (V. *Camp.*)

Château. — = de Salses. II, 284. — Intérieur d'un = normand du XVIe siècle. III, 82. — Notice historique et archéologique sur le = de Chinon. III, 263. — Description des = de Pierrefonds et de Coucy. IV, 166. — Le = d'Amasia en Asie-Mineure. V, 209. — = de Vandeuvre. V, 421. — Histoire du = et des sires de Saint-Sauveur-le-Vicomte. XVI, 374. — Le = de la Possonnière. XVI, 376. (V. *Fort.*)

Chatelier. — Fouilles du = VIII, 422.

Cheops et **Chephrem**. — Leur place chronologique II, 84. — La stèle de =. IX, 319. — Mention de =. X. 64.

Cheper. — Sens du mot = dans les hiéroglyphes. XII, 157.

Cheval — Le nom du = chez les Gaulois X, 310. XIV, 200. — Les dérivés gaulois de la racine *epos*, qui signifie =. — *Marcos* est un autre nom du = en gaulois. XI, 120. — Le = androcéphale sur les monnaies gauloises. XIII, 412.

Chine. — Epoque de l'introduction du Bouddhisme en =. X, 382.

Chirurgie. — Connaissances en = révélées par les poèmes homériques. XII, 249 et suiv., 338 et suiv. — La = est pratiquée par les médecins dans l'antiquité. XIX, 209 et suiv.

Chnouphis. — Le dieu = est représenté avec une tête de bélier. XI, 383.

Chous, mesure de capacité chez les Grecs. — V, 334.

Christianisme. — Etat du = à Trèves après l'invasion des Ripuaires. VIII, 531. — Le = primitif profite de la protection accordée par les Césars aux Juifs. XIII, 228. — Le = sous Néron, Domitien et Nerva. XIII, 235. — Dernières luttes du = et du paganisme. XVIII, 45 et suiv. — Le = en Crète. XVIII, 198. — L'influence du = dans le bardisme. XVIII, 212, 336 et suiv. XIX, 29 et suiv. — Conversion des Slaves au = XVIII, 223.

Chroniques. — Grandes = de Saint-Denis. III, 38. — = de Lorraine, au sujet de la guerre entre René II et Charles le Téméraire. III, 78. — La = rimée de Metz. III, 239. — = de Flandre. V, 202. — Les = gargantuines. (V. *Gargantua*). XVIII, 172 et suiv., 182 et suiv.

Chronologie. — = arménienne. I, 191. — = égyptienne. II, 78, 131. — = des guerres médiques. II, 429. — = des rois Hycsos. IV, 253. — = assyrienne. V, 136, 215, 243, 349. VI, 62, 269. — La = des inscriptions chrétiennes. VI, 370 — La = égyptienne d'après la salle des ancêtres. IX, 309. — La = égyptienne avant la IVe dynastie. X, 64. — Recherches sur la = égyptienne. X, 81. — Système de = des Syriens. XI, 263

et suiv. — Conjectures de = sur l'âge des monuments antiques de l'Amérique. XII, 380 et suiv. — Polémique et ouvrages sur la = des anciens égyptiens. XIII, 217. — = comparée de l'Égypte et de la Bible. XIV, 150. — Sur la = des Lagides. XVII, 1 et suiv. — Sur la = de la XXIIe dynastie égyptienne. XVIII, 272 et suiv. — Sur la = assyrienne et la = biblique. XVIII, 209 et suiv. 379 et suiv. — = des éponymes assyriens de l'année 951 à l'an 643 avant J.-C. XVIII, 391.

Chrysermos. — =, nom d'un prêtre d'Alexandre et des Ptolémées. XIV, 156 et suiv.

Chrysostome (Saint Jean). — Discours de = sur le sacerdoce. XVIII, 151.

Chypre. — Exploration archéologique de =. V, 345. VI, 244. VII, 200. — Antiquités récemment découvertes dans l'île de = XIX, 257. — Statuette provenant de l'île de =. XIX, 341. — Sur des antiquités de =. XX, 208 et suiv. — Inscriptions diverses de =. VII, 200.

Cibyra, ville d'Asie-Mineure. — VIII, 316.

Cicéron. — Bibliothèque de =. VII, 93. — L'éditeur de =. VII, 95.

Cimetières. — = d'Auvenay, III, 1. — = mérovingien à Château-Thierry. V, 286. — = gallo-romain à Argenteuil. V, 377. — = mérovingien de Lamberville. VI, 153. — = gaulois de Saint-Wandrille. VII, 32. — Un = de l'âge du bronze en Moravie. VII, 207. — = gallo-romain à Limé (Aisne). VIII, 82. — = gaulois dans la basse forêt d'Eu. VIII, 450. — = mérovingien en Picardie. VIII, 544. — Le = gaulois de Cojou. IX, 81. — = mérovingien de Veules. IX, 98. — Le = gallo-romain d'Orival, IX, 447. — Les = chrétiens pendant l'ère de persécution. X, 28. — Les = chrétiens de Carthage. X, 35. — Un = gaulois découvert à Meloisey. X, 328. — Le = de l'église de Saint-Thibault de Bazoches. X, 482. — = francs dans la Seine-Inférieure. XI, 198 et suiv. — Un = mérovingien près de Soissons. — XI, 345. — = gallo-romain de Gièvres (Loir-et-Cher). XI, 529. — Un = gallo-romain à Blainville. XII, 151. — Le = mérovingien de Pommiers. XII, 152. — Découvertes dans le = de Flava Domitilla à Rome. XII, 242. — = gallo-romain et mérovingien de Bourges. XII, 392. — = romain du plateau de la Somma. XIII, 56 et suiv. — Un = mérovingien à Douvrend. XIII, 107. — = gallo-romain à Eysses (Lot-et-Garonne). XIII, 219. — Existence légale des = chrétiens à Rome. XIII, 225 et suiv. — = gaulois à Caudebec. XIII, 315. — gallo-romain à Luneray. XIII, 316. — = mérovingien près de Dieppe. XIII, 370. — Le = gaulois de Somsois. XIV, 23. — = gallo-romain de Sénancourt. XIV, 316. — Le = franc d'Avesnes. XV, 64. — = gallo-romain à Darnetal. XV, 196. — = franc du Petit-Appeville. XV, 199. — = mérovingien de Douvrend. XV, 199. — Le = de Balbine à Rome. XV, 375. — = gallo-romain du Catillon, XVI, 151. — Le = romain de Lillebonne. XVII, 36. — Le = franc de Creil (Seine-Inférieure). XVII, 391. — = gaulois de Montigny-Lencoup. XVIII, 367. — = germanique à Niederbronn. XVIII, 371. — = de l'âge de la pierre polie près de Worms. XVIII, 377. XIX, 325 et suiv. — Un verre du = Saint-Callixte. XIX, 135 et suiv. (V. *Sépultures, Tumulus, Tombeaux.*)

Cippe. — = étrusque. IV, 442. — Les = d'Aradus. V, 275. — = gallo-romain à Auxerre. VI, 56. — = chrétien de Phrygie avec inscription grecque. X, 47. (V. *Autel.*)

Circleville. — Origine du nom de la cité de =. XII, 280.

Circoncision. — La = chez les Égyptiens. III, 298. — Les couteaux de la =. XI, 104.

Cirque. — Découverte d'un = à Cyrène. XII, 391. (V. *Théâtre.*)

Ciseau. — = en pierre. I, 31 et suiv. VI, 20, 388. XIX, 327. — = en corne. XII, 92. — = en métal trouvé au Chili. XX, 358.

Cista. — Le vase appelé = est l'un des insignes du questeur. XVIII, 118. — La = est un récipient monétaire. XVIII, 159 et suiv.

Classes. — Les = établies par Servius Tullius. VI, 298.

Clairaut. — Recherches de = sur l'hydrostatique. XX, 28 et suiv.

Claude. — Sur un édit de =. XX, 447.

Cleopâtre. — Inscription relative à =. IX, 420.

Clous. — Collection de = creux en fer au musée de Bruxelles. X, 500.

Clutonda. — Nom de la déesse gauloise = sur une inscription de Mesve. XII, 387.

Cnide. — Ecole médicale de =. XIX, 260.

Coeur (Jacques). — II, 162.

Coffre-fort. — Les = de Pompéi et leurs représentations sur les monnaies. XIX,

131 et suiv. (V. *Cista*, *Fiscus*, *Récipient*.)

Coffret. — = d'argent exécuté pour Frantz de Sickingen. III, 230, 265. — = d'ivoire conservé dans la cathédrale de Bayeux. XII, 358. — Un = de Pompéi. XVI, 445.

Coiffure. — Diverses = sur les monuments de l'antiquité. XIV, 414.

Coin. — Découverte de = pour la fabrication des monnaies romaines. VIII, 275. — = monétaires gaulois. XV, 348.

Cojou. — Cimetière gaulois de =. IX, 81.

Collèges. — Les = appelés ἔρανοι. X. 401. — Organisation de ces =. X, 460. — But d'assistance mutuelle de ces =. X, 461. — Dignitaires de ces =. X, 461. — Inscriptions relatives à ces =. X, 462. — Dons faits à ces =. X, 466. — Le = des *Sodales Serrenses*. XI, 511 et suiv. — Un = de Paris au XIVe siècle. XI, 519 et suiv. — Fondation du = de Navarre à Paris. XI, 522. — Organisation des = de l'ancienne université de Paris. XI, 523 et suiv. — Le = ou θίασος de Théra. XII, 215 et suiv. — Différence du θίασος et de l'ἔρανος. XII, 219 et suiv. — Les = funéraires. XII, 243. — Inscription grecque de Théra relative à un = religieux. XIII, 245. — Fonctions et dignités des = religieux chez les Grecs désignés par les termes employés dans les églises primitives. XIII, 247. — Inscription relative à un = cypriote sous le patronage de Diane. XIII, 441. — Inscription grecque relative à un = de l'île de Rhodes. XIV, 331. — Histoire et influence des = appelés ἔρανοι et θίασοι. XV, 156. — Les = de prêtres romains appelés *epulones*. XV, 407. — Fragments des actes du = des frères Arvales. XVII, 166. — Caisse ou *arca* des =. XVIII, 169. — Les = de chasseurs Thraces. XIX. (V. *Thrace*.)

Colliers. — = gaulois à Bouy (Seine-et-Marne). I, 63. — = gaulois. II, 201. — = de bronze des tumulus danois. VI, 26. — Pendant de = de Camiros. VI, 267. — Grains de = dans un dolmen. IX, 138, 140. — = dans les tumuli de Meloisey. X, 328, 413. — = mérovingiens. XII, 153. — Un = talisman provenant des dolmens. XII, 316, 433 et suiv. — Un = très-ancien en débris de coquilles. XII, 472. — = en coquillages trouvé à Vignely (Seine-et-Marne). XIII, 285. — = de la caverne de Bossey (Savoie). XIII, 368. — = mérovingien. XIII, 371. — = gaulois. XIV, 32. — = celtique dans les tumuli de Sauville. XIV, 244. — Un = gallo-romain. XV, 227.

Collyre. — (V. *Cachet*.)

Colonnes. — La = de Cussy. II, 341. — La = Trajane. V, 310. — La = de la mosquée el-Aksa à Jérusalem. V, 399. — Les = du temple d'Hadrien à Cyzique. IX, 357.

Colosses. — Un = égyptien. X, 65. — Le = sculpté sur le mont Staorin à Antioche. XII, 242.

Comanches. — Usages religieux des =. XI, 282.

Comédie. — Si les Athéniennes assistaient à la représentation des =. VIII, 128.

Concinius Sabianus, nom d'un potier sur une estampille de dolium. X, 451. — Discussion sur le nom de ce potier. XI, 68 et suiv.

Comites. — Institution des =. VI, 41.

Commelles. — Etymologie du nom de =. XX, 214 et suiv.

Commerce. — Le = en Gaule au temps de Dagobert. IV, 187. — Le = aux XIIe, XIIIe et XIVe siècles en France. VI, 229. — Le = des collyres en Gaule. V, 252. — Histoire du = de Montpellier. VI, 179. — Le = des livres dans l'antiquité. VII, 93. — Le = de l'empire romain avec l'Asie orientale. IX, 150. — Le = des Grecs et des Romains avec les pays du Nord. XIII, 375. — = et productions de la Crète antique. XIV, 402.

Compiègne. — Fouilles dans la forêt de = (V. *Fouilles*.) — Station de l'âge du bronze dans la forêt de =. XX, 131 et suiv.

Conchyliosites. (V. *Kjoek Kenmœdding*.)

Conciles. — Le = de Paris en 1210. X, 417. — Sentence rendue par le = de Paris. X, 431. — Supplice des personnes condamnées par le = de Paris. X, 432, 433. — Les actes du = de Constantinople. XIII, 392.

Concise. — Habitations lacustres de =. I, 26, 29. — Nouvelles fouilles à =. V, 217. IX, 144, 387.

Concours. (V. *Académie des Inscriptions*, *Sociétés savantes*, *Prix*.)

Congrès. — Préparatifs du = international d'archéologie préhistorique tenu en 1867 à Paris. XVI, 157, 228. — Le = celtique international de Saint-Brieuc. XVI, 294. XVII, 147 et suiv. — = International d'archéologie préhistorique de 1868. XVIII, 74. — = international de Bonn. XVIII, 371. — Le = international d'archéologie préhistorique de Copenhague. XX, 287.

Constantine. — Monuments dits celtiques dans la province de =. VIII, 519.

Constantinople. — Palais impérial et divers monuments de =. V, 88. — Musée de Sainte-Irène à =. XVIII, 237.

Contremarque. — Les = des monnaies de Néron. XIX, 415. — Sur une monnaie antique portant une = juive. XX, 251 et suiv. — Plusieurs = sur des monnaies romaines. XX, 310 et suiv. (V. *Monnaie.*)

Copenhague. — Le congrès international d'archéologie préhistorique de =. XX, 287.

Coptos. — =, capitale d'un nôme égyptien. XII, 333.

Coq. — Combats de = en Grèce. XVII, 377 et suiv. — Peintures anciennes représentant des =. XVII, 379 et suiv.

Coquilles. — Amas de = découvert sur les côtes de Provence. X, 113.

Corbeau. — Le nom du = dans les dialectes celtiques. XVIII, 6 et suiv., 11 et suiv. — Culte du = chez les Celtes. XVIII, 12 et suiv. — Le rôle du = dans la divination par les augures chez divers peuples anciens. XIX, 104 et suiv.

Corinthe. — Inscriptions latines de =. IX, 375. — Alphabet archaïque de =. XVII, 282.

Cornelius Balbus. — Expédition de = en Afrique. VI, 303.

Cornes. — Grande quantité de = de cerf trouvées dans la campagne romaine. XVI, 51.

Corsia, ancienne ville grecque. — II, 390.

Cos. — Ecole médicale de =. XIX, 260.

Costume. — Histoire du = et de l'ameublement. VII, 276. — Le = des chevaliers. VIII, 333. — Le = guerrier des bourgeois. *Ibid.*, 335. — Le = d'Hélène sur un vase peint. IX, 55. — Le = sacerdotal chez les Juifs. XX, 91 et suiv. (V. *Insignes.*)

Cotentin. — Etude géographique et hydrographique du =. IV, 239.

Coudée. — Signes hiéroglyphiques de la =. XVII, 314.

Coujux. — Cité lacustre de =. XVI, 325.

Coupe. — = de Josias avec peintures. XII, 342 et suiv. — = étrusque représentant un combat livré autour du corps d'Achille. XII, 343. — = en poterie et formant couvercle des ossuaires de la de la Somma. XII, 461. — = de verre représentant en relief un combat de gladiateurs. XVI, 151.

Courtepointe. — Etymologie du mot =. XV, 429.

Coutances. — = identifiée à Legedia. IV, 239.

Couteaux en pierre. — II, 129, 209, 211. III, 4, 9, 293. IV, 74, 86. V, 84. VI, 20. IX, 220, 245, 254. X, 358. XII, 21 et suiv. XII, 90, 91, 114 et suiv. XV, 368, 434. XVIII, 96. XIX, 326. — Les = de la circoncision ordonnée par Dieu à Josué. XI, 104.

Couvent. — Les = des Météores en Thessalie. IX, 153.

Crète. — Inscriptions trouvées en =. X, 75. — Sur l'histoire de la =. XV, 231. — Description archéologique de la =. XIV, 396 et suiv. XV, 265 et suiv., 416 et suiv. XVI, 104 et suiv., 409 et suiv. XVII, 293 et suiv. XVIII, 126 et suiv., 192 et suiv.

Croix. — Le signe de la = avant le christianisme. XIV, 447. — Description de la = très-riche envoyée par Charles IX à l'église d'Auxerre. XIX, 337 et suiv. — La = sculptée sur les rochers de Philippes. XI, 459. (V. *Joyaux*, *Reliquaire.*)

Cromlech. — Que sont les =? VII, 218. — Les = de la province de Constantine. VIII, 519. — Les = de Mackwiller (Bas-Rhin). X, 329. — Quelques = dans la province de Constantine. XI, 208 et suiv. — Dolmens et = de la vallée d'Ossau. XV, 342. — Construction et forme des =. XVI, 379. — Origine des = berbères. XX, 357. (V. *Monuments.*)

Crubelz. — Le dolmen de =. IX, 393.

Cryptes. — La = de l'église romaine de Saint-Thibault de Bazoches. X, 480.

Cuirasse. — Description de la = romaine. V, 311.

Cuivre. — Mines de = en Gaule. XVII, 304. — Les anciens Tchoudes employaient le =. XVIII, 34.

Cunéiformes (les écritures). — I, 314. III, 467. IV, 31. (V. *Inscriptions* assyriennes.)

Curies. — Institution des = à Rome. VI, 296.

Curiosolites, peuple de la Gaule. — III, 260. — Les =; l'étendue de leur territoire. IX, 326. — Monnaies des = XVI, 283 et suiv.

Cursus honorum. — Exemple d'un = complet dans une inscription. XVII, 275.

Cybèle. — = sur un bas-relief provenant

d'une société religieuse. XII, 215, 217 et suiv. — Inscription de Théra mentionnant une société religieuse vouée au culte de =. XIII, 245. — Image de = trouvée au Pirée. XIV, 350.

Cycle. — Divers = chronologiques. XVIII, 315.

Cyclopéen. — Monuments =. II, 217. — Métallurgie du fer chez les peuples dits =. IV, 104. — Monuments = de Ptérium. V, 125. — Murs = de Ghiaour-Kalé-si. XII, 1 et suiv. — Débris — en Crète. XVI, 106. — Débris = d'Ermokastro (Rhodes). XVIII, 153. — Constructions = dans la forêt de Compiègne. XX, 133.

Cylindre. — Un = de style assyrien avec une inscription hébraïque. XI, 332.

Cymrys. — Migrations des = d'après les légendes du bardisme. XVIII, 435.

Cyrène. — Antiquités découvertes à =. XII, 391. — Ecole médicale de =. XIX, 259.

Cyrtones, ancienne ville grecque. II, 390.

D

Dachsbourg (le comté de), en Alsace, son histoire et ses antiquités. II, 63.

Dagobert. — Commerce en Gaule au temps de =. IV, 187.

Dali. — Antiquités de la plaine de =. XX, 208 et suiv.

Damascius. — I, 158, 180, 297. — Les ouvrages de =. II, 107, 250, 416. III, 145, 393, 482. — Théorèmes de =. II, 115. (V. *Textes.*)

Dames. — Mention et origine supposée du jeu de =. XII, 56 et suiv.

Danemark. — Antiquités du =. VI, 19. — Le premier âge du fer en =. IX, 425.

Danse. — La = du Bison chez les Indiens. XI, 276. — = sacrée sur un bas-relief grec. XIV, 350.

Danube. — Exploration archéologique du bas-=. XVII, 254 et suiv. — Antiquités du =. XVIII, 209 et suiv. (V. (*Troesmis*, *Tomis*, *Légions*, *Inscriptions latines.*)

Date. — (V. *Chronologie.*)

Daton. — II, 45.

Decetia, ville gauloise. — César à =. VIII, 401.

Delphes. — Fondation de = par Cadmus sur une pierre gravée étrusque. VII, 337. — Le temple d'Apollon à =. VIII, 43. — Les inscriptions de =. VIII, 548. — Le mur oriental du temple de =. X, 408. XI, 343 et suiv. — Ruines et histoire de =. XIII, 142 et suiv.

Déluge. — Traditions relatives au = chez les Indiens d'Amérique. XI, 283 et suiv.

Démocède. — Histoire du médecin =. XIX, 206 et suiv.

Denderah. — Antiquités découvertes à =. X, 68. — Les souterrains de =. XI, 347. — Textes de =. XIV, 297.

Denier. — = du xe siècle au nom de Sobon, archevêque de Vienne. XIV, 151.

Densité. — Opinion des anciens sur la = des corps. XVIII, 296 et suiv. — Traité sur la = des corps du moyen âge. XIX, 114. — Autres traités sur la =, jusqu'au xve siècle. XIX, 116 et suiv. — Recherches de Galilée sur la =. XIX, 345 et suiv. — Idées de Descartes sur la =. XX, 14 et suiv. — Expériences de Torricelli sur la =. XX, 17 et suiv. (V. *Archimède, Aristote, Physique, Galilée.*)

Denys. — Tombeau de = à Athènes. VIII, 91.

Descartes. — Idées de = sur le principe d'Archimède. XX, 14. — Sur la physique de = XX, 15.

Derrhonicus. — =, nom d'un roi inconnu sur les monnaies. XV, 124.

Dessin. — Histoire des arts du =. XI, 534. — Traces de = sur des os de l'âge de pierre. XII, 92. — Série de = constituant des portraits historiques, antérieurs au xvie siècle. XIII, 297.

Dexileos. — Le tombeau de =. (V. *Tombeaux.*) Dates de la naissance et de la mort de =. VIII, 355.

Diable. — Le nom du = est le même en celtique, en sanscrit et dans l'idiome du zend-avesta. XVIII, 337.

Dialecte. — Persistance du = dorien à Rhodes. XI, 219, 297. XIII, 458. — Les = néo-celtiques. — XIV, 137. — Différence des = dans les légendes monétaires grecques. XIV, 247. — Le = celtique en usage chez les Galates au ive siècle. XVI, 299. — Les alphabets des divers = grecs. XVI, 424 et suiv. — Sur le = irlandais. XVIII, 3 et suiv. — Publication relative aux = britanniques. XX, 56. — Etymologie des noms appartenant aux = celtiques. (V. *Noms d'hommes, Noms de lieux, Etymologie.*)

Diane. — I, 279. — Culte de = au milieu du christianisme. II, 94. — = ciselée sur un vase de Milo. VI, 402. — La = de Philippes. XI, 453. — La = de Pergé. XVI, 25.

Dictionnaire. — = géographique du département de la Meurthe. IV, 240. —

= des abréviations latines et françaises dans les inscriptions lapidaires et métalliques. VI, 128. — = raisonné de l'architecture française du XIe au XVIe siècles. VI, 184. — = historique et statistique du Cantal. VI, 189. — Le = de l'époque celtique. XIII, 366. XIV, 35 et suiv., 121 et suiv., 208 et suiv. — Sur le = archéologique de la Gaule. XVI, 73. — = de l'Académie des Beaux-Arts. XVIII, 145. — Le = des antiquités chrétiennes. XVIII, 375.

Dieu. — Les = de Danann. XVI, 390 et suiv. — Les = et les héros. XVII, 103. — = dans la doctrine du bardisme. XVIII, 211. — La révélation de = dans la doctrine des bardes. XVIII, 431 et suiv. — Opinion des Paphlagoniens sur la nature de =. XX, 339.

Dijon. — Topographie de l'ancienne ville de =. XVI, 62. — Ruines romaines près de =. XVII, 321.

Diocèse. — Division de l'empire romain en =. XIII, 394 et suiv. XIV, 373 et suiv. — Histoire de la ville et du = de Paris. XVI, 447.

Dioclétien. — Edit de = établissant le maximum. IX, 232.

Dion-Cassius. — Sur des fragments de = présumés inédits. XIX, 375 et suiv., 452 et suiv.

Dioscures. — Ce que les anciens nommaient *étoiles des* =. XII, 127. XIII, 173.

Diptyques. — Mention de divers =. V, 164. — Divers = dont l'un représente Boethius. XVIII, 114. — = de la cathédrale d'Auxerre. XIX, 332.

Disques. — Signification des = de pierre. XII, 79. — = de terre XII, 114. — = en calcaire de l'allée couverte d'Argenteuil. XV, 369.

Distribution. — Les = de blé au peuple romain. XVIII, 101.

Divicon. — II, 258.

Divination. — La = par les augures chez les anciens, spécialement chez les Arabes. XIX, 104.

Divitiac. — Amitié de César pour lui. II, 175. — Monnaies portant le nom de =. XVII, 130. (V. *Eduens*, *Histoire*, *J. César*.)

Dobrudja. — Exploration de la = (Bulgarie). XVII, 255 et suiv.

Dodécarchie. — Monument relatif à la = égyptienne. VII, 416.

Dolium. — Estampille de = conservée au musée d'Alger. X, 449. (V. *Vases*.)

Dolmen. — = de Gernicourt (Aisne). V, 360. — Fouilles opérées sous les =. V, 411. — Les monuments dits celtiques, =, tumulus, etc. VI, 52. — Le = de la chapelle vendomoise VII, 206. — Que sont les =? VII, 218. — Un = de Carnac. VIII, 368. — Le = de Neuvillette. VIII, 450. — Les = de la province de Constantine. VIII, 519. — Les = de Cojou. IX, 83. — Le = tumulaire de Mané-er-Hoech. IX, 137. — Le = tumulaire de Crubelz. IX, 393. — Les = d'Algérie. IX, 449, 450. — Distribution des = à la surface de la France. X, 144 et suiv. — Age des =. X, 150 et 151. — Le = du Manélud. X, 359 et suiv. — Quelques = de la province de Constantine. XI, 203. — = de Mané-Beker-nos. XI, 250. — La céramique des = du Morbihan. XI, 257 et suiv. — Quelques = de la Corrèze. XI, 507 et suiv. — Recherches sur les = de l'Aveyron. XIII, 65. — Les = de Plouharnel. XIV, 143. — Les = de Keryaval. XIV, 153 et suiv. — = du camp de Chassey. XIV, 181. — Les = et cromlechs de la vallée d'Ossau. XV, 342. — Destination funéraire des =. XVI, 380.

Domitia Lucilla, mère de Marc-Aurèle. — Portrait sur médaille de =. VIII, 266.

Domitien. — Statue prétendue celle de =. X, 329.

Don. — (V. *Musée*.) Tableaux relatifs aux = funéraires dans les tombes égyptiennes de Saqqarah. XIX, 84.

Dorien. — Etablissements = en Crète. XVI, 114. — Origines de l'alphabet éolo-=. XVI, 423 et suiv. XVII, 198 et suiv. — Les = à Gortyne. XVII, 193.

Douane. — Les = de Syène en Egypte. XII, 46 et suiv.

Douvrend. — Antiquités et fouilles de =. XIII, 107.

Drachme. — (V. *Monnaies*.) Poids du statère d'or de deux =. XX, 196. — Plusieurs sortes de =. XX, 198 et suiv.

Droit — = sacré chez les Grecs. II, 65. — Les hypothèques dans le = attique. XV, 38 et suiv. — Le = public et privé chez les Athéniens. XVII, 470.

Druides. — La doctrine et les traditions des = ont inspiré le bardisme. XVIII, 336.

Dumnorix. — Sa puissance chez les Eduens. II, 169. — Son véritable nom est *Dubnorix*. II, 181. — Histoire de =. XVII, 60. — Le nom de = sur les monnaies. XVII, 130.

Durum. — Sur le sens du mot = en celtique. XV, 273, 286.

Dynastie. — Les = égyptiennes. (V.

Inscriptions égyptiennes, *Rituel funéraire*, etc.) — Les = Tanite, Bubastite, Saïte. VIII, 89, 121. — La XIXe = égyptienne sur la table de Saqqarah. X, 170. — Les = égyptiennes d'après la même table. X, 173. — La série comparée des = égyptiennes. XI, 58 et suiv. — Les = égyptiennes d'après la nouvelle et l'ancienne table d'Abydos et les autres listes royales. XI, *Ibid.* — Règnes de la XXVe et de la XXVIe = égyptienne, XII, 167. — Les = égyptiennes d'après la nouvelle table d'Abydos. XIII, 76, 90 et suiv. — Monuments des six premières = de Manéthon. XIV, 288. — La vingtième = égyptienne. XVII, 329. — Sur la place chronologique de la XXIIe = égyptienne. XVIII, 272. — La = bubastite. XVIII, 289. — Les rois de la XVIIIe = égyptienne. XVIII, 447. — Tombeaux des plus anciennes. = à Saqqarah. XIX, 18 et suiv.

E

Eané. — Ruines et antiquités de la ville d'= en Macédoine. XVIII, 18 et suiv.

Eau. — Signe hiéroglyphe de l'=. XII, 193 et suiv.

Eburons. peuple gaulois. — IV, 463. XIV, 126. (V. *Aduatuques.*)

Eclats de silex. — I, 33. V, 84. IX, 397. XVIII, 96.

Eclipses. — Prédictions d'= dans l'antiquité. IX, 170. — Les = de lune. *Ibid.* — Les = de soleil. IX, 180. — Sur la date de l'= de Pour-el-Salké. XVIII, 312. et suiv. — Une = solaire en 809 avant Jésus-Christ. XVIII, 386. (V. *Chronologie.*)

Ecole. — Les anciennes = médicales des Grecs. XIX, 203 et suiv., 259 et suiv.

Ecosse. — Histoire de l'= sous ses premiers rois. XIX, 232.

Ecriture. (V. *Alphabet*).

Edfou. — Antiquités égyptiennes d'=. X, 68. — Textes géographiques d'=. XI, 353. XII, 193, 321. XIV, 297. XV, 330.

Education. — Rôle de l'Etat dans l'= de la jeunesse chez les Grecs. XI, 224.

Eduens. — Histoire, tribus, villes, pays, monnaies des = XIV, 133. — Querelles des = et des Séquanes. XVII, 58 et suiv. — Monnaies des =. XXII, 68 et suiv., 122 et suiv.

Eglise. — Les = de la Terre-Sainte. I, 131. II, 276. III, 67. — = jovinienne ou = de Saint-Agricole et de Saint-Vital (depuis Saint-Nicaise), à Reims. I, 145. — = de Saint-Lyé (Aube). I, 289. — = de Notre-Dame de Liesse, II, 55. — = et monastères de Paris. II, 215. — Peintures murales de l'= de Jumigny (Aisne). II, 383. — = Normandes. III, 83. — = et chapelles du Liban. III, 173. — = impériale de Saint-Denis. III, 301, 345. — = Circulaire des Orcades. V, 283. — Antiquités de l'= de Gevrier (Savoie). V, 358. — = de Saint-Thibault (Vosges). V, 413. — De la réparation des =. V, 424. — Carrelages émaillés de l'= de Notre-Dame de l'Epine. VI, 49. — L'= de Sainte-Croix, à Orléans. VI, 189. — Architecture des = au XIIIe siècle. VII, 105. — Les = de la Trinité et de Saint-Etienne de Caen. VIII, 231. — Etat de l'= de Trèves après l'invasion des Ripuaires. VIII, 531. — Description de l'= de Santa-Maria-la-Pinta. X, 118. — L'= romane de Saint-Thibault de Bazoches. X, 241, 475. — Les = de Crète. XIV, 397. — Inscriptions des = de Rome depuis le IXe siècle jusqu'à nos jours. XVI, 78. — L'= de Gortyne (Crète). XVIII, 198. — Antiquités du moyen-âge dans quelques = de la Seine-Inférieure. XIX, 195 et suiv. — Sur l'= Saint-Martin de Tours. XIX, 313 et suiv. — Sur l'= cathédrale d'Auxerre. XIX, 328 et suiv.

Egypte. — Lettres écrites d'= et de Nubie. XXII, 172. — Voyage en = et en Nubie. XVII, 396. — L'âge de la pierre en = XX, 441. — (V. *Egyptiens*, *Hiéroglyphes*, *Rituel funéraire.*)

Egyptiens. — Origines probables des =. XIV, 289. — Influence des = sur les Juifs. XX, 106 et suiv.

Electriques (phénomènes). — (V. *Foudre*). Théories des anciens sur les divers = XIV, 260 et suiv. — Nature et cause du = de l'éclair, d'après les anciens. XIV, 346. — Cause du = du tonnerre, d'après les anciens. XIV, 347.

Electrum. — Diverses significations du mot =. X, 167.

Eléphantine. — =, capitale d'un nôme; s'appelle *Abu* dans les hiéroglyphes. XI, 382.

Eleusis. — Recherches archéologiques à =. VI, 125. — Bas-relief d'= représentant Triptolème et les grandes déesses. XV, 161.

Eleutherna. — Antiquités d'= (Crète). XVII, 293 et suiv.

Eloi (Saint). — Le calice de Chelles, œuvre de =. VIII, 21. — Passage de la vie de = relatif à la fabrication de la monnaie. XI, 5.

Emaux. — = du musée de Dijon. V, 107. — = de l'église de Saint-Thibault (Vosges). V, 413. — Carrelages d'= du moyen-âge. VI, 46. — Histoire et symbolisme de quelques = de la cathédrale de Troyes. VII, 439. VIII, 365. — Carrelages d'= du moyen-âge. IX, 99. — Quelques = du XIIIe siècle. XI, 200. — Sur l'histoire des = de l'Occident. XVIII, 373. — Quelques = en carreaux à Rouen. XIX, 195.

Emblème. — Chaque tribu gauloise avait son =. XIII, 406. — L'= des Eduens était l'épi de blé. XIII, 407.

Emmanchures des haches de pierre. I, 31. XV, 367.

Empereur. — Les = gaulois. XVI, 39. — Edit de l'= Anastase, relatif à l'administration militaire de la Libye. XVIII, 417. — L'= Adrien architecte. XX, 303 et suiv. — Un édit de l'= Claude. XX, 447. — (V. les noms des empereurs.)

Enceinte. — Les = défensives et les = sacrées de l'Amérique du Nord. XII, 277 et suiv. — Les = du plateau de la Somma (Lombardie). XIII, 50 et suiv.

Enigme. — Les = de Symposius. XIX, 310.

Ennius. — Réformes orthographiques attribués à =. XX, 42 et suiv.

Enseignes, objets de dévotion. — III, 383, 387, 427.

Eolien. — L'alphabet = et dorien XVI, 423 et suiv. XVII, 198 et suiv.

Epasnactus. — =, chef gaulois; signification de son nom. XI, 116.

Epée. — Une = gauloise. V, 375. — Sur la forme des = romaines. XI, 89. — Classification des = et poignards en bronze. XIII. 180 et suiv., 296 et suiv. — Une = en bronze. XIII, 444. — = gauloise ployée dans une sépulture. XIV, 25. — Sur les = des Gaulois. XVI, 70. — (V. *Armes*.)

Ephod. — Description de l'= du grand-prêtre juif. XX, 92, 96, 111 et suiv.

Epidémies. — Causes attribuées aux = par les anciens. XIX, 200.

Epine. — Reliquaire de la sainte =. XVII, 110 et suiv.

Epingles. = Une = de bronze d'un tumulus gallo-germanique. III, 6. — = mérovingiennes. VIII, 277. = élégante = de bronze trouvée à Caix. XVI, 317. — = dans une habitation lacustre. XVI, 323. — = à cheveux en os, des arènes de Senlis. XX, 60. — (V. *Bijoux*.)

Epitaphes. — = de l'époque mérovingienne. VI, 313. — = chrétienne du XIVe siècle. VII, 37. — Nombreuses = de Tiddi (Algérie). VII, 134. — Une = chrétienne de Saint-Germain-du-Plain. VIII, 535. — Une = métrique du musée de Marseille. X, 435. — Trois = chrétiennes de Mégare. XI, 438. — = d'un cimetière gallo-romain et mérovingien à Bourges. XII, 393. — Une = constatant la nécessité de l'autorisation des Pontifes à Rome pour opérer le transport des restes d'une sépulture à une autre. XIII, 226. — = grecque de Thasos. XIV, 58. — Les = de Théra. XVI, 276. — Deux = découvertes près de Narbonne, de l'époque romaine. XVII, 288. — = chrétiennes de la catacombe de Saint-Calliste. XVII, 461. — Texte et commentaire de l'= chrétienne de Catane. XIX, 23 et suiv. — = latine, près de Beyrouth. XIX, 224. — Deux = chrétiennes de Syrie. XIX, 455. — Les = de la basilique de Saint-Martin de Tours. XX, 3 et suiv. — Plusieurs = du XVIIe siècle, aux Dominicains de Rouen. XX, 227 et suiv. — = bilingue (gréco-latine), trouvée en Syrie. XX, 253 et suiv. (V. *Inscriptions*.)

Epomedos. — Mot du langage gaulois. XI, 115.

Epomide. — L'=, partie du vêtement des Grecs. XX, 112.

Epona, divinité gallo-romaine. — II, 281. — Le nom d'= est d'origine celtique. X, 311.

Eporedios. — Mot du langage gaulois, sa signification. X, 304. XI, 111 114, et suiv.

Eporédorix. — Descendants immédiats d'= à Autun. IV, 110. — Signification du nom gaulois d'=. XI, 111.

Epos. — =, nom du cheval en langage gaulois. X, 310. XI, 109 et suiv.

Eratosthène. — La chronologie égyptienne d'= comparée aux autres chronologies égyptiennes. XI, 58 et suiv.

Ère. — Les = employées en Syrie. XI, 263 et suiv. — Point de départ de l'= syrienne de Bostra. XI, 264. — L'= des Séleucides. XI, 268. — Commencement de l'= des Séleucides. XI, 269. L'= césarienne d'Antioche. XI, 270. — Commencement de cette =. XI, 270. — Indication des = fondamentales. XVII, 15 et suiv. — (V. *Chronologie*, *Calendrier*.)

Erimokastro. — Antiquités d'=. XVIII, 154. (V. *Rhodes*.)

Eros. — = ailé, statue de marbre découverte au Palatin. VI, 55. — Pâris et = sur un vase de Corinthe. VII, 1. — Diverses peintures représentant =. VII, 3, 4, 5. — Rapports d'= et des Cha-

rites. VII, 63. — = et Hélène sur un vase peint. IX, 52.

Erysichthon. — Supplice infligé par Cérès à =. III, 30.

Eschyle. — Les *Perses* d'=. I, 285. — Les *Choéphores* d'=. II, 351. — Symétrie du récitatif dans les tragédies d'=. V, 228. — Nouvelle édition des tragédies d'=. X, 414. — Nouvelle édition des *Suppliants* d'=. XIII, 221. — Etudes critiques et exégétiques sur les *Perses* d'=. XIX, 75 et suiv. — Observations sur un manuscrit d'=. XX, 50 et suiv.

Esclaves. Le mariage interdit généralement aux = dans l'antiquité. XIV, 333. — Origine d'un grand nombre d'=. XIV, 335.

Esope. — = était-il Juif ou Egyptien? III, 354.

Esprit (Saint). — L'avènement du = prêché au XIIIe siècle. X, 418.

Essui. — Géographie des =, peuplade gauloise. IX, 409.

Etain. — Mines d'= en Gaule. XVII, 305.

Ethnogénie gauloise. — IV, 76. XIX, 152 et suiv. XX, 436 et suiv.

Ethnographie. — Essai d'= comparée à propos des anciens Scandinaves. XIX, 157.

Ethnologie. — = et civilisation. XII, 78.

Etrennes. — Antique usage des = assimilé à la coutume de l'Aguilanneuf. XIX, 177.

Etrusques. — Les = à Rome sous Servius Tullius. VI, 292. — Religion et langue des anciens =. VIII, 457. — Mots = d'une inscription. XI, 133. — Miroir = représentant Cérès et Proserpine. XI, 234. — Date du commencement de la puissance des =. XI, 251 et suiv., 349 et suiv. — Vases analogues à ceux des = dans les terramares du Reggianais. XI, 314. — Les peintures = d'Orviéto. XII, 74. — Urnes sépulcrales = de Volterra. XII, 81. et suiv. — Arrivée des = en Italie. XII, 122, 123. — Sur l'origine et les migrations des = XV, 126. — Les monuments funéraires =. XX, 433.

Etymologie. — = de quelques noms gaulois d'après un glossaire du IXe siècle. XVII, 340. XVIII, 300 et suiv. — Sur l'= de surnoms curieux dans les idiomes irlandais, germanique et celtique. XIX, 158. — = de divers noms propres et spécialement des noms africains dans la langue latine. XIX, 233 et suiv. — = du mot *Agaunum*. XX, 188 et suiv. — = des mots Commelles, Gironde et Garonne. XX, 214 et suiv. — = des mots Nampcel, Gembloux, Saint-Ondras. XX, 271 et suiv. — (V. *Noms d'hommes*, *Noms de lieux*.)

Eucher (Saint). — Relation de = du martyre de la légion thébéenne. XVII, 112 et suiv.

Euclide. — Les porismes d'=. III, 221.

Euphronios. — Vase de l'école d'=. XVII, 347.

Euripide. — Caractère d'Amphitryon dans une tragédie d'=. XI, 26.

Europe. — Groupe en marbre représentant l'enlèvement d'=. XVIII, 130.

Evêché. — Les = bas-bretons. V, 6. VI, 245. — Les = de Crète. XVIII, 198 et suiv.

Exploration. — = archéologique et géographique du Bas-Danube. XVII, 254.

F

Faune. — La = des cavernes de la vallée de Tarascon. VIII, 540. — = de l'âge préhistorique. I, 38. IV, 162. — La = des cavernes à ossements de Sarlat (Dordogne). IX, 233. — La = de la grotte de la Chaise (Charente). XII, 92. — La = de la période contemporaine des grottes à ossements. XIII, 114, 118 et suiv.

Faustine. — Médailles de =. XVIII, 104.

Fellah (le). — Portrait du = égyptien. III, 106.

Fer. — Le = dans l'antiquité et au moyen âge. IV, 95. — Métallurgie du = chez les anciens. IV, 104. — Le premier âge du = en Danemark. IX, 424. — Le = des armes celtiques et ibériques. X, 347. — Propriétés merveilleuses du = ibérique. X, 348. — Procédés pour nettoyer et conserver les objets en =. XI, 392 et suiv. — Armes en = et en silex d'un tumulus allémanique. XI, 406. — Passage du bronze au = dans les antiquités préhistoriques de l'Emilie. XII, 121. — L'introduction du = en Amérique. XII, 181. — Mines de = en Gaule. XVII, 307, 384. — Les anciens Tchoudes employaient le =. XVIII, 35.

Festin. — Les = religieux chez les anciens. XV, 407, 410.

Fête. — La = de Churruck-Pouja, à Calcutta. XI, 280. — Les = religieuses des Comanches. XI, 282. — Diverses =

fondées par un roi d'Ethiopie en l'honneur des divinités égyptiennes. XII, 177 et 178. — La = du commencement de l'année dans les inscriptions hiéroglyphiques d'Edfou. XII, 202. — Les = d'Horus à Edfou. XII, 207. — La grande = des morts chez les Indiens. XII, 284. — Les = de différents mois égyptiens. XII, 328 et suiv. — Les = d'Amon à Thèbes XII, 329. — = d'Horus et d'Hathor. XIV, 302.

Feu. — Nom que les anciens donnaient au = Saint-Elme. XII, 127. — Phénomènes relatifs au = Saint-Elme mentionnés par les anciens. XIII, 168 et suiv. — Le = électrique d'après les anciens. XIII, 174 et suiv. XIV, 339 et suiv. — Le = de la Saint-Jean à Paris. XVIII, 189 et suiv. — (V. *Foudre*, *phénomènes électriques*.)

Fibules. — XII, 316 ; 386, 463 et suiv. XIV, 28 et suiv., 103 et suiv. XV, 65 et suiv., 74, 227. XVII, 50 et suiv.

Figure. — Les = d'animaux vivants interdites par la loi chez les Juifs et employées néanmoins. XX, 109. XVII, 446.

Figurines. — = de l'époque gallo-romain. III, 175. — = égyptiennes du musée de Dijon. V, 108. — = romaines. *Ibid*. — = égyptiennes. VII, 210.

Filigranes. — = du papier. II, 150. IV, 20.

Finnois. — Les = en Europe. XVI, 383.

Fiole. — Une = en verre d'oculiste. V, 247. — Observations nouvelles sur la = précédente. V, 378. — = romaines avec inscriptions. VIII, 218. — = diverses. *Ibid*.

Firmus Hilarus. — Marque pharmaceutique avec le nom de =. V, 247. — Observations sur les inscriptions portant le nom de =. V, 378. VIII, 219.

Fiscus. — (V. *Cista*). XVIII, 155 et suiv.

Flava Domitilla. — Le cimetière de = à Rome. (V. *Cimetière*.)

Flavien. — =, persécuteur des chrétiens. XVIII, 48.

Flèches de l'âge préhistorique. — I, 33, 36. II, 127, 2 9. III, 294. VI, 20. IX. 246, 254, 388, 397, 398. XII, 90, 91, 92, 114 et suiv. XIV, 154 et suiv., XV, 145 et suiv., 366 et suiv. XVII, 215 et suiv. XVIII, 96. XX, 359.

Fonderie. — La = celtique de Larnaud (Jura). XVI, 370. — Un atelier gaulois de = à Nantes. XVII, 246.

Formule. — = médicale et magique d'une inscription gauloise. XVI, 15 et suiv.

Forts. — Sur les = vitrifiés. VIII, 88. — Les = de la vallée du Vlithias en Crète. XVI, 104 et suiv. — L'ancien = de Kaïalik. XVII, 82.

Fosses. — Les = dans les forêts de Normandie. XVII, 36.

Foudre. — Idées religieuses et physiques des anciens sur la =. XII, 124 et suiv. — Le vent de la =. XII, 135. — Les pierres de =. XII, 294. — Variétés de = distinguées par les anciens. XII, 295 et suiv. — Les tubes de = ont-ils été connus des anciens. XIII, 1 et suiv. — Les principaux effets de la = connus des anciens. XIII, 9 et suiv. — Théories des anciens sur les diverses manifestations de la = XIV, 260 et suiv., 339 et suiv.

Fouilles. — = de Champlieu (Oise). I, 44. — = de Préneste. I, 255. — = à Rome. I, 255. — = de Gyzeh. II, 18. = de Saqqarah. II, 20. — = d'Abydos. II, 23. — = de Thèbes. II, 25. — = d'Edfou. II, 33. — = dans la forêt de Compiègne. II, 130. — = à Suriauville (Vosges). II, 200. — = de Thèbes. II, 206. — = de Saqqarah. II, 206. — = d'Auvenay. III, 5. — = de Bougie. III, 51. — = de Tanis. III, 97. V, 298. — = de Byblos. III, 171, 319. — = de Carthage. — III, 179. — = de Syrie. III, 254. — = de la campagne de Rome. III, 336. — = d'Alise-Sainte-Reine. III, 495. IV, 66, 69. 73. V, 155. VI, 343. — = à Rome. III, 400. — = de Saïda (Sidon). IV, 145. — = de Sour (Tyr). IV, 151. — = des habitations lacustres. IV, 162. — = de Vieux (Calvados). IV, 404. — = dans la forêt de Compiègne. V, 79, 154. — Nouvelles = à Pompeï. V, 155. — = à Herculanum. *Ibid*. — Sur les = des environs de Contrexéville. V, 155. — = du camp de Saint-Pierre. V, 282. — = près de Dieppe. V, 290. — = du Palatin, à Rome. VI, 55. VII, 208. VIII, 367. — = de Murviel. VI, 120. — = diverses. VII, 130. — = à Delphes. VIII, 43. — = à Athènes. VIII, 16. — = dans la forêt de Compiègne. VIII, 178 — = des marais de Nydam (Sleswick). VIII, 369. — =. du Chatelier près Avranches. VIII, 422. — = de Pouilly-sur-Saône. VIII, 541. — = de Lillebonne. IX, 96. — = d'Athènes. IX, 361. — = de Caulnes. IX, 414. — = de la cathédrale de Troyes. X, 331. — Les = d'une cité inconnue près de Plaisance. XI, 129. — = du tumulus de Moustoir-Carnac. XII, 15. — Les = du cimetière mérovingien de

Pommiers. XII, 152 et suiv. — = de Halstatt. XII, 315 et suiv. — = de Keryaval. XIV, 153 et suiv. — = du camp de Chassey. XIV, 178. — = du mont Beuvray. XIV, 285. — = dans la cour du Louvre XIV, 361. — = d'Athènes. XV, 74 — = du Palatin. XV, 376. — = sur les emplacements à pilotis du lac du Bourget. XVI, 323. — = dans les tumuli des Vosges et de la Côte-d'Or. XVI. 417. — = récentes à Pompei. XVI, 445. — = d'un tumulus dans la forêt de Carnoet (Finistère) XVII, 364. — = de Héricourt-en-Caux. XVIII, 2 7. — Reprise des = d Herculanum. XIX, 385. — = des arènes de Senlis. XX, 60. — = dans l'île de Chypre. XX, 208 et suiv. — Les = du mont Beuvray en 1868. XX, 315 et suiv.

Four. — = à Potier près d'Agen. XVIII, 297.

Fourches patibulaires — III, 131. — = de Montfaucon. III, 134.

Fould (Louis). — Prix =. II, 278. (V. *Prix, Académie des Inscriptions.*)

Fou-sang. — Qu'es-ce que le = des Chinois? X, 189 et suiv. = Description du = et de ses productions. X, 199. — Mission bouddhique dans le =, au ve siècle de notre ère. — X, 384. — Les deux prisons du =. XI, 288.

Fréjus. — =, station sur la voie romaine entre Antibes et Aix. III, 112, 118. — Inscriptions de =. III, 370, 458. IV, 10. V. 328, 329.

Frondes en pierre. — V, 84. VI, 120.

Fulgurites. — Les = dans l'antiquité. (V. *Foudre.*) XIII, 1 et suiv.

Fusaïoles. — Forme et emploi probable des =. XI, 306. — = dans les dolmens de la Bretagne. XIV, 154, 155. — Présence des = dans les débris d'une cité lacustre. XVI, 324.

G

Gæsum. — (V. *Armes.*)

Gaignières (collection). — II, 219. — Comment la = a pu passer en Angleterre. VI, 56.

Galatie. — Exploration archéologique de la =. VI, 347. — Campagne de Manlius Vulso en =. VIII, 313. — L'idiome des Celtes parlé en = jusqu'au ive siècle. XVI, 229.

Ganesa. — = dieu indien analogue à certaines représentations divines du Mexique. XI, 44.

Galilée. — Recherches de = sur l'hydrostatique. XIX, 345 et suiv.

Gall (saint). — Son école de chant. II, 188.

Ganelon (le mont). — I, 67. — Tumulus du =. III, 81. — Camp de César au =. VIII, 513.

Gargantua. — Essai de mythologie celtique, à propos de =. XVIII, 17: et suiv. — Le mythe de = antérieur aux écrits de Rabelais. XVIII, 181 et suiv. — = divinité gauloise. XVIII, 186.

Garonne — Sur l'origine et l'étymologie du nom de =. XX, 217.

Garta. — = nom gaulois. XVI, 6 et suiv.

Gaule. — Carte de la =. VII, 383 VIII, 26, 137, 253, 297, 387, 496. XI, 441. — Discussions sur diverses peuplades gauloises et leur territoire. VII, *Ibid* VIII, 26. — Gouvernement représentatif de la = sous les Romains. IX, 1. — La = dans la table de Peutinger. IX, 60. — Divisions administratives de la = sous l'empire romain (V. *Province*). — Dictionnaire archéologique de la =. XVI, 73. — Exploitation des métaux en = XVII, 298. — Texte grec inédit relatif au siège d'une ville de la =. XVII, 401 et suiv. — Athubodua, divinité guerrière en =. XVIII, 1 et suiv. — Les diverses races de la = aux temps anciens. XIX, 154, et suiv. — Religion des habitants de la = XX, 54. — Sur l'origine des peuples de la =. XX, 302 et suiv. — Les Inscriptions chrétiennes de la =. XX, 372.

Gebel-Barkal. — Découvertes d'antiquités égyptiennes à =. VII, 413. — Stèles et inscriptions de =. XII, 161. — Identification de = avec Napata. XII, 163. — Stèle de =. XVIII, 290.

Généalogie. — La = des souverains de la France et de leurs grands feudataires. IX, 208. — La = de la stèle d'Apis. XVIII, 274. — Sur la = des Ramsès. XIX, 275.

Genabum, ville gauloise. — = identifié avec Orléans VIII, 389.

Génie. — Le = des combats de coqs gravé sur un miroir antique. XVII, 374. XVIII, 76.

Gladiateur. — Combats de = sur un vase de verre antique. XII, 305 — Noms et combat de = tracés sur une coupe de verre antique XVI, 151. — Série de nouvelles tessères de =. XVII, 408 et suiv. — Condition des =. XVII, 416.

Géographie. — = des anciens égyptiens. II. 290. IV, 213, 344. — = de la Tripolitaine. IV, 29, 413. — = de la Gaule sous le proconsulat de César (Carte). IV, 473. — = normande. V, 62, 187. — = ancienne appliquée au département de l'Aube. VI, 193. — = des monuments dits celtiques. VII. 224. — = de la Gaule. VII, 383. VII, 26, 137, 253, 297, 387, 496. — = de l'ancienne Bretagne. VIII, 184. — Détails de la = de la Galatie. VIII, 316. — = de la Gaule d'après la carte de Peutinger. IX, 60. — = de la Gaule au ve siècle de notre ère. XI, 441. — = des Égyptiens d'après les inscriptions d'Edfou. XI 353. XII 193, 321. XIV, 297. — = administrative de l'empire romain (V. *Province*). — La = d'Avienus (*ora maritima*). XV, 54 et suiv., 81 et suiv. — = de l'Aquitaine. XIX, 90 et suiv.

Gérard de Roussillon. — Les récits de =. XX, 449.

Gerbert. — Rôle de = dans l'introduction en Occident des chiffres dits arabes. VI, 383. — =, professeur de musique. VI, 389. — Education et maîtres de =. VI, 404.

Gergovina, ville gauloise. — Emplacement de =. VIII, 393.

Gervais (saint). — Découverte des tombeaux des saints = et Protais à Milan. X, 39 et suiv.

Ghiaour-Kalé-Si. — Murailles cyclopéennes et bas-reliefs de =. XII, 1 et suiv. XIII, 427 et suiv.

Gibraltar. — Antiquités de =. XI, 231.

Gien. — = est-il l'ancien Genabum? VIII, 389.

Gironde. — Sur l'origine et l'étymologie du nom de =. XX, 247.

Globe. — Le = ailé des monuments égyptiens reproduit sur les murs de Palenqué. XI, 489 et suiv.

Glossaire. — = égyptien. XVI, 302. — = gaulois d'Endlécher. XVII, 340. XVIII, 300.

Gortyne, ville de Crète. — Inscription archaïque de =. VIII, 441. — Emplacement = et ruines de =. XVIII, 126. — Histoire de =. XVIII, 192 et suiv.

Gordium, ville de Galatie. — Les romains à =. VIII, 327.

Gourgandin. — Etymologie du mot =. XVIII, 185.

Grâces (les trois). — (V. *Charites*.)

Grammaire. — = comparée des langues de la France. IV, 237. — La = au premier siècle de notre ère. IX, 15. — La = dans l'Inde. IX, 20. — Les fondateurs de la = comparée. IX, 23. — Traduction de la = comparée de Bopp. XIII, 300. — Analogies probables de la = celtique et de la = sanscrite à propos de la déclinaison. XIV[1], 37 et suiv. — Observations sur la = gauloise. XVI, 132. — Recherches de = sur les racines. XVI, 262. — La = celtique de Zeuss. XIX, 378. — Recherches et ouvrages sur la = bretonne. XIX, 381 et suiv.

Grammairien. — La société des = dans l'Université de Paris au moyen-âge. XI, 522 et suiv.

Granit. — Provenance des = des monuments celtiques. XVII, 221.

Grannus. — (V. *Apollon*.)

Grec. — Discussion relative à la prononciation du = à établir dans l'enseignement. X, 497. — Les = nommés dans les mouvements égyptiens. XVI, 39, 95. — Origine de l'alphabet = XVI, 273.

Grèce. — Exploration archéologique en =. VI, 105. — Histoire de la = de Grote, traduite en français. XII, 397. XV, 228. — Monuments de l'âge de pierre en =. (V. *Age de la pierre*.)

Grégoire de Tours. — Tombeau de =. XX, 11 et suiv.

Grotte. — Les = de la vallée de la Boyne. — Les = peintes de Helalié (Phénicie). IV, 158. — = de la Kasmié. *Ibid.* — La = du Miroir, tombeau à Amasia. V, 211. — Les = de Tortose. V, 278. — La = des serpents à Amrit. V. 338. — Les = sépulcrales à Amrit. — V. 341. — Les = sépulcrales à Irapta. V, 395. — = celtique à Saint-Michel, près Carnac. VI. 274. — = de la Combe-Granal. IX, 235. — = du Pey de l'Azé. IX, 236. — = de Liveyre. IX, 237. — = du Moustier. IX, 238. — = de la Gorge d'enfer. IX, 240. — = des Eyzies. IX, 241. — Les = d'Arac-el Emir. XI, 473 et suiv. — La = de la Chaise. XII, 90 et suiv. — Les = de la Vieille Castille. XIII, 114 et suiv. — La = du Pouzet (Périgord) de l'âge du renne. XV, 66. — Les = étrusques de Marzi et de Casuccini. XV, 410 et suiv. — Découverte d'une = à ossements en Algérie. XVII, 469. — La = des morts de Durfort (Gard). XIX, 384. (V. *Cavernes*.)

Groupe. — = antique à Châlon-sur-Saône. I, 317. — = en bronze à Saint-Amour (Jura). II, 281. — Le = de Tanis. V, 299. — Divers = de lions et autres animaux acculés et servant de siége. XI,

486. — = en marbre de Gortyne. XVIII, 130.

Gué. — Un = artificiel sur la Mayenne, à Saint-Léonard, pour la voie romaine de Jublains. X, 365. — Liste des objets trouvés au = de Saint-Léonard. X, 502. XII, 383.

Guerre. — Les = des rois d'Egypte avec les peuples méditerranéens coalisés. XVI, 35 et suiv. — Athubodua, divinité gauloise de la =. XVIII, 1 et suiv. — Sur la déesse irlandaise de la =. XIX, 149.

Gui. — Sur le mot =. XIX, 175.

H

Habitations lacustres. — = de Concise. I, 26. — Mœurs des hommes dans les =. I, 41, 42, 43. — Civilisation relative des = II. 361. — = aux bords du lac Majeur. II, 431. — = des temps anciens et modernes. III, 256. — Le bronze dans les =. IV, 102. — Antiquité prétendue des =. IV, 235. — Pierres de fronde dans les = de la Suisse et les terrains d'alluvion de l'Amérique du Sud. V, 84. — = du lac d'Ambléon. V, 413. — Les = du lac du Bourget. VI, 55. VII, 272. IX, 443. — Les = de Moosseédorf. VI, 273. — Diverses périodes des =. IX, 68. — Les = de Concise. IX, 144, 385, 386. — Les = de la Suisse. IX, 389. — Rapports de M. Keller sur les =. IX, 437. — = à Peschiera. IX, 439. — = à Untersee et à Nieder-Wyl. IX, 440. — = de Zug et de Robenhausen. IX, 441, 442. — Les = du lac Fimon, près de Vicence. XII, 119 et suiv. — Les = du lac de Garde à Peschiera. XII, 120. — Les = du lac de Neufchâtel. XIII, 143. — Les = retrouvées en tous pays. XIV, 273. — Procédés pour la conservation des bois des = XVI, 296. — Les = de Tresserve. XVI, 323. — Débris d'= à Bordeaux. XVII, 169. — Traces d'= en Bulgarie. XVIII, 412.

Haches de l'âge préhistorique. — I, 38. II, 59. II, 127. II, 129 III, 4. 9, 291. V, 17, 217. — Emmanchement des =. V, 217, 284. VI, 20, 120. — = en silex. VIII, 177. — Les = de Concise. IX, 145, 387. — = dans la Seine-Inférieure. XI, 192. — Une = quaternaire. XII, 91. — Age des =. XIII, 450 et suiv. — Composition chimique des =. XIII, 190. XV, 261. — Les = des conchyliosites du Brésil. XV, 309 — Une = trouvée sur l'acropole d'Athènes. XVI, 142. — Collection de = au musée d'Athènes. XVI, 143. — = dans les tumuli des landes de la Gironde. XVIII, 96. XIX, 325 et suiv.

Hache. — Une = en fer de l'époque mérovingienne. XI, 71. — Dépôt de = en bronze. XI, 164. — Une = franque. XI, 197. — Une = gauloise en silex. XII, 318. — Amas de = gauloises en bronze; usage prétendu de ces objets. XII, 318. — Composition des = en pierre. XII, 319. — Projet de classification des = en bronze. XIII, 59. — Composition des = en pierre. XIII, 190. XV, 261. — Sur la classification des =. XIII, 294. — Dimensions des = en bronze, trouvées à Vauvert (Gard). XVI, 184. — Moules de lances et de = en bronze trouvés en Normandie. XVI, 231. — = phénicienne en bronze. XVI, 269. — = égyptiennes. XVI, 272. — = de bronze à double aileron. XVI, 317. — Sur les = de pierre et de bronze. XVIII, 264. — Les = du musée de Belgrade. XVIII, 408.

Haches gauloises. — II, 59. III, 496. IV, 67. — Emmanchement des =. IV, 329. V, 81. — = en bronze. VII, 209. — = à Questembert. VII, 271. — = à Tenès. VII, 434. — = en silex. VIII, 451. — Six cents = dans un dolmen. VIII, 538. — = dans un éboulement de la Hève. IX, 95. — = dans un dolmen. IX, 140. — = en grand nombre. IX, 224. — = dans les Côtes-du-Nord. IX, 302. — Quelques = dans la Seine-Inférieure. XI, 192. — Sur les dimensions des =. XIV, 191 et suiv. — Sur les = en bronze. XVIII, 268. — Fabrique ancienne de = près d'Harfleur. XIX, 188. — Une = en pierre polie à Bibracte. XX, 322.

Hadrien. — Le temple d'= à Cyzique. IX, 350. — Le pont d'= aux abords de la voie sacrée d'Eleusis. X, 93. — L'architecture de l'empereur =. XX. 303.

Halicarnasse. — Inscription grecque trouvée à =. X, 133.

Hallstadt. — Fouilles de =. XII, 315 et suiv.

Hanebu. — Quels peuples désigne le nom d'= dans des hiéroglyphes? XI, 366.

Haos. — =, divinité numidique, mentionnée par une inscription. XIII, 289.

Haourân. — Voyage dans le =. III, 94. VI, 251. — Ruines du =. VII, 194. — Inscriptions araméennes et nabatéennes du =. IX, 284.

Haram-ech-chérif. — Antiquités de l'enceinte du =. VII, 12, 204. — Dis-

cussion sur l'=. VII, 267. IX, 428. XVI, 440.

Harcourt. — Histoire de Godefroi de = XVI, 374 et suiv.

Harpyes (les). — Généalogie des =. II, 367. — Les noms des = *Ibid.* — Caractère des =. II, 370 et suiv. — Rôle des =. II, 380. III, 18 — Le mythe le plus complet et le plus élevé des =. III, 32.

Hastaire. — Ce qu'était le soldat =. V, 306.

Hathor, divinité égyptienne. — Analogie de = et de la Vénus grecque. VII, 119. — Analogie de = et d'Isis. VII, 197. — Mention d'=. VIII, 432. — Visite de la déesse = à Horus. XII, 209. — =, divinité principale de Dendera. XIV, 299. — Calendrier des fêtes d'=. XIV, 302. (V. *Rituel funéraire*)

Hébreux. — Nom égyptien des =. V, 292. (V. *Judaïsme*.)

Hebron. — Antiquités d'=. V, 400.

Hélène. — Eros et = sur un vase peint. IX, 52. — Le rôle d'= dans les *Troyennes* de Sénèque. X, 23. — Météore que les anciens désignaient par le nom d'=. XIII, 173.

Héliastes. — Tablettes du tribunal des =. XVII, 140 et suiv.

Hellénisme. — Histoire de l'= en France. XX, 452.

Helvètes. — Campagne de César contre les =. II, 165, 242. — Marche des = vers la Saône. II, 254. — Défaite des = sur la Saône. II, 256. — Route suivie par les = après cette bataille. II, 314. — Dénombrement de l'émigration des =. II, 333 — Discussion sur l'itinéraire des =. VIII 253. — Emigration des = en Gaule. XVII, 58 et suiv. — Les luttes d'Orgétorix, chef des =. XVII, 137 et suiv. — Arrivée des = en Europe. IX, 70, 74.

Héracleopolis. — Identification d'=. VIII, 113, 126.

Herculanum. — Reprise des fouilles d'=. XIX, 385.

Hercule. — Statuette en bronze d'= à Lanusei. II, 213. — Statuettes gauloises d'=. III, 259 — =, le grand dieu des habitants de Thasos. III, 287 — Statuette en bronze d'= à Neuvy (Loiret). IV, 139. — Temple d'=, vainqueur à Tivoli. VII, 81. — Culte d'= à Tivoli. VII, 83. — = figuré sur une pierre gravée étrusque. VII, 332. — La tragédie d'= furieux dans les œuvres de Sénèque. XI, 23, 24 et suiv. — = conducteur. XI, 501. — Statuette d'=. XIII, 149. — Statue d'= en bronze. XIII, 446. — = figuré sur un autel gallo-romain. XV, 197. — Le culte d'= *saxanus* dans les carrières du nord-est de la Gaule. XVI, 301. — Statue en bronze doré d'=. XVI, 369. — Peinture d'= terrassant Antée, sur un vase. XVII, 351 — Gargantua est l'= gaulois. XVIII, 180 et suiv. — Inscription latine en l'honneur d'= provenant du Danube. XIX, 153.

Hérésie. — = condamnée par le concile de Paris en 1210. X, 425 et suiv.

Héricourt-en-Caux. — Antiquités et ruines romaines découvertes à =, XVIII, 217. XIX, 189. (V. *Antiquités*.)

Hermanubis. — (V. *Toth*.)

Hermès Trismégiste. — Les ouvrages d'= étudiés et traduits en français. XV, 230.

Hermunduri. — Les =, tribu de la Germanie. XV, 7.

Hérode. — Histoire d'=, roi des Juifs. XVII, 324.

Hérode-le-Grand. — = construit le temple. IX, 429, 431.

Hérodote. — Nouvelle traduction des histoires d'= X, 335.

Hésiode. — De la médecine dans =. XVIII, 346.

Héthéens. — Les = identifiés aux Kéta des Egyptiens et aux Katti des Assyriens. IX, 333 — Histoire des =. IX, 334.

Hézir. — Nom de = mentionné par l'inscription du tombeau dit de Saint-Jacques. XI, 139 et suiv., 326.

Hiératiques (Manuscrits égyptiens). — I, 71. — Papyrus =. II, 223. — Inscription d'un ostracon. III, 417 (V. *Papyrus*, *Inscriptions égyptiennes* et *Hiéroglyphes*.)

Hiéroglyphes. — = du Rituel funéraire. (V. ce mot.) — = syllabiques. II, 84. — = des papyrus hiératiques. II, 223. — = mexicains. III, 182. — = égyptien relatif à la circoncision. III, 300. — Le cèdre dans les =. IV, 47. — = des papyrus hiératiques. IV, 120. — Divers = étudiés par M. Chabas. V, 293. — = relatifs à la numération. VI, 253. — Le mot signifiant la gauche dans les =. VI, 368. — Les = d'un papyrus magique. VII, 122. VIII, 427. — = relatifs au nom du cèdre. IX, 44 — Manière d'écrire l'année et une date dans les =. XI, 175. — L'allitération dans le déchiffrement des =. XV, 290. — Sur un groupe d'= indéterminé et constituant un cartouche pharaonique. XVI, 255 et suiv. — Les = signifiant la coudée.

XVII, 314. (V. *Inscriptions égyptiennes.*)

Hinnom. — Les tombeaux de = à Jérusalem. V, 398.

Hippocrate. — Fausse opinion d'= sur la nourriture de l'homme primitif. XII, 96. — De la médecine avant =. XVIII, 345. (V. *Médecine, Médicament, Anatomie, Chirurgie.*)

Histoire. — = romaine au ve siècle. II, 36?. — = des développements successifs de l'empire romain. III, 87. — = de la bibliothèque Mazarine. III, 95. — = littéraire de la France. III, 165. — Episode de l'= du xvie siècle. III, 230. — = de l'église de Saint-Denis. III, 302. — = des peuples et des Etats Pyrénéens. IV, 259. — = de Châlons-sur-Marne. IV, 241. — = de la cathédrale de Dol. IV, *Ibid.* — = du chapitre de St-Thomas de Strasbourg. IV, *Ibid.* — = du jeton au moyen-âge. IV, 328. — = des Francs. IV, 408. — = des évêchés gallo-romains du ve siècle dans l'extrême-Armorique (Basse-Bretagne). V, 6. — = de l'astronomie chinoise. V, 78. — = de l'île de Chypre. V, 87. — = du commencement et de la fin du royaume de la Mésène. V, 221. — = du roman et ses rapports avec l'= dans l'antiquité grecque et latine. V, 223. — = de recueils d'inscriptions, manuscrits ou imprimés depuis Charlemagne. V, 281. — = de la reine Anne de Bretagne. VI, 122. — = du commerce de Montpellier. VI, 179. — = de St-Firmin. VI, 192. — = des évêchés de la Basse-Armorique du ve au ixe siècle. VI, 235. — = des peintures de toutes les écoles depuis la Renaissance. VI, 275. — Les premiers temps de l'= romaine. VI, 277. — L'= de la gravure et des graveurs. VII, 144. — = du costume et de l'ameublement. VII, 276. — = d'Aumale (V. ce mot.) — = romaine. VIII, 374. — =, Mémoires d'= ancienne et de philologie. VIII, 452. — = de la ville et du diocèse de Paris. IX, 147. — = de la peinture et de la statuaire. IX, 311. — Traduction de l'= de la Grèce, de Grote. XII, 397. — Sur l'= des dynasties égyptiennes. XIII, 98. — Les ruines et l'= de Delphes. XIII, 143. — = des rois égyptiens des premières dynasties. XIV, 291 et suiv. — Traduction française de l'= de la Grèce de Grote. XV, 228. — Sur l'= de la Crète. XV, 231. — = de la ville de Polyrrhénie. XV, 423. — = de l'île de Crète après la conquête romaine. XVI, 415. (V. *Crète.*) — = de la ville et du diocèse de Paris. XVI, 447. — = des querelles entre les Eduens et les Séquanes. XVII, 58 et suiv. — = des ducs et des comtes de Champagne. XVII, 102. — = de l'Armorique au ve siècle. XVII, 103. — = des Juifs au 1er siècle de notre ère. XVII, 101. — = de l'abbaye d'Agaune. XVII, 107 et suiv. — Traduction de fragments de l'= d'Aristodème. XVII, 178. — = de Thémistocle et de Xerxès. *Ibid.* — = de la ville de Troesmis. XVII, 259 et suiv. — = d'Hérode. XVII, 324. — = ancienne de l'Orient jusqu'aux guerres médiques. XVII, 397. — = de l'artillerie. XVIII, 70. — Fragments inédits de l'= de Priscus. XVIII, 86. — = de la ville de Gortyne. XVIII, 133. XVIII, 192 et suiv. — = de la préture. XVIII, 147. — = de la médecine chez les Grecs. (V. *Médecine*). — = du principe d'Archimède. XVIII, 390. XIX, 42 et suiv., 111 et suiv. — = des débuts de la régence d'Aubert de Bavière. XVIII, 444. — = du siége de Syracuse d'après des fragments inédits de Polybe. XIX, 50 et suiv., 124 et suiv. — Sur le recueil des auteurs qui ont écrit l'= de la France et des Gaules. XIX, 229. — L'= de l'Ecosse sous ses premiers rois. XIX, 232. — Sur l'= des Ramsès. XIX, 274 et suiv. — = de saint Louis par Joinville. XIX, 390. — Sur l'= de Vespasien. XIX, 417. — = de l'Armorique au ve siècle. XX, 57. — Manuel d'= ancienne de l'Orient. XX, 79 et suiv. — Sur l'= des rois de la deuxième race. XX, 449 et suiv.

Homme. — La place de l'= dans la nature. XVII, 471. — Origine et destinée de l'= dans la doctrine du bouddhisme. XVIII, 211, 335 et suiv., 339 et suiv., 43? et suiv. — La croissance de l'=. XVIII, 352. — Ancienneté de l'=. IX, 453.

Homère. — De la médecine dans =. XII, 95 et suiv. — De la médecine entre = et Hippocrate. XVIII, 345 et suiv.

Honor. — Ce qu'était l'= aux xie et xiiie siècles. VIII, 270. = (V. *Inscriptions latines.*)

Honorius. — Le dyptique d'ivoire de l'empereur = à Aoste. V, 161. — Rescrit de l'empereur = relatif à la Gaule. IX, 5.

Horace. — Règle des trois acteurs dans l'art poétique d'=. XI, 1 et suiv.

Hor-si-atef — =, roi d'Ethiopie, mentionné par une stèle de Gebel-Barkal XII, 175 et suiv.

Horus. — Divinité égyptienne. (V. *Rituel funéraire.*) Lutte d'= et du serpent Apophis. VI, 134. — Appellation étrange d'=. VIII, 427. — = adoré spécialement à Thèbes (Edfou). XII, 200 et suiv. — =, dieu principal de Coptos,

représenté ithyphallique. XII, 333. — Calendrier des fêtes d'=. XIV, 302.

Hu-Gadarn. — =, nom d'une divinité celtique. XVII, 158. — = anathématisé par les bardes. XVIII, 343.

Humboldt (Alexandre de). — Travaux d'= sur les monuments des indigènes de l'Amérique. XI, 42.

Hut. — = désigne parfois le soleil. IV, 198. — = identifié à la ville d'Edfou. VIII, 427.

Hycsos. — Le séjour des = en Egypte. III, 100, 103, 166, 249. — Arrivée des = en Egypte. III, 249. — Monuments relatifs aux =. IV, 249 V, 302. — Rôle des = en Egypte. V, 303. — Les = à Tanis. IX, 129. — Epoque de l'invasion des =. X, 66. — Expulsion des =. X, 66. — Date de l'invasion des =. X, 489. — Ramsès II est-il de la race des =? XI, 170 et suiv. — Les = séjournent en Egypte après leur défaite. XI, 172.

Hydrostatique. — (V. *Archimède*, *Stevin*.)

Hygie. — I, 118.

Hymnes. — Les = homériques. XII, 476. — Les = orphiques inédits retrouvés par M. Miller. XVI, 73.

Hypéride. — Nouvelle récension du texte de l'oraison funèbre d'=. XII, 228 et suiv., 445 et suiv. XIII, 18 et suiv.

Hypocauste. — = à Vienne (Isère). V, 284. — = gallo-romain à Caulnes (Côtes-du-Nord). V, 412. IX, 415. — Un = dans les substructions de la cathédrale de Troyes. X, 332. — Un = à Lillebonne. X, 412.

Hypocéphale. — Note sur un = égyptien. VI, 129. — Forme et usage de l'=. VI, 131.

Hypothèque. — Manière d'indiquer les = chez les anciens Grecs. XV, 37.

I

Iallius Bassus. — Nom d'= sur diverses inscriptions. XII, 418 et suiv. — Réalité du *gentilicium* méconnu d'=. XIII, 63.

Ibères. — Les contrées occupées anciennement par les =. XV, 149. — Les = en Europe. XVI, 383.

Idéal. — de l'= dans l'art et la poésie des Grecs. XVIII, 78.

Ieuru. — Vocable gaulois d'= dans les inscriptions. XIII, 136, 214. XIV, 10. XV, 314, 385 et suiv.

Igilitza. — (V. *Troesmis*.)

Iles aléoutiennes. — Les = avant la conquête des Russes, X, 197.

Illiberris. — Signification du nom de la ville d'=; son origine. XV, 56.

Illyrie. — Inscriptions d'=. VI, 318.

Images. — Des = d'animaux gravées sur des pierres aux temps préhistoriques. IX, 249, 258. — La loi juive défend de fabriquer et de porter des =. (V. *Judaïsme*, *Salomon*, *Art*.)

Impôts. — = divers sur le commerce au temps des Mérovingiens. IV, 193. — Deux sortes d'= mentionnés sur les ostraca gréco-égyptiens; = sur le revenu et l'= sur les objets de consommation. XII, 39. — Perception des = en Egypte, XII, 41. — Certains = en Egypte, analogues à ceux des patentes. XII, 43. — Les = douaniers en Egypte. XII, 45.

Impression. — L'art d'= sur étoffes au moyen-âge. XVI, 157.

Indiens. — Mœurs, traditions et coutumes des = de l'Amérique du Nord. XI, 273 et suiv. — Fête des = Mandans, commémorative du déluge. XI, 274. — Prétendue méthode spéciale des = pour tremper le cuivre. XII, 184.

Inhumation. — Rites uniformes de l'= chez plusieurs peuples anciens et modernes. IX, 292. — L'= employée dans les tombes gauloises du Manélud. X, 358.

Inondation. — Les grandes = de France. = III, 77. VI, 194. — L'= de chaque nôme égyptien sous la protection d'un esprit divin. XI, 378.

Inscriptions. — Dictionnaire des abréviations usitées dans les = latines et françaises, lapidaires ou métalliques. VI, 128. — Détermination chronologique des = chrétiennes. VI, 370. — = de Palmyre. VII, 199. — = diverses de l'île de Chypre. VII, 200 — = chrétienne en Syrie. VII, 201. — = en caractères inconnus dans les dolmens bretons. VIII, 238. IX, 139. — = funéraires françaises du XVe siècle. XI, 200 et suiv. — Les = des Indiens XII, 291 et suiv. — L'= de Grave Creek. XV, 130 et suiv. — Les = des églises et autres édifices de Rome depuis le IXe siècle jusqu'à nos jours. XVI, 78. — = des carrières. XVI, 301. — Disposition et ordre des caractères dans les anciennes = grecques. XVI, 335. — = française de la 6e demi-brigade en Thrace. XIX, 387, 457. — = du XVIe siècle sur une dalle funéraire.

XX, 155. — Les = chrétiennes d'après les marbres de la Gaule. XX, 372.

Inscriptions araméennes. — = sur un tal nt d'abydos. V, 32. — = de Bostra, Souéidah, etc. VI, 251. — Les = du Haouran. VII, 205. IX, 284. — Une = d'Araq-el-émir. X, 61. — Diverses = sur des pierres gravées. XVII, 440 et suiv.

Inscriptions arabes. — Les = du Haouran. VII, 205 — Une = sur une médaille de Tarse. XI, 333. — = du baptistère de saint Louis. XIV, 308.

Inscriptions assyriennes. — Déchiffrement des =. III, 416 IV, 31. — = de Kalah-Cherghat. V, 143. — Une = sur brique contenant un tracé. XIV, 164. — = hiératiques. XVIII, 233. — = sur une statuette d'albâtre. XVIII, 234. — Plusieurs = inédites. XX, 350 et suiv. (V. *Ecritures cunéiformes.*)

Inscriptions égyptiennes. — Géographie des =. I, 402. — = de Memphis. II, 21. — = du temple d'Abydos. II, 24. — = de Karnak. II, 30, 287. IV, 196. — = de Tanis. III, 100, 101, 102, 105. V, 293. — = à Aradus. V, 275. — = sur la statue de Bakenkhonsou. VI, 101. — = sur un hypocéphale. VI, 132. — = relative à l'histoire d'un prêtre d'Ammon. VII, 70. — Une = relative à Psammétique Ier. VII, 194. — = relatives à des personnages d'une famille pharaonique. VIII, 7. — = du roi Piankhi-Meriamoun. VIII, 94. — L'= de l'obélisque de Saint-Jean de Latran. IX, 45. — Quatre = données au musée du Louvre. IX, 221. — L'= de la stèle de l'an 400. XI, 169 et suiv. — L'= du monolithe d'Abou-Seyfeh. XI, 180. — Les = du temple d'Edfou. XI, 353 et suiv., 368 et suiv. XII, 193 et suiv., 321 et suiv. XIV, 297. XV, 330. — = relatives au jeu de dames. XII, 60 et suiv. — = des stèles de Gebel-Barkal. XII, 161 et suiv. — = et grecque de Tanis. XIII, 448. — Les = relatives aux guerres du XIVe et du XVe siècles avant notre ère. — XVI, 59 et suiv., 81 et suiv. — L'= de la stèle du songe. XVII, 331. — = de la stèle d'Apis. XVIII, 274. — Les = principales de Saqqarah. XIX, 81 et suiv. — = de la stèle inédite d'Abydos. XIX, 273. — = sur une palette de scribe. XX, 308. (V. *Hiéroglyphes.*)

Inscriptions étrusques. — I, 168. IV, 432. — Note sur une = des galeries de Florence. VII, 77. — = des musées Campana et Blacas. VII, 312. — Une =. XI, 133. — = sur un miroir. XI, 235 et suiv. — = sur un vase de Volterra. XII, 88.

Inscriptions himyarites. — VII, 269.

Inscriptions gauloises. — L'= du musée de Beaune. V, 27. — L'= du musée de Dijon. V, 112, 118. — Observations sur les = précédentes. V, 347. Dessins rappelant des = sur le dolmen de Manélud. X, 345. — Une = découverte dans le Novarrais. X, 453. — L'= bilingue de Todi X, 455 et suiv. — = de Marsac (Creuze). XIII, 136, 214. — Essai d'interprétation des =, notamment de celle d'Alise. XIV, 8 et suiv., 222, XV, 276 et suiv., 313 et suiv., 385 et suiv., XVI, 1 et suiv., 12 et suiv., 123. — Les = sur les monuments dits mégalithiques. XVI, 386 et suiv. — Discussion sur une =. XVII, 243.

Inscriptions grecques. — = du sérapéum de Memphis. I, 111. — = relatives aux sources et aux fontaines. I, 194. — = de Philippes. II, 70. — = à Tortose. II, 346. — = de Byblos. III, 172. — = sigillaires des amphores de Thasos. III, 286. — = de Byblos. III, 328. — = gréco-latine de Fréjus. III, 370. IV, 10. — = archaïque à Eleusis. III, 416, 498. — = en Phénicie. IV, 158. — = ayant servi de passeport. IV, 173. — = du *murus inscriptus* de Delphes. IV, 313. — = mentionnant deux personnages romains. IV, 479. — = à Amasia. V, 212. — = funéraires. V, 385. — = sur un vase (oxybaphon) du musée Campana. VI, 90. — = du théâtre de Bacchus. VI, 110, 115. — Les = d'Eleusis. VI, 125. — Une = d'une stèle de Syra VI, 230. — = chyprioles. VI, 247. — = du Safa. VI, 250. — = de Galatie et de Bithynie. VI, 347. — = du Haouran. VII, 204. — Une = de Prusias ad Hypium. VII, 371. — = sur la stèle d'Agathon. VIII, 17. — Les = du mur pélasgique de Delphes. VIII, 55. — = du tombeau de Dexiléos. VIII, 83. — = du tombeau de Denys à Athènes. VIII, 92, 179. — = sur des verreries. VIII, 217. — = de vases peints du VIIe siècle avant notre ère. VIII, 274. — = archaïque de Gortyne. VIII, 441. — = de Carpathos. VIII, 469. — = du théâtre de Bacchus. VIII, 483. — = d'un musée d'Athènes. VIII, 486. — = de Delphes. VIII, 548. — = de Méthana. IX, 66. — = de Corfou. IX, 67. — = funéraires. IX, 120. — = métrique à Saint-Théodore (Grèce). IX, 282. — = ptolémaïque à Alexandrie. IX, 379. — = L'= de l'île de Philœ. IX, 382 — = dans les ruines d'Antinoé. IX, 383. — Une = du règne de Cléopâtre trouvée à Alexandrie. IX, 420. — Une = d'un cippe chrétien de Phrygie. X, 47. — Une = d'Antandros

mentionnant Jupiter *Astrapæus* ou fulgurant. X, 49. — Une = en dialecte crétois trouvée à Aptère. X, 76. — Diverses = d'Aptère, X, 78. — L'= d'un autel aux abords de la voie sacrée d'Eleusis. X, 90. — Une = inédite trouvée à Halicarnasse. X, 133. — Une = à Talmis. X, 202. — Une = ptolémaïque en l'honneur de la reine Arsinoé. X, 220. — L'= de Philœ en l'honneur d'Auguste. X, 221. — L'= d'Antinoé en l'honneur du favori d'Hadrien divinisé. X, 221. — L'= d'Athribis. X, 221. — Une = en l'honneur de Sérapis. X, 222. — Diverses = funéraires en Egypte. X, 222. — Les = en forme de proscynèmes de Philœ. X, 223. — Diverses = chrétiennes sur des monuments égyptiens. X, 224. — Une = contenant un décret des Thiasotes en l'honneur de Menis. X, 399 et suiv. — Nouvelle édition de = bilingue de Delphes. X, 407. — Une = relative au Conseil amphictyonique. X, 407. — = de Malana relative aux associations appelées ἔρανοι. X, 462. — = trouvée à Sumbulli, relative aux ἔρανοι. X, 469. — = analogue à la précédente provenant du golfe de Symé. X, 471. — Autre = analogue provenant de Rhodes. X, 472. — Les = de Pholégandros. XI, 124. — = honorifique sur une stèle trouvée aux environs d'Athènes. XI, 156. — Les = inédites de l'île de Rodes. XI, 218 et suiv. 292 et suiv. — = du temple de Rome et d'Auguste à Ancyre. XI, 413. — Les = des ostraca du musée du Louvre. 422 et suiv. — = d'une stèle, relative aux associations religieuses de secours mutuels dans l'antiquité. XI, 497. — Les = des *ostraca* du musée du Louvre. XII, 30 et suiv. — = métrique de Salonique. XII, 66. — — inédites de Thasos. XII, 139 et suiv., 268 et suiv., 368 et suiv. XIII, 276 et suiv. XIV, 58 et suiv. = Deux = de Théra concernant une société religieuse. XII, 224 et suiv. — = de bas-reliefs archaïques de Thasos. XII 439 et suiv. — Une = ptolémaïque. XIII, 103. — = inédites de l'île de Rhodes. XIII, 152 et suiv. 351 et suiv. XIV, 329 et suiv. XV, 204. XVI, 21 et suiv. — = trouvées dans les ruines du théâtre de Bacchus. XIII, 218. — = de l'île de Théra, relative à une association religieuse. XIII, 245. — = Quatre = de Chypre concernant notamment un *Thiasos*. XIII. 437 et suiv. = et hiéroglyphique trouvée à Tanis. XIII, 448. — Texte de l'= de Tanis. XIV, 49 et suiv. — sur une = ptolémaïque. XIV, 88. — = contenant un contrat. XIV, 351 et suiv. — = de Rhodovani (Crète). XIV, 398. — = d'une stèle hypothécaire. XV, 37. — = archaïque et funéraire de Corfou. XV, 63. — = honorifiques en Crète. XV, 268. — = d'Antibes en l'honneur de Vénus. XV, 361. — = de Paléokastro (Crète). XV, 418. — = Funéraires de même provenance. XV, 422. — = en caractères archaïques. XVI, 329. — Liste d' = archaïques. XVI, 339 et suiv. — = d'Axos (Crète). XVI, 411. — = archaïques de la Béotie. XVI, 428. — = de Galaxidi. XVI, 433. — = de la Laconie. XVI, 435. — = de tablettes judiciaires. XVII, 141 et suiv. — Diverses = archaïques. XVII, 189 et suiv., 279 et suiv. — Une = d'Eleutherna. XVII, 294. — Diverses = sur des vases peints. XVII, 345 et suiv. — Deux = à Kirk-Kilisseh, près d'Andrinople. XVII, 407. — = en l'honneur de Pluton. XVIII, 22 et suiv., 25 et suiv. — = et chrétienne sur une lampe à Jérusalem. XVIII, 77. — Deux = de Gortyne. XVIII, 134 et suiv. — = du musée de Sainte-Irène. XVIII, 246, 250 et suiv. — = byzantines. XVIII, 261. — = contenant un édit de l'empereur Anastase relatif à l'administration militaire de la Lybie. XVIII, 417. — = d'Hissardjick. XVIII, 441. — = relatives aux récompenses en numéraire données dans les jeux. XIX, 140 et suiv. — = d'un autel votif de Thrace du IIe siècle de notre ère. XIX, 179. — = sur des tablettes judiciaires. XIX, 225. — = sur un ostrakon égyptien. *Ibid*. — Série d'= de Salonique et de Laurium. XX, 62 et suiv. — = inédites de Thasos. XX, 142 et suiv. — = sur une main de bronze adressée à une peuplade gauloise. XX, 164. — = d'un poids. XX, 192. — = sur un autel de Vaison dédié à Bélus. XX, 222. — = de Sidon. XX, 286. — = d'un sceau amphorique donnant le nom d'un mois intercalaire. XX, 360. — = d'un bas-relief funèbre. XX, 421, 425.

Inscriptions hébraïques. — = à Tortose. II, 345. — = à Byblos. III, 321. — = du Safa. VI, 250. — = de Jérusalem. IX, 200. — L'= du tombeau dit de saint Jacques. XI, 137, 324 et suiv. — Une = sur un cylindre assyrien. XI, 332. — Deux = de Kefer-Béreim. XII, 69 et suiv. — Diverses = sur des intailles. XVII, 445 et suiv. — Une =. XIX, 459.

Inscriptions latines. — = Géographique du musée d'Autun. I, 183. — = trouvées en Allemagne. I, 255. — = en Algérie. I, 312. — = dans un cimetière turc à Philippes. II, 72. — = de Drama. II, 73. — = de Suèvres. II, 101. — = de Mayence. II, 212. — = à Tharros. II, 213. — à Tortose. II, 346. — = à

Bougie. III, 51. — = de Cherchel. III, 52. — = de Lambèse III, 55. — = milliaire. III, 117. — = à Constantine. III, 253. — = gallo-romaine, relative au dieu Mars. III, 313. — = sépulcrale de l'époque gallo-romaine. III, 314. — = de Byblos. III, 328. — = gréco-latine de Fréjus. III, 370, 458. IV, 10. — = Géographiques du milliaire de Tongres rectifiées. III, 408. — = de Saint-Maurice dans la vallée Pœnine. III, 444. IV, 2. — = de Martigny. *Ibid.* = = trouvées à Nice. III, 465. V, 323. = à Autun. IV, 111. — = dans Gruter rectifiée. IV, 113 — = sur un bronze. IV, 138. — = funéraire, gallo-romaine. IV, 327. — = du musée de Besançon. IV, 388. — = d'Ancyre (testament d'Auguste). IV, 400, 474. — = gallo-romaine à Annemasse (Haute-Savoie.) IV, 402. — = archaïques. IV, 474. — = découverte sur un cippe funéraire. IV, 474. — = de Trajan. IV, 479. — = milliaire de la voie Egnatienne. IV, 480. — = du musée de Dijon. V, 111. — = sur Petronius Probus. V, 166. — = d'une fiole pharmaceutique contenant un collyre. V, 247. — Histoire des recueils d'= depuis Charlemagne. V, 281. — = sur une statue gallicienne. V, 285. — = de Lyon, près l'église de Saint-Pierre. V, 320. — = à Cannes, V, 326. — = funéraire près de Fréjus. V, 328. — = à Fréjus. V, 329. — = de la basilique de Saint-Clément. V, 357. — = de Gevrier (Savoie). V, 358. — = funéraires. V, 386. — = du musée de Latran. V, 389. VI, 31. — = dans le Liban. V, 394, 395. — Une = de Nîmes, V, 406. — = trouvées en Suisse. V, 416. — = funéraire sur un cippe gallo-romain. VI, 56. — = à Châtillon (vallée d'Aoste). VI, 74. — = du Mont Saint-Bernard. VI, 78. — Une = de Palestrina (Prœneste). VI, 97. VII, 247. — = du Palatin. VI, 202. — = du Safa. VI, 250. — = funéraires de l'époque mérovingienne. VI, 313. — = de Trace et d'Illyrie. VI, 318. — = de Galatie et de Bithynie. VI, 347. — = de Neuvy-en-Sullias. VI, 351. — Une = en l'honneur d'Hadrien à Jérusalem. VII, 25. — Cent-douze = à Kreneg (Algérie). VII, 133. — Les = de Philippeville. VII, 134. — = du Haouran. VII, 204. — = donnant le nom d'un *vicus* gallo-romain. VII, 238. — = d'un monument mithriaque. VII, 293. — = sur des verreries. VIII. 219. — = de l'arc de Constantin. VIII, 249, 265. — Une = de Trébizonde. VIII, 264. — = itinéraire. VIII, 360. — = funéraire. VIII, 361. — = relative à l'exploitation d'une mine. VIII, 449. — = du marbre de Thorigny. IX, 8. — = du musée de Lyon. IX, 11. — = de Rome relative à la Gaule. IX, 12. — = d'Italie. IX, 210. — Les = de Corinthe. IX, 375. — Une = formant testament sur un tombeau. X, 29 — = d'une tombe chrétienne à Cherchell. X, 36, 37. — = découverte à Milan en 1785, funéraire et chrétienne. X, 43. — = du camp de César à Nicopolis. X, 211. — Les = dans lesquelles figurent des noms gaulois. X, 307 et suiv. — Trois = relatives à *Q. Axius Ælianus* (V. ce nom). X, 314 et suiv. — Une = à Patras, avec le nom de *Ceres Mater*. X, 386. — Une = du temps des Mérovingiens sur une hache de fer. XI 71 et suiv. = = relatives à *Alisia*. XI. 98. — Une = portant le nom de *Cenabum* pour *Genabum* (Orléans). XI, 409. — = conservée au musée d'Orléans. XI, 112. — = conservée au musée de Vérone XI, 113. — Quelques = de Philippes. XI, 451 et suiv. — = relatives aux Serrenses. XI, 512 et suiv. — Une = de Vieux (Viducasses). XII, 52. — funéraire à Nice. XII, 187 et suiv. — = de Mesve. XII, 386. — Les = des stèles du cimetière gallo-romain et mérovingien de Bourges. XII, 393 et suiv. — Les vingt-trois = de Troesmis. XII, 401 et suiv. — Une = du ve siècle de notre ère. XII, 431. — Une = métrique du XIIe siècle. XIII, 41 et suiv. — Une = dans les fondations des murailles de la ville de Tours. XIII, 66. — = dédiée à Commode. XIII, 100. — Sur une = de Troesmis supposée dédiée à Caracalla. XIII, 187. — = de Guelma (Algérie), dédiée à Nerva par un flamine. XIII, 287. — = en l'honneur de *Haos*. XIII, 289. = en l'honneur de Mithra. XIII, 322 et suiv. — = barbare et magique d'un vase gallo-romain. XIV, 317. — = d'un autel du musée de Strasbourg. XV, 42. — Diverses = sur des autels. XV, 45 et suiv., 159 et suiv. — Deux = de Baalbek XV, 163 et suiv. — = d'un autel votif de Mars. XV, 225. — = d'un autel romain à Strasbourg. XV, 352. — Liste des = mentionnant les *quadrivii*. XV, 354. — = funéraire à Ostie. XV, 375. — = de Paléokastro XV, 420. — Diverses = de cachets d'oculistes. XVI, 75 et suiv. — = de Versoix près de Genève. XVI, 154. — = de deux autels gallo-romains voués à Jupiter. XVI, 371 et suiv. — = portant le nom de Tibère, trouvée aux environs de Béziers. XVI, 373. — Une = mentionnant la bière. XVII, 167. — Une = à Rennes. XVII, 246. — Sur quelques = de Troesmis. XVII, 261 et suiv. — Les = de Tomis. XVII, 271 et suiv. — = relatives au nom de Stercorius. XVII, 360. — =

d'Alexandrie. XVII, 389. — Copie nouvelle de l'= de Vizeu (Portugal). XVII, 391. — = sur des tessères de gladiateurs. XVII, 410 et suiv. — = mentionnant le nom nouveau d'une divinité gauloise de la guerre. XVIII, 1 et suiv. — = du IVe siècle mentionnant Symmaque. XVIII, 49. — = funéraire. XVIII, 121. — = de Gortyne. XVIII, 135. — Quatre = et libyques de la Calle. XVIII, 138. — = relatives à l'*arca*. XVIII, 167. — = d'un vase gallo-romain. XVIII, 226. — = relatives aux légions du Danube. XVIII, 367. — = funéraire de la Savoie. XVIII, 442. — L'= chrétienne de Catane. XIX, 23 et suiv. — L'allemand des =. XIX, 152. — Une = en l'honneur d'Hercule, provenant d'Autriche. XIX, 153. — = relatives au nom de Boniface. XIX, 236. — Trente-trois = recueillies dans le sud-est de la France. XIX, 301 et suiv. — = de la basilique de Saint-Martin de Tours. XIX, 319 et suiv., 403 et suiv., 413. — Les = du vase de sang. XIX, 432, 441. — = du tombeau de saint Martin. XX, 3 et suiv. — = d'un cachet d'oculiste trouvé à Senlis. XX, 61. — = relatives aux Vélaunes. XX, 180. — = sur un autel de Vaison dédié à Bélus. XX, 223. — = de la Turbie. XX, 280. — = de Sidon. XX, 286. — = géographique de l'île de Sardaigne. XX, 347.

Inscriptions libyques. — = et latines. XVIII, 138, 215.

Inscriptions nabatéennes. — Les = du Haouran. IX, 284.

Inscriptions phéniciennes. — = à Byblos. III, 172. — = à Djebeil. III, 174. — = à Oum-el-Awamid. IV, 70, 155. — = de Tucca. VI, 157. — = de Chypre. VI, 247. — = de Carthage. VII, 74. — Diverses = sur des intailles. XVII, 433 et suiv.

Inscriptions puniques. — = à Carthage. V, 160. — = trouvée dans les ruines de Carthage. XIII, 111 et suiv.

Insignes. — Les = de la questure. XVIII, 58 et suiv., 61 et suiv., 100 et suiv.

Inspiration. — L'= dans la doctrine des bardes. XIX, 27 et suiv. — Texte gaélique concernant l'=. XIX, 41.

Institutions. — Les = de la Grèce et de Rome. XI, 77. — Les = des Cymrys. XVIII, 438.

Intailles. — = à légendes sémitiques. XVII, 432 et suiv. — = phéniciennes. XVII, 433. — = araméennes. XVII, 440. — = hébraïques. XVII, 445. — = phénicienne représentant un archer. XVIII, 137. (V. *Sceaux*, *Pierres gravées*.)

Irlande. — Sur la déesse de la guerre de l'ancienne =. XIX, 149. — L'académie d'=. XIX, *ibid.*

Isis. — Le culte d'= se maintient en Egypte longtemps encore après l'édit de Théodose. X, 223. — Statuettes d'= à Nuits (Côte-d'Or). XI, 72. — = joue aux dés avec le roi Rhampsinite. XII, 56. — Epithète de *bienfaitrice* (Μωχιας) attribuée à = sur une inscription. XIV, 88.

Isocrate. — Le discours d'= sur lui-même. VII, 437.

Israélite. — Sens vrai de l'expression *être* = au moyen-âge. XIII, 42 et suiv. — Si les = ont émigré en Cornouailles. XV, 428 et suiv.

Isthme. — Découverte de l'= de Darien. V, 355. — Sépultures et tombeaux de l'= de Darien. V, 356.

Itinéraire. — = d'Antonin. III, 113. — = archéologique de Paris. III, 261. — Quatre nouveaux = découverts dans les *Aquæ appolinares* V, 254. — L'= d'Antonin corrigé. V, 256. et suiv. — L'= de Jérusalem corrigé. V, 257. — L'= d'Antonin, de Milan à Vienne. VI, 66 — Voies romaines en Gaule d'après les =. VII, 406. — Les = gallo-romains de l'Aisne. VIII, 365. — L'= d'Antonin. VIII, 389. — L'= de Bordeaux à Jérusalem. X, 98. (V. *Voies romaines* et table de *Peutinger*.)

Ivoire. — Lame d'= fossile provenant des cavernes du Périgord avec la représentation au trait du Mammouth. XII, 245.

Ixion. — Sens du mythe d'=. VIII, 199.

Izernore. — Antiquités d'=. IX, 303.

J

Jacquerie (La). — III, 77.

Jais ou Jayet. — Mines de = exploités en Gaule par les Romains. XVII, 311.

Januarius. — Signification et étymologie du nom =. XIX, 244.

Japon. — Le bouddhisme au =. X, 379. — Le culte de Siva au =. X, 380 et suiv.

Java. — Les temples de =. X, 377. — Collection d'armes et d'ustensiles en pierre venant de =. XII, 390.

Jeanne d'Arc. — Mort de =. III, 431. — = prise par fortune de guerre ou par trahison. IV, 70.

Jehan de Paris. — IV, 79.

Jehovah. — Lettres dont on se servait pour écrire sur le frontal du grand-prêtre le nom de =. IX, 150.

Jérusalem. — L'arc de l'*Ecce homo* à =. III, 185. — Tombeaux des rois et des juges à =. V, 398. IX, 200. — Temple de =. *Ibid.* VII, 281. — Antiquité débattue du temple de =. IX, 428. — Les derniers jours de =. XIV, 446. — Antiquités du Haram-ech-Chérif. (V. ce mot) à =. XVI, 440.

Jeton. — Histoire du =. IV, 328. — Les = des corporations de l'ancien Paris. V, 222.

Joinville. — Observations sur le texte de =. XV, 169 et suiv. 233 et suiv. — Histoire de saint Louis par =. XIX, 390.

Jeu. — Histoire et légende du = de dames dans les hiéroglyphes. XII, 56 et suiv. — Thot est supposé l'inventeur du = de dames. XII, 57. — Analogie du = de dames et du = romain dit = des voleurs. XII, 59, 64. — Récompenses et nature des = religieux à Rhodes. XIII, 159. — Diverses représentations du génie des = grecs. XVII, 376. — Les bourses données en récompense dans les jeux. XIX, 138 et suiv. — Origine et description des = des anciens. XX, 72 et suiv.

Josué. — Le tombeau de =. XI, 100. — Le lieu de la sépulture de = d'après la Bible. XI, 103.

Journal. — Le = dans l'antiquité. VII, 100. — = d'égyptologie. IX, 225. — = allemand d'archéologie. XIX, 385. (V. *Bulletin*). XX, 71.

Jovien. — L'empereur = touché de la foudre. XII, 130.

Jovin. — Tombeau de = à Reims. I, 141, 151, 216, 275. IV, 406.

Jovinien. — Hérésie de =. XI, 468.

Joyaux. — = étrusques. III, 251. — Inventaire des = de Saint-Quentin, du XIVe siècle. VII. 65. — Inventaire des = et reliquaires de la cathédrale d'Auxerre. XIX, 329. (V. *Bijoux*.)

Jublains. — Antiquités gallo-romaines de =. XIV, 144.

Judaïsme. — Le = protégé par César et Auguste. XIII, 228. — Le = persécuteur des premiers chrétiens. XIII, 233 et suiv. — Influence, luttes et persécutions du = au Ier siècle. XVII, 101. — Représentation des animaux vivants défendus par le =. XVII, 446.

Juifs. — Costume sacerdotal chez les =. XX, 91 et suiv. — Existence d'une écriture sacrée chez les =. XX, 115.

Juliobona. — Antiquités romaines de =. XIX, 190. (V. *Antiquités*.)

Junon. — Le temple de = à Argos. XVI, 116 et suiv.

Jupiter. — L'omphalos de = à Delphes. I, 257. — Persistance du nom de = dans les patois de Normandie et de Bourgogne. II, 93. — Statuette de = trouvée à Neuvy (Loiret). IV, 139. — Le = tonnant du musée de Besançon. IV, 379. — Bas-relief représentant = tonnant trouvé à Vailly (Aisne). IV, 476. — = gallo-romain de Jouy. V, 86. — Inscription gallo-romaine en l'honneur de =. V, 117. — = et Sémélé sur un vase grec. VI, 29. — Temple de = à Supliaja (Bukowine). VI, 405. — Inscription de = apobaterius. IX, 66. — Inscription mentionnant = Astrapæus. X, 49. — Inscription mentionnant = Labraundos. X, 403. — Inscriptions mentionnant = sauveur. XI, 501. — = Hercéus. XII, 82, 86. — Statuette de =. XIII, 148. — Emplacement et ruines du temple de = Stator retrouvés à Rome. XIII, 217. — Inscription grecque dédiée à = *Philios*. XIV, 351. — Autels gaulois dédiés à =. XVI, 371 et suiv. — Vœu à = Pennin. XVII, 119. — Groupe en marbre représentant l'enlèvement d'Europe par =. XVIII, 130.

Juvénal. — Les satires de =. XI, 75.

K

Kadès. — La ville de = des inscriptions égyptiennes. IX, 337, 338.

Kaïalik. — Ruines d'une ville romaine à =. XVIII, 81.

Kali. — =, divinité hindoue ; sa fête. XI, 280.

Karnak. — (V. *Temples*). La chambre des rois de =. XI, 55.

Kassiou. — Le dieu = dans des inscriptions du Haouran. IX, 286, 287.

Katti. — Les = des inscriptions assyriennes identifiés aux Héthéens de la Bible et aux Keta des égyptiens. IX, 333. — Inscriptions assyriennes relatives aux =. IX, 347.

Kefa, peuples des îles de Chypre et de Crète, dans les hiéroglyphes égyptiens. — IV, 218.

Kehak. — =, nom d'un peuple dans les monuments égyptiens. XVI, 38. — Histoire des rapports des = avec l'ancienne Egypte. XVI, 85.

Kenes, nom égyptien de la Nubie. — IV, 221.

Kerneter. — (V. *Rituel funéraire*).

Keta, peuple de Syrie, mentionné par les hiéroglyphes égyptiens. — IV, 214. IX, 333, 336.

Khoufou. — (V. *Cheops*).

Ki-pin. — Le pays appelé = par les Chinois est à peu près la Boukarie actuelle. X, 201. — Mission bouddhique partie de = au ve siècle de notre ère pour le Fou-sang. X, 384.

Kjoekkenmædding. — Sens du mot. II, 122. — Rapport sur les =. II, 122. — Distribution géographique des =. II, 123. — Conformation des =. II, 124. — Industrie des =. IV, 167. — = du Danemark. VI, 20. — = sur les côtes méridionales de France. IX, 386. — Les = du Brésil. XV, 307.

Korrigan. — Les = dans la mythologie celtique. XVII, 162.

Kourgan. — =, sorte de hache en cuivre des tumuli tchoudes. XVIII, 34.

Kousch. — Nom de l'Ethiopie dans les inscriptions égyptiennes. II, 290.

Kteni. — (V. *Eané*).

Kurhany, tumulus de Pologne. — V, 283.

L

Labarum. — Description du =. V, 163.

Labienus. — Campagne de = contre les Gaulois. (V. *Camulogène*).

Labyrinthe. — Le = de Gortyne (Crète). XVIII, 200 et suiv.

Laconie. — Monuments antiques de la =. XVI, 435.

Lagides. — Calendrier des =. XVII, 1 et suiv.

Lamelles de pierre. — =. I, 32.

Lampe. — = chrétiennes trouvées à Rome dans les fouilles du Palatin. XV, 376. — = chrétiennes avec inscription grecque à Jérusalem. XVIII, 77.

Lance. — Description de la = romaine ou *hasta*. V, 310. — Les = de l'âge de pierre. IX, 255. — Le fer de la = romaine. XI, 88. — Tête de = en silex. XV, 434. (V. *Armes*, *Pilum*, *Angons*.)

Langage. — Etat actuel de la science du =. IX, 13. — Origine du = IX, 14, 110. — Avenir du =. IX, 32. — Le = turc. IX, 32. — Le = Wolof au Sénégal. IX, 34. — Le = chinois. IX, 35. — Etude du = au point de vue des radicaux et des flexions. IX, 105. — Classification des = IX, 107. — Sur quelques mots du = gaulois. X, 304. XI, 109. XV, 273, 276. (V. *Noms de lieux*.) — Les idiomes dérivés du = gaulois. XV, 281 et suiv.

Lanternes. — = pour l'éclairage des rues. I, 63.

Lappa. — Histoire de la ville crétoise de =. XV, 266, 270 et suiv.

Lech. — Sens du mot celtique =. XVII, 151.

Lectisternes. — Origine des =. 403. — Objet des =. XV, 404, 406.

Lasa. — =, nom d'une divinité étrusque; ses attributions. XIV, 112.

Légende. — = de Notre-Dame de Liesse. II, 54. — = de Charlemagne à Constantinople et à Jérusalem. III, 36, 48. — = sur l'Antechrist au moyen-âge. III, 429, 430. — = sur le pays de Vimeu et sur Aumale. V, 203. — Les = primitives de la Grèce. VIII, 195. — Sur la = de Chartres, *Virgini parituræ*. IX, 149. — Une = celtique sur les Korrigan. XVII, 162. — La = celtique de Gargantua. XVIII, 172 et suiv.

Légende. — Sur les = monétaires de l'antiquité. XIV, 91 et suiv., 247 et suiv. — La = d'une monnaie attribuée à la ville de Sané. XV, 76. — Quelques = monétaires de tétradrachmes macédoniens de l'époque romaine. XVIII, 58. — = sur les médailles, relatives aux insignes des magistratures secondaires. XVIII, 100 et suiv. — = de diptyques. XVIII, 116 et suiv. — = de Samson et les mythes solaires. XX, 333 et suiv.

Légions. — Les = italiques et macédoniques d'après les inscriptions de Troesmis. X, 393. XII, 401 et suiv. — La = première antoninienne. XV, 166. — Histoire des = du Rhin. XVI, 301. — La = thébéenne. XVII, 105. — Inscriptions relatives aux = du Danube. XVIII, 367. — Contre-marque de la = decima fretensis sur une monnaie. XX, 252.

Leherenn. — Divinité indécise, assimilée à Mars. I, 190. — Mars et =. III. 311. (V. *Mars*.)

Leka. — =, nom égyptien des Lyciens. XVI, 96

Lettres. — (V. *alphabet*). — Une = de saint Louis. XVII, 109.

Lexovii. — Géographie des =, peuplade gauloise. IX, 407.

Liban. — Beauté du =. III, 173. — Exploration archéologique du =. III, 317. V, 394. — (V. *Phénicie*.)

Libyco-Berbère. — Ecriture =. VI, 157. — Inscriptions =. XVIII, 138. — Monuments =. XVIII, 215.

Libye. — Inscription contenant un édit d'Anastase sur l'administration militaire de la =. XVIII, 417.

Libyens. — (V. *Rebu*). — Rapports entre les Pélasges et les anciens =. XVI, 94. — Rapports des = et des Celtes. XVI, 394.

Lieue. — Mesure de la = gauloise. XIV, 195.

Lieux-saints. — Description des =, d'après un manuscrit de la bibliothèque nationale de Paris. X, 108.

Lignites. — Nature et âge probable des =. V, 182.

Ligue. — La = en Normandie. VIII, 364.

Ligures. — Origines controversées des =. XI, 135. XVI, 383.

Lillebonne. — Théâtre antique de = réparé. IX, 96. — Découverte d'une maison romaine à =. X, 411. — Sépulture trouvée à =. XIII, 317. — Le cimetière romain de =. XVII, 36 et suiv. (V. *Juliobona*).

Lingones, peuplade gauloise. — Le territoire des =. VIII, 508.

Linguistique. — Revue de = et de philologie comparée. XVIII, 374. (V. *Textes, Manuscrits, Philologie, Dialectes.*)

Lithuanie. — Antiquités de =. V, 283.

Livie. — Buste de =. XVIII, 293.

Logique. — Sur le traité de = attribué à Pierre d'Espagne. X, 267.

Longchamps. — Origines de la fête de =. III, 385.

Longjumeau. — Histoire, archéologie, biographie du canton de =. X, 168.

Longostalo. — Ville de = dans le midi de la Gaule. XV, 89 et suiv.

Louis (saint). — Reliquaires donnés par =. XVII, 105 et suiv. — Histoire de = par Joinville. XIX, 390.

Louvre. — Anciennes constructions du = XIV, 361. (V. *Musées.*)

Luceres. — Les =, antique tribu de Rome. VI, 287, 290.

Lucotinna, Lucotitia, Lutetia, anciens noms celtiques de l'oppidum des *Parisii*. — IV, 269, 288.

Lucrèce. — Idées de = sur la foudre. XII, 136. — Traduction en vers français du poëme de =. XIV, 150. — Sur le poëme de =. XX, 367 et suiv.

Lunus. — =, se nomme aussi Mên. (V. *Mên*). XIX, 3.

Lychnaption. — Que signifie ce mot? I, 120.

Lyon. — Etymologie du vocable =. XVII, 341. — Miroir gravé du musée de =. XVII, 372.

M

Macédoine. — Antiquités d'Eané en =. XVIII, 18.

Machaon. — = et Podalire, médecins, fils d'Esculape, célébrés par Homère. XII, 99.

Magistrat. — Les = civils à Rhodes. XI, 297.

Main. — Sur une = de bronze adressée à une peuplade gauloise. XX, 161 et suiv. — Signification des monuments en forme de =. XX, 167, 294.

Mako. — =, divinité égyptienne, fils de Set. XI, 182.

Maladie. — Genre de = décrites dans Homere. XII, 352.

Mandans. — Mœurs et traditions de la tribu américaine des =. XI, 274 et suiv.

Mané-lud. — (V. *Tumulus.*).

Manéthon. — Sur la chronologie de =. II, 82. — Chronologie égyptienne de =. X, 174, 177 et suiv. — Dates et dynasties de =. XI, 58 et suiv. — Liste royale de = comparée à la liste de la nouvelle table d'Abydos. XIII, 77 et suiv. 89 et suiv. — Monuments des six premières dynasties de =. XIV, 288.

Manlius Vulso. — Campagne de = contre les Galates. VIII, 313.

Manuscrit. — = hiératiques. I, 71. — = de Damascius. I, 180. — Extraits des = de Damascius. I, 250, 307. — = du Rituel funéraire des anciens égyptiens. I, 74, 231. — = de chant sacré. II, 188, 191. — = de Damascius. II, 193. — = hiératiques. II, 223. — = du comte Borghesi. II, 281. — = de la Bibliothèque de l'Arsenal, relatif à une légende de Charlemagne. III, 42. — = relatifs au philosophe Damascius (V. ce mot). — = pictographique américain. III, 182. — Monuments et = disparus et retrouvés. VI, 126. — = égyptien contenant un fragment oratoire grec inédit. VI, 139. — Les = à miniatures de la bibliothèque de Laon. VIII, 272, 279. — Catalogue des = de diverses bibliothèques. VIII, 272. — Un = grec contenant l'histoire des couvents des Météores, IX,

155. — = latin de la bibliothèque de Vérone contenant l'itinéraire de Bordeaux à Jérusalem. X, 98. — Les = du livre sur la logique de Pierre d'Espagne. X, 267. — Un = grec, du xe siècle, très-élégant, de la bibliothèque nationale de Paris. X, 350. — = des hymnes homériques. XII, 476. — Le = musical de Montpellier. XIV, 70. — Les = de l'*ora maritima* d'Avienus. XV, 55. — Les = de Joinville. XV, 170 et suiv. — Les = du traité d'Aristote *De partibus animalium*. XVI, 197. — Le = d'Aristodème XVI, 364. — = d'un fragment grec relatif au siége d'une ville gauloise. XVII, 401. — Le = d'un poëme latin du IVe siècle. XVII, 452. — Le = contenant les fragments inédits de l'historien Priscus. XVIII, 87. — Le = du mystère des bardes. XVIII, 205. — Les = bardiques d'Iolo. XVIII, 332 et suiv. — Série de = contenant des poëmes slaves-bulgares. XVIII, 409. — Le = de la poliorcétique. XIX, 50 et suiv. — Sur l'authenticité contestée d'un = d'Aristodème. XIX, 61. — Notices et extraits des = grecs et latins du British Musœum XIX, 447. XX, 116 et suiv. — Observations sur un = d'Eschyle. XX, 50 et suiv.

Marathon. — Les armes de pierre de =. XV, 145.

Marbre. — Plaque de = à Tharros II. 213. — Plaque de = à Autun avec inscription. VII, 275. — Le = de Thorigny IX, 8. — Divers = avec bas-reliefs archaïques provenant de Thasos. XII, 438. — = antiques trouvés à Thasos. XIV, 359. — Groupe en = à Gortyne. XVIII, 130. — Dépôt d'anciens = découvert à Rome. XVIII, 228.

Marc-Aurèle. — L'intolérance de = envers les chrétiens. II, 283. — Réformes administratives de =. II, 284. — Les écrits de =. XI, 75. — = envoie Martius Verus comprimer la révolte d'Avidius Cassius. XII, 418.

Marcomans. — Les =, tribu de la Germanie. XV, 6.

Marcos. — =, nom du cheval en langage gaulois. XI, 120.

Mariage. — Le = interdit aux esclaves dans l'antiquité, XIV, 333.

Marîatale — = nom d'une divinité chez les Hindous. XI, 278.

Marne (La). — =, limite entre les Celtes et les Belges. III, 218.

Marques. — Les = de fabrique de la verrerie romaine. VIII, 215.

Marmiu. — =, nom d'un ancien chef des Libyens. XVI, 38, 83.

Marmoutier. — Le monastère de Saint-Martin de Tours appelé =. X, 242. — — Charte du XIIe siècle relative à l'abbaye de =. X, 245.

Mars. — = considéré comme divinité topique des Gaulois. III, 311. — Inscriptions gallo-romaines en l'honneur de =. V, 116. (V. *Leherenn*).

Marteaux *de l'âge de pierre*. — XII, 114 et suiv. XIII, 368. XV, 17. XIX, 326.

Martin (Saint). — Pillage par les huguenots du trésor de = de Tours. X, 415. — Restitution de la pancarte noire de =. XV, 383.

Martyre. — Le = des légionnaires thébéens. XVII, 113.

Maschnaka, ville du Liban. — Ruines et antiquités de =. III, 329. (V. *Ruines*.)

Mashicash. — Les = en Egypte. XVI, 38, 81, 83 et suiv. — Caractères physiologiques des =. XVI, 84.

Mastaba. — Le = des sépultures égyptiennes de Saqqarah. XIX, 9 et suiv.

Masques. — = provenant de Sidon. II, 208. — = en marbre vert de Mexico. VI, 121.

Mastarna. — = sur une fresque d'un tombeau de Vulci. VIII, 418, 462.

Maten, peuple mentionné par les hiéroglyphes égyptiens. IV, 219.

Mathématiques. — Rôle des = chez les anciens Grecs. XVIII, 395.

Matidie. — Le nom de la princesse = dans des inscriptions latines. X, 318, 320.

Matisco, ville du pays Eduén. II, 257.

Matrebo. — =, mot gaulois dans l'inscription de Nîmes. XVI, 3 et suiv.

Maures. — Diverses tribus =. XV, 10 et suiv.

Médailles. — = à Liége. I, 63. — = de plomb de Notre-Dame de Liesse. II, 56. — = gauloise à Valence. II, 407. — = du XVIe siècle. III, 273. — = avec la tête d'Esope. III, 355. — = de plomb relatives à Jeanne d'Arc. III, 385, 425, 432. — Une = gauloise. V, 376. — = des Bellovaques et des Suessions. VII, 131. — = romaines et des séleucides. VII, 211. — = Carthaginoises de Tenès. VII, 434. — = avec portrait de Domitia Lucilla. VIII, 266. — Légende d'une = de Gortyne. VIII, 444. — = romaines de Tibère à Trajan. IX, 138. — Une = de Tarse avec une inscription arabe. XI, 333. — Une = d'or au type de Lysimaque, roi de Thrace. XI, 528. — = trouvées au gué de Saint-Léonard. XII, 383. — Une = de plomb indéterminée. XIII, 262. —

= attribuée à la ville de Sané. XIV, 405 et suiv. — = de Tetricus. XVI, 65 et suiv. — Légendes des = relatives aux insignes des magistratures romaines secondaires. XVIII, 100 et suiv. — = de Faustine. XVIII, 104. — Diverses = de Caligula, Trajan, Hadrien, Marc-Aurèle, L. Verus. XVIII. 109. — = gauloises au Mont-Beuvray. XX, 322, 325. (V. *Tessères*, *symbolum*.)

Médecine. — La = au temps d'Homère. XII, 95 et suiv. — La = chez les Hébreux et les Egyptiens. XII, 97. — Y a-t-il une = interne dans Homère? XII. 346 et suiv. — Etat de la = entre Homère et Hippocrate. XVIII, 345 et suiv. XIX, 63 et suiv., 199 et suiv., 259 et suiv. — La = dans Hésiode. XVIII. 346. — Diverses écoles antiques de =. XVIII, 355. — Théorie de la densité des corps dans la = antique. XIX, 45. — Idée que Pindare, Eschyle, Euripide, Sophocle, Aristophane se faisaient de la =. XIX, 63 et suiv. — La = d'armée chez les anciens Grecs. XIX, 199 et suiv. — Les écoles de = de la Grèce, de la Sicile et de la Grande-Grèce. XIX, 203 et suiv. — La = et la chirurgie sont exercées par les mêmes personnes dans l'antiquité. XIX, 209 et suiv.

Médicament. — Les = employés au temps d'Homère. XII, 340 et suiv.

Mégalithique. — (V. *Monuments*.)

Médée. — La tragédie de = dans Sénèque. XI, 31.

Mégare. — Epitaphes chrétiennes de =. XI, 438. — Alphabet archaïque de =. XVII, 193.

Mediolanum. — Le nom gaulois de = est commun à un certain nombre de localités. X, 323.

Melaine (Saint). — Travaux apostoliques de =. XIII, 252.

Meldes, peuplade gauloise. — Territoire des =. VII, 384.

Melès. — Sur la situation précise du fleuve =. XVI, 214 et suiv., 243 et suiv.

Melun. — (V. *Metiosedum*.) = est-il metiosedum? VIII, 497.

Memnon. — Le bas-relief de Nymphi représente peut-être =. XIII, 434.

Mên. — Représentation du dieu lunaire = sur les rochers de Philippes. XI, 456 et suiv. — L'emblème du dieu = devenu un symbole du drapeau turc. XI, 457. — = confondu fréquemment avec Sabazis. XI, 458. — Sur le dieu =. XVIII, 440. — Figure du dieu = sur un chapiteau des substructions de la cathédrale de Bayeux. XIX, 1 et suiv.

Men. — Divinité égyptienne. I, 240.

Menaboschu. — = personnage des légendes américaines, analogue au patriarche Noé de la Bible. XI, 290.

Ménandre. — Statue de = à Athènes. VI, 196.

Ménapiens, peuplade gauloise. = Territoire des =. VII, 285, 392, 393.

Mendis. — =, déesse lunaire des Thraces. XIX, 5.

Menès. — Premier roi d'Egypte. II, 80. — Dynasties antérieures à ce roi. *Ibid*. — Existence réelle de =. XIV, 289.

Menhir. — = de Pierrefitte. II, 432. — Que sont les =. VII, 218. — Les = de la province de Constantine. VIII, 519. — Les = de Cojou. IX, 87, 91. — Les = du Mané-lud. X, 356. — Le curieux = de Plésidy. XI, 165. — Les = de la province de Constantine. XI, 209 et suiv. — Les = de Moustoir-Carnac. XII, 16 et suiv. — Le = de la Haute-Fougeraie. XII, 317. — Le = d'Abreschwiller. XIV, 48.

Mer. — Signes hiéroglyphiques qui désignent la =. XI, 379.

Mercure. — = criophore. V, 361. — =, divinité pastorale en Arcadie. V, 362. — = figuré sur des pierres gravées étrusques. VII, 334. — Représentation de = sur une fiole de verre. VIII, 224. — Statuette de = en bronze. XII, 390 — = sur un bas-relief archaïque de Thasos. XII, 439. — Figurines de =. XIII, 148. — = sur le bas-relief d'un autel gallo-romain. XV, 197.

Méreaux. — (V. *Plombs*.)

Mérenptah. — = roi égyptien, ses guerres. XVI, 38 et suiv.

Mesure. — Les = employées en architecture par les Grecs. XIII, 211 et suiv. — Le système des = de longueur chez les Gaulois. XIV, 183. — Anciennes = d'Egypte, de Grèce, de Rome, de France. XIV, 186 et suiv. — Etude des = et dimensions du tombeau de Josué. XIV, 225. — Diverses = de longueur antiques retrouvées. XIV, 227. — Sur les = d'un autel gaulois. XV, 108. — Réalité d'une unité de = pour les longueurs chez les Gaulois. XV, 444. — Sur les = des temples de Vénus Arsinoé au cap Zephyrium. XIX, 268. XX, 377 et suiv.

Mesve. — Nom latin de =. XII, 386. — Inscription de =. *Ibid*.

Métaux. — Les = dans l'antiquité. X, 166. — Usages des = dans l'antiquité. XII, 181 et suiv. — L'âge des =. XIV, 270 et suiv. — Histoire de l'exploitation des = en Gaule. XVII, 298 et suiv. —

Exploitation des = en Russie dans l'antiquité XVIII, 31 et suiv. — = monnayés en circulation chez les anciens. XIX, 133. (V. *Mine, fer, bronze.*)

Metiosedum. — Identification de = à Melun. V, 1.

Metz. — Bombardiers et couleuvriniers de la cité de =. IV, 405.

Meule. — = à main de l'âge de la pierre polie. XIX, 327.

Mexique. — Antiquités du =. X, 70. — La cosmogonie des indigènes du =. XI, 43. — Calendrier et année des anciens habitants du =. XI, 45.

Mine. — = de cuivre exploitée par les Romains à Vaudrevange, près Sarrelouis. VIII, 449. — Les = d'or exploitées par les Égyptiens. IX, 228. — = de cuivre autour du lac supérieur en Amérique. XII, 182. — Les = d'or de Philippes. XIV, 69. — Les = de métaux en Gaule. XVII, 298. — Les = de métaux en Espagne. XVII, 298. — Les anciennes = exploitées par les Tchoudes en Russie. XVIII, 31 et suiv. — = de silex préhistoriques dans la Gironde. XVIII, 98. — Image d'un chrétien condamné aux =. XVIII, 229. (V. *Métaux.*)

Minerve. — La = de Phidias. I, 188. — Figurine gallo-romaine de =. II, 437. — Inscription gallo-romaine en l'honneur de =. V, 117. — Représentations de = à Philippes. XI, 454. — Le culte = à Lindos (Rhodes). XV, 214.

Miracle. — Un = relatif aux martyrs de la légion thébéenne. XVII, 117.

Miroirs. — = métalliques des Étrusques. I, 193. — = orné de l'effigie de Néron. III, 252. — Un = étrusque représentant Cérès et Proserpine. XI, 234. — Un = étrusque représentant Philoctète. XII, 344. — Sur quelques = étrusques récemment découverts. XIV, 109. — = trouvé à Corinthe avec un dessin gravé. XVII, 89. — = gravé du musée de Lyon XVII, 372. XVIII, 76. — Beau = du musée de la société archéologique d'Athènes. XVII, 468.

Mithra. — Mosaïque d'Ostie consacrée à =. I, 313. — Monument consacré à = en Afrique. VII, 293. — Réminiscence du culte de = dans la province de Constantine. XI, 208. — Inscriptions en l'honneur de =. XIII, 322 et suiv. — Monument apocryphe de = à la bibliothèque nationale de Paris. XIV, 73.

Modèle vivant chez les artistes Grecs. I, 55.

Module — (V. *Mesure*).

Mœurs. — = romaines du règne d'Auguste à la fin des Antonins. XVII, 398.

Mogila. — (V. *Tchoudes, Tumulus.*)

Mois. — Les = macédoniens en Égypte. XVII, 23. — Le = de Sivan en Assyrie. XVIII, 312. — Noms des = assyriens et hébraïques. XVIII, 316. — Nom d'un = intercalaire sur un sceau amphorique. XX, 360.

Monnaie. — Une = de cuir. IX, 141. — Des = étrusques. IX. *Ibid.* — Histoire de la fabrication de la = depuis Justinien. XI, 4. — Spécimens de = brute très-ancienne. XI, 315. — Un spécimen de la = connue sous le nom d'*æs grave*. XI, 315 et suiv. — La = des Massaliètes. XIII, 402. — Légendes des anciennes =. XIV, 91 et suiv., 247 et suiv. — Le carré-creux sur la = thraco-macédonienne. XV, 26. — Une = (trihémiobole) du cabinet de Paris. XV, 26 et suiv. — Fabrication de la = gauloise. XV, 346. — Les = barbares du musée de Belgrade. XVIII, 414. — Figures des coffres-forts et des bourses des anciens sur les = romaines. XIX, 133. — Vases pour contenir la = chez les anciens. (V. *Récipient.*) — Les = des Séleucides en Assyrie. XX, 194 et suiv. — Collection de = antiques recueillies en Palestine. XX, 251 et suiv.

Monnaies mérovingiennes et carlovingiennes. — = d'or, de Childebert. III, 89. — = de plomb d'Alise-Sainte-Reine. VIII, 377. — Les =. XI, 1 et suiv. — Le mot RACIO sur les =. XI, 7. — Noms de lieux sur les =. XIII, 140.

Monnaies françaises. — = des évêques, des innocents et des fous. III, 382. — = du xve et du xvie siècle. V, 190. — = du moyen-âge à Hottot (Calvados). VI, 197. — = mérovingiennes de Fontenay-le-Comte. VI, 407. — = et autres du xvie siècle. VII, 39. — Trésor de = à Saint-Pol de Léon. VIII, 373. — = d'or du xvie siècle. IX, 99. — = d'argent de Charles VI à Louis XIV. XV, 201. — = d'argent et de billon de Louis VII à Louis-le-Hutin. XVI, 41. — Trésor découvert de = de Louis XI et d'Élisabeth d'Angleterre. XIX, 194.

Monnaies gauloises. — = à Champlieu (Oise). I, 48. — = à Douarnenez. IV, 245. — = du camp de Saint-Pierre. V, 282. — = à Châteaubleau. V, 401. — Une = du camp de Mauchamp (Aisne). V, 418. — = à Alise-Sainte-Reine. VI, 343. — Poids des diverses =. VI, 399. — Les pièces, dites petits plats à l'arc-en-ciel, sont-elles des =? VI, 394. — = à Murviel. VII, 158. — = à Alise-Sainte-Reine. VII, 206. — = du camp du Cha-

telier. VIII, 424. — = d'or. IX, 95. — Collection de =. IX, 389. — = des Allobroges et des Vénètes. X, 3. — Quelques = de l'époque romaine en plomb, portant le nom de localités aujourd'hui sans importance. X, 322. — = et romaines trouvées au gué de Saint-Léonard. X, 502. — Une = attribuée à Induciomare, chef des Trevires. XI, 192. — = du cimetière mérovingien de Pommiers. XII, 152. — = du gué de Saint-Léonard. XII, 383. — Etude sur les diverses catégories de =. XIII, 400 et suiv. — = dans les fouilles d'Alise. XIV, 1 et suiv. — = trouvées aux environs d'Annecy. XIV, 220. — = d'argent dans la forêt de Sauville. XIV, 243, 283. — Trésor de = à Villeneuve-au-Roi. XIV, 283. — Trois types de = découvertes à Mérignac. XVI, 283. — Anciennes =. XVII, 68 et suiv., 122 et suiv. — = de Goutrens (Aveyron). XVII, 170. — Un statère d'or anépigraphe. XIX, 187. — = à Senlis. XX, 60.

Monnaies grecques. — Légendes des =. XIV, 93 et suiv., 247 et suiv. — Les = à tête de Minerve et à la chouette. XV, 115. — Les = thraco-macédoniennes. (V. *Sané*). XV, 120. — = anciennes. XVI, 450.

Monnaies juives. — III, 417. IX, 206. XI, 336. — Sur quelques = indéterminées. X, 326.

Monnaies phéniciennes. — IV, 149.

Monnaies romaines. — = à Champlieu. I, 47. — = à Auberive en Royans. II, 406. — = près de Bouvente. II, *Ibid.* — = dite *quinaire*, environ de 101 avant J.-C. III, 90. — = trouvées à Etreaux (Aisne). IV, 164. — = gallo-romaines à Douarnenez. IV. 245. — = à Chessels (Angleterre). V, 354. — = à Château-bleau. V, 411. — = à Sault-Villebois (Ain). V, 415. — = de Murviel. VII, 159. — = à Areines (Vendômois). VII, 206. — = à Fécamp. IX, 95. — = à Eu. IX, 96. — = et gauloises trouvées au gué de Saint-Léonard. X, 502. — = du cimetière mérovingien de Pommiers. XII, 152. — = du gué de Saint-Léonard. XII, 383. — Une = d'or, au type de Julius Nepos dans un tumulus gaulois. XII, 470. — = dans des sépultures franques. XIII, 109. — = dans une sépulture du IVe siècle. XIII, 209. — Série de = de Trajan à Valérien (254). XIII, 317. — = dans les fouilles d'Alise. XIV, 1 et suiv. — = de Sylla et de J. César. XIV, 20 et suiv. — = du camp de Chassey. XV, 262. — = rares et curieuses découvertes à Paris, rue Clovis. XVI, 294 et suiv. — Trésor de 10,700 = trouvé en Savoie. XVII. 97. — = frappées en Macédoine. XVIII, 58 et suiv. — Contremarques sur des = de Néron. XIX, 415. — = d'Adrien à Tétricus trouvées à Senlis. XX, 60.

Monnoyer. — Les = ont été anciennement en France des artisans et non des fonctionnaires. XI, 5 et suiv. — Histoire des =. XI, 10. — Les ateliers des = sous Dioclétien. XIV, 310.

Monogramme. — Sur le = monétaire de quelques comtes de Rennes. XVIII, 152. (V. *Légende*, *Monnaie*.)

Mousheim. — Cimetière de l'âge de la pierre polie à =. XVIII, 377. XIX, 325 et suiv.

Montfaucon (fourches partibulaires de). — III. 134.

Montmorency. — Fortifications antiques de la ville de =. VI, 380.

Monument. — Origine discutée des = dits celtiques. VI, 53. VII, 217. — Le = de Thrasyllus à Athènes. VI, 115. — = et manuscrits disparus et retrouvés. VI, 126. — Sur la conservation des = historiques. VI, 411. — Les = celtiques de la Gaule belgique. VIII, 39. — = dits celtiques de la province de Constantine. VIII, 519. — = celtiques de Cojou. IX, 84. — = trouvés aux abords de la voie sacrée d'Eleusis. X, 90. — Distribution à la surface de la France des = mégalithiques. X, 144 et suiv. — Sur les = dits celtiques de la province de Constantine. XI, 202 et suiv. — Les = de la Syrie centrale. XI, 344. — Le = gallo-romain de Langoa. XIII, 250. — Sur les = des six premières dynasties de Manéthon. XIV, 288. — Les = mégalithiques d'après M. H. Martin. XVI, 377, et d'après MM. de la Villemarqué et Alex. Bertrand. XVII, 147 et suiv. — Provenance des granits des = celtiques. XVII, 221 et suiv. — Liste d'anciens = grecs. XVII, 284. — = mégalithique aux environs de Séville. XVIII, 140. — Divers = portant le nom de Gargantua. XVIII, 174 et suiv. — = d'Algérie. XVIII, 216. — = grecs du musée de Sainte-Irène. XVIII, 240. — = mégalithiques dans l'Inde. XVIII, 295. — Le = de la Turbie. XX, 283. — Sur les = mégalithiques de l'Afrique. XX, 357 et suiv. — Les = étrusques funéraires, XX, 433. (V. *Antiquités*.)

Moralistes. — Les = sous l'empire romain. XI, 75.

Mosaïque. — = à Aix. I, 62. — = gallo-romaine. I, 64. — = à Vienne, I, 128. — = d'Ostie consacrée à Mithra. I, 313. — = gallo-romaine de Reims.

II, 434. VI, 124, 189. — Art de la = au moyen-âge. III, 80. — = d'Amrit (Syrie). IV, 70. — = byzantine à Sour. IV, 153. — = gallo-romaine de Vienne (Isère). V, 284. — L'art de la = chez les Byzantins et les Arabes. VI, 43. — = gallo-romaine à Sainte-Marguerite. VII, 33. — = gallo-romaine à Constantine. VII, 133. — = romaine à Tor Paterne. X, 74. — = de la cathédrale de Lescar. XIII, 305. — = romaine à Orange. XVI, 300. — Une = trouvée à Vienne. (Dauphiné). XVII, 322.

Mots. — sens de quelques = de basse latinité, VI, 81. — Terminaison en *os* de quelques = gaulois. X, 456. — = de la langue gauloise dans les inscriptions. (V *Inscriptions gauloises*). — — Etymologie de quelques = gaulois XVII, 340 et suiv. XVIII, 300 et suiv.

Moulin-Quignon. — Mâchoire humaine découverte à =. VII, 351. — Sur l'enquête relative à cette découverte VII, 423. — Observations sur la mâchoire de =. VIII, 84. — Mâchoire identique à celle de = provenant des peuplades du Nord. XIII, 449. — Découvertes d'antiquités à =. XIV, 40.

Moustoir-Carnac. — Antiquités celtiques de =. XII, 15 et suiv.

Municipalité. — La = romaine. XIX, 156.

Muraille. — Prétendue = grecque aux environs de Cavala. II, 48. — = des païens (*Heidenmauern.*). II, 65. — = de Philippes. II, 68. — = élevée par César pour arrêter l'invasion des Helvètes. II, 169, 244, 433. — Une = romaine peinte à fresque à Vienne (Isère). III, 88. — = phéniciennes à Byblos. III, 325. — = dite *murus inscriptus* à Delphes. IV, 312. — = qui entoure l'île d'Aradus (Ruad). V, 276. — Les = de Tortose. V, 278. — = occidentale du temple de Jérusalem. V, 399. — = d'un oppidum gaulois. VII, 147. — = pélasgique de Delphes. VIII, 52. — = antique dans la province de Constantine. XI, 207. — = cyclopéennes de Ghiaour-Kalé-Si. XII, 1 et suiv. — = d'enceintes défensives antiques dans l'Amérique du Nord. XII, 277 et suiv. — = préhistoriques de Thérasta. XIV, 426. — La = d'Ophel à Jérusalem. XVI, 442. — = gauloise à Murseeint (Lot). XVII, 249 XVIII, 73. — = cyclopéennes d'Érimokastro (Rhodes). XVIII, 153 et suiv. — Les = d'enceinte de Bibracte. XX, 395, 393 et suiv (V. *Bibracte.*) — Les = d'un oppidum gaulois. XX, 393 et suiv. — Détail de la construction des = gauloises protégeant les oppida. XX, 400 et suiv. (V. *Ruines, Cyclopéen.*)

Murviel. — Antiquités gauloises de =. VII, 145.

Musée. — = de Boulaq. II, 207. — Antiquités scandinaves du = de Copenhague. III, 344. — = de Namur. IV, 81. — Fondation d'un = archéologique à Genève. IV, 164 — = de Besançon. IV, 377. — = de Pérouse. IV, 440. — = de Beaune. V, 23. — = de Saumur. V, 81. — = de Dijon. V, 105. — Le = Campana. V, 268. — Monument égyptien du = de Besançon. V, 370. — Inscription latine du = de Latran. V, 389. VI, 31. — = de Copenhague. VI, 1. — Vase du = Campana. VI, 90. — Bijoux du = Napoléon III. VI, 348. — Antiquités étrusques des = Campana et Blacas. VII, 312. — Ouverture du = Napoléon III. VIII, 273. — Organisation du = de Saint-Germain. IX, 143. — Catalogue du = de Narbonne. IX, 305. — Le = du Caire. IX, 313 et suiv. — Une épitaphe du = de Marseille. X, 435. — Estampille de dolium au = d'Alger. X, 449. — Collection de clous en fer creux au = de Bruxelles. X, 500. — La table à libation du = de Marseille. XI, 56. — Acquisition d'antiquités égyptiennes pour le = du Louvre. XI, 68. — Poterie gauloise du = de Vannes. XI, 257. — Ostraca inédits du = du Louvre. XI, 422. XII, 30 et suiv. — Deux damiers égyptiens au = du Louvre. XII, 64. — Stèles de Gebel-Barkal au = de Boulaq. XII, 161. — Vase arabo-sicilien du = du Louvre. XII, 356. — Aiguière en cristal du = du Louvre. XII, 365. — Deux casques gaulois du = de Falaise. XIII, 260 — Bas-relief moabite au = du Louvre. XIII, 366. — Le = d'Abbeville. XIV, 45. — Le = du Louvre reçoit le vase d'Amathonte. XIV, 66. — Antiquités étrusques du = de Pérouse. XIV, 112. — Objets provenant du camp de Chassey au = de Beaune. XIV, 180. — Le = archéologique de Dijon. XIV, 280. Le = de Lyon. *Ibid.* — Le baptistère de saint Louis du = du Louvre. XIV, 306. — Autel romain du = de Strasbourg. XV, 42. — Les objets en pierre du = d'Athènes. XV, 358. — Statue gauloise au = d'Avignon. XVI, 69. — Objets de l'âge de pierre au = d'Athènes. XVI, 142 et suiv. — Vase de verre du = de Strasbourg. XVI, 148. — Objets de l'âge du bronze moulés au = de Saint-Germain. XVI, 370. — Dons faits au = de Saint-Germain. XVI, 444. XVII, 519. — Le = céramique de Rouen. XVII, 34. — Céramique gauloise au = de Saint-Germain. VII, 93. — Collection d'ob-

jets gaulois au = de Saint-Germain. XVII, 242. — Miroir gravé du = de Lyon. XVII, 372. — Inscriptions des tessères de gladiateurs du = britannique. XVII, 420 et suiv. — Pierres gravées du = britannique, XVII, 440 et suiv. — Objets divers du = de la société archéologique d'Athènes. XVII, 467. — Catalogue du = archéologique de Rennes. XVII, 472. — Un instrument de musique du = de Saint-Germain. XVIII, 56. — Statuette babylonienne du = britannique. XXVIII, 231. — Sur le = de Sainte-Irène à Constantinople. XVIII, 237 et suiv. — Antiquités du = de Belgrade. XVIII, 407. — Collection gallo-romaine de Vaison au = de Saint-Germain. XIX. 73. XX, 222 et suiv. — Liste des indigènes de Burdigala, d'après les monuments du = de Bordeaux. XIX, 96. — Liste analogue provenant des monuments du = de Toulouse. XIX, 98 et suiv. — Notices et extraits de manuscrits grecs et latins du = britannique. XIX, 447. XX, 116 et suiv. — Catalogue du = archéologique du Mans. XIX, 464. — Antiquités préhistorique au = de Saint-Germain, XX, 359. — Série de bustes au = de la société archéologique d'Athènes. XX, 428.

Muses. — Les = sur un bas-relief archaïque de Thasos. XII, 439.

Musique. — La = des anciens et les *Éléments harmoniques* d'Aristoxène X, 79. — La = des anciens hymnes grecs. XII, 442. — La = aux XIIe et XIIIe siècles. XIV, 70. — La = grecque, le plain-chant et la tonalité moderne. XIV, 366. — Sur un instrument de = du musée de Saint-Germain. XVIII, 56. — Liste d'écrits sur la = ancienne composée par M. Vincent, XIX, 73.

Musique sacrée. — Les quarts de ton du Graduel : *Tibi Domine*. II, 187. — Chants religieux du XIe siècle. II, 277. — Origines du chant grégorien. III, 72. — Histoire générale de la =. VI, 186. — Sur la = de la messe grecque de l'abbaye de Saint-Denis. IX, 135, 268.

Myndos. — =, ville de Carie. X, 136.

Myrto. — =, personnage mentionné dans une inscription grecque. X, 137.

Mystère. — Sur le = des Bardes de l'île de Bretagne. XVIII, 203 et suiv., 329 et suiv., 431 et suiv., XIX, 27 et suiv. — Sur l'authenticité du = des bardes. XVII, 330. XX, 54 et suiv.

Mythe. — Le = d'Œdipe. VIII, 193. — Les = primitifs de la Grèce. VIII, 194. — Le = des sirènes. X, 282. — Le = de Gargantua. XVIII, 172 et suiv. — Les = solaires et la légende de Samson. XX, 333 et suiv.

Mythologie. — = comparée, I, 192. — = de l'Égypte. V, 373. — La = des sirènes. X, 282. — Traduction de la = romaine de L. Preller. XIII, 303. — Études de = sur les dieux et les héros. XVII, 103. — Essai de = celtique à propos de Gargantua. XVIII, 172 et suiv. — Rôle de l'abeille dans les anciennes =. XX, 335 et suiv.

N

Nages. — L'oppidum de = (Gard). XX, 392 et suiv.

Naïssos. — Siége de =, d'après Priscus. XVIII, 89 et suiv.

Namnettes. — Les =, population de l'ancienne Gaule. IX, 330.

Namur. — (V. *Musées*.)

Nantes. — Atelier de fondeur gaulois découvert à =. XVII. 246.

Napata. — (V. *Gebel-Barkal*.)

Nationalité. — Principe des =. III, 92. = La = des peuples situés des Pyrénées au Rhin est la même. XVI, 300.

Namausicos. — =, adjectif de la langue gauloise dans l'inscription de Nîmes. XVI, 4 et suiv.

Nampcel. — Etymologie du mot =. XX, 271 et suiv.

Navigation. — Origines de la = et de la pêche. XIV, 269 et suiv.

Nébo. — Image du dieu assyrien =. XVIII, 231 et suiv.

Néith. — = dieu de la guerre chez les anciens irlandais. XVIII, 14.

Neith, divinité égyptienne. — VII, 196. — = assimilés à Minerve. VIII, 438.

Nemon. — =, divinité femelle de la guerre chez les anciens Irlandais. XVIII, 14.

Neptune. — = figuré sur un miroir étrusque. XIV, 111.

Nécropole. — = de Camiros (Rhodes). IV, 467. (V. *Sépulture*, *Tombeau*.)

Némésis — = personnifie la jalousie des Dieux. VIII, 189.

Néopolis. — II, 45.

Nerviens, peuplade gauloise. — Bataille de César contre les =. VIII, 35

Newton. — Idées de = sur l'hydrostatique. XX, 25 et suiv.

Nice. — Inscription latine de =. XII, 187.

Nicopolis. — Inscription du camp de César à =. X, 211.

Niederbronn — Cimetière germanique à =. XVIII, 371.

Nimrod, roi égyptien. — VIII, 109.

Nôme. — Etude géographique sur les = égyptiens. XI, 352. XII, 193, 321. XIV, 297. XV. 330.

Noms propres. — = chez les Romains. IV, 114. — = bizarres adoptés par les premiers chrétiens. X, 4. — Sur les = d'hommes empruntés par les Gaulois aux animaux. X, 304. XI, 109. — = de Cérès et de Proserpine sur un miroir étrusque. XI, 237. — Divers = de Gaulois terminés en *Marus*. XI, 112 et suiv. — = Egyptiens dans les Ostraca du musée du Louvre. (V. *Ostraca*). — Liste de = latins. XII, 192. — = de prêtres égyptiens. XI, XII. (V. *Edfou*). — = de Gaulois dans l'inscription de Marsac. XIII, 136. 214. — = gaulois sur les monnaies. XIII, 409 et suiv., 417 et suiv. — = gaulois sur les inscriptions. XIV, 9 et suiv. — = des cours d'eau en idiôme gaulois. XIV, 121. — Sens de quelques = sur les inscriptions chrétiennes. XVII, 355 et suiv. — = gaulois rapprochés du nom d'Athabodua. XVIII, 2 et suiv. — = gaulois d'hommes et de divinités propres à l'Aquitaine. XIX, 96 et suiv. — Etymologie de quelques = dans les idiomes irlandais, germaniques et celtiques. XIX. 158. — Sur l'étymologie de divers = propres et spécialement des = africains admis dans la langue latine. XIX, 233 et suiv. — Sur quelques = hébræo-phéniciens. XIX, 246.

Noms de lieux. — Dictionnaire des = anciens en France. III. 262. — Recherches sur l'étymologie de quelques = d'origine celtique III, 376. IV, 88. V, 235. XIV, 200, 441. XV, 99. XX, 214. 271. — Etudes étymologiques sur les = = du département du Nord. IV, 75. VI, 193. — = de la Franche-Comté presque tous gaulois. VIII. 448. — = inscrits sur les monnaies mérovingiennes. XIII, 140. — Recherches étymologiques sur des = de la Suisse. XVIII, 144.

Normandie. — La = sous la domination anglaise en 1424, 1425, 1429. III, 70. — Manuel du bibliographe de la =. IV, 243. — Géographie de la =. V, 62. — La li ue en =. VIII, 264.

Noubti. — =, nom d'un roi égyptien tanite. XI, 170 et suiv. — = identifié à Sutekh. XI, 179.

Noviodunum Suessionum — L'emplacement de =. V, 424.

Noviodunum de Mésie. — XVIII, 91.

Noviodunum Biturigum. — Siége de = par César. VIII, 393. — Emplacement de =. *Ibid.*

Noviomagus. — Emplacement de = des Lexoviens. VII, 301.

Nubie. — Lettres écrites de =. XVII, 172. — Voyage en Egypte et en =. XVII, 396.

Nubti. — = l'un des noms du dieu égyptien Sutekh. IX, 132.

Num. — = est le dieu d'Eléphantine. XI, 382.

Numération. — Signes de = dans les hiéroglyphes égyptiens. VI, 253. — Rôle de Gerbert dans l'introduction en Occident des signes de = dits arabes. VI, 383.

Numismatique. — = gauloise. I, 261. — Prix de = de 1860. II, 276. — = de Cambrai. VI. 182, 346. — = mérovingienne. XI, 1 et suiv. — Sur la = judaïque. XIII, 326 et suiv. — Aperçu général sur la = gauloise. XIII, 400 et suiv. — Légendes de la = antique. XIV, 91 et suiv., 247 et suiv. — Sur la = de Sané. XIV, 405. XV. 20, 76, 113. — La = des Eduens et des Séquanes. XVII, 58 et suiv., 122 et suiv. (V. *Monnaie*.)

Nydam. — Découverte d'armes et d'un vaisseau antique dans les marais de = (Heswick), VIII, 369.

O

Ocelum, ville gauloise. — II, 251. — Situation d'=. VIII, 255.

Octodure. — Emplacement d'=. III, 430. IV, 4. (V. *Batailles*.)

Oculistes. — Condition ordinaire des =. XVI, 180.

Odin. — Inscription en l'honneur d'=, sur un anneau. XVII, 52 et suiv.

Œdipe. Le mythe d'=. VIII, 193. — = dans la tragédie de Sénèque. XI, 27.

Ogmius. — = figuré sur les monnaies gauloises. XIII, 411.

Oie. — L'industrie, l'élevage et le culte de l'= chez les Egyptiens. XII, 44.

Olive. — Une = en serpentine creusée du tumulus de Moustoir-Carnac. XII, 20 et suiv.

Olpé. — = sorte de vase grec. XIX, 215. (V. *Vases*.)

Olympe (le mont). — II, 216. XVIII, 23 et suiv.

Onomastique. — De l'élément africain

dans l'= latine, XIX. 233 et suiv. (V. *Noms propres.*)

Oppidum. — Emplacement de l'= des Helvètes nommé Geneva. II, 183. — Un = des Volces arécomiques. VII, 145. — L'= des Cadurques. VIII, 515. — L'= gaulois de Cojou. IX, 92. — Quel était l'= des Boii? XI, 70 et suiv. — Description des = des Celtes. XI, 207. — L'= de Nages (Gard). XX, 392.

Or. — Mines d'= en Gaule. XVII, 300. — Usage commun de l'= chez les Tchoudes XVIII, 41.

Oracle. — Plusieurs sortes d'= à consulter chez les Juifs. XX, 104. — Sur la date du 3e livre des = sybillins. XX, 261 et suiv.

Orichalque. — L'=, métal employé par les anciens Grecs. X, 166.

Orival. — Le cimetière gallo-romain d'=. IX, 447.

Organe. — Anatomie et physiologie de divers = du corps humain d'après les anciens Grecs. XVIII, 356 et suiv.

Orgétorix. — Il pousse les Helvètes à l'émigration. II, 166, 167. — Il meurt II. *Ibid.* — L'orthographe latine a altéré son nom. II, 180. — Rôle d'= dans l'émigration helvétique et dans les guerres de J. César en Gaule, XVII, 60 et suiv. — Les monnaies d'=. XVII, 137 et suiv.

Orientation. — L'= des tombeaux égyptiens de Saqqarah. XIX, 10.

Ornements. — = trouvés dans des sépultures mérovingiennes. V, 286. — = des tumuli tchoudes. V, 287. — = de la poterie des dolmens. XI, 259. — Les = des temples et des cercueils de l'Egypte. XI, 355 et suiv. — = figurés sur les monuments dits mégalithiques. XVI, 386 et suiv. — = trouvés dans les tumuli tchoudes. XVIII, 38 et suiv. — Les = du grand-prêtre chez les Juifs. XX, 91 et suiv.

Orphée. — I, 128. — = et les Orphiques. V, 419.

Orthographe. — Réformes sur l'= attribuées à Ennius et à Attius. XX, 42 et suiv.

Orvieto. — Antiquités à =. VII, 274. — = identifié à une ville étrusque. *Ibid.* — Les peintures étrusques d'=. XII, 74.

Os travaillés de l'âge de pierre. — II, 128. VI, 273. IX, 146, 246, 247, 248, 257, 261. XI, 307. XII, 90 et suiv., 180 et suiv. XIII, 71, 114 et suiv. 368.

Osiris. — Vignette représentant =. VIII, 438. — L'Égypte appelée l'œil d'=. XI, 367. — Légende de la dispersion des membres d'=. XI, 371 et suiv. — Prière de Ramsès IV à =. XIX, 273. (V. *Rituel funéraire.*)

Osismiens. — Les =, population de l'ancienne Gaule. IX, 324. — Monnaies des =. XVI, 284.

Osmida. — Antiquité d'= (Crète). XVII, 297.

Osorkon, roi égyptien. — VIII, 109.

Ostie. — Fouilles d'=. X, 74.

Ostracon. — Les = inédits du musée du Louvre. XI, 422. XII, 30 et suiv. — Inscription grecque sur un = égyptien. XIX, 225.

Otmensis (pagus). — Sur le =. XIX, 361 et suiv.

Ounnas. — =, roi égyptien. IX, 319.

Outil. — Divers = provenant d'une habitation lacustre. XVI, 324. — = des mineurs tchoudes. XVIII, 32. — = de l'âge de la pierre polie à Mousheim. XIX, 325 et suiv.

P

Paconius. — Le nom de = dans une inscription de Rhodes. XIII, 153.

Pæon. — = médecin des dieux dans Homère. XII, 102.

Pagus. — Quelques = picards et normands depuis l'époque romaine. V, 68, 187. — Nouveau = gallo-romain. VII, 299. — Les = d'Alise et de Semur. VIII, 383. — Sur le = Otmensis et le = Bagensonensis. XIX, 361 et suiv.

Palafittes. — (V. *Habitations lacustres.*)

Palatin. — Fouilles du = à Rome. VI, 55, 201. VII, 208, 367.

Paléographie. — La = grecque de Montfaucon. X, 350. — Sur la = sémitique. XI, 321.

Paléokastro. — Ruines de = en Crète. XV, 416. — Identification de = à Polyrrhénie. XV, 423. — Histoire de =. XV, 423 et suiv.

Palenqué. — Les monuments de =. XI, 487.

Palestine. — La = offre peu d'intérêt à l'archéologue. V, 396.

Palme. — (V. *Mesure.*)

Pallacides, concubines des Pharaons. — Mention des =. VIII, 13.

Palmyre. — Inscriptions de =. VII, 199.

Palustre. — (V. *Habitations lacustres.*)

Pan. — Tête de = trouvée au Pirée. XIV, 350.

Pantagruel. — Le livre de =. XVIII, 181.

Panégyrique. — Institution du = public en Grèce. XII, 231.

Papier. — Industrie du = au temps de Jacques Cœur. II, 152. — = au filigrane de Jacques Cœur. IV, 20.

Papyrus. — = hiératiques. I, 71. II, 223. — = Prisse. II, 228. III, 368. — = d'Orbiney. II, 228. — = Abbott. II, 229. — = Sallier. *Ibid.* — = Anastasi. *Ibid.* — = de Berlin II, 232. — = de Leyde. II, 233. — = Harris. III, 15, 420. — = grecs de l'Égypte. III, 164. — = hiératiques. IV, 119. — Un = grec avec un fragment oratoire. VI, 139. — Sur un = magique du musée britannique. VII, 119. VIII, 427. — Les = hiératiques de Berlin IX, 226. — Les = hiératiques de Leyde IX, 227. — Le = ou canon hiératique des rois, de Turin. XI, 56 et suiv. — = contenant l'oraison funèbre d'Hypéride. XII, 228 et suiv. — Étude paléographique et historique sur des = du vi[e] siècle. XV, 311. — = démotique contenant le roman de Setnau. XVI, 161. — Sur des = de l'époque ptolémaïque. XX, 221.

Parabole. — Histoire de la vigne dans l'Évangile. XI, 461.

Paraclet. — Les abbesses du =. V, 421.

Paris. — = au xiiie siècle. II, 214. — Trois îlots de la cité de =. I, 197, 366. — Objets de l'antiquité préhistorique trouvés à =. (V les noms de ces objets). — Les origines de =. II, 437. — Antiquités de =. III, 79. — Palais de justice de = au moyen-âge. III, 252. — Itinéraire archéologique de =. III, 261. — Antiquités de la Seine à =. III, 381. — = dans les Commentaires de César. IV, 267. — Anciens noms celtiques de =. IV, 269, 288. — Corporations de l'ancien =. V, 222. — Puits antiques à = VI, 119. — Monuments et établissements publics de =. VIII, 88. — La bibliothèque publique de Notre-Dame de Paris. VIII, 550. — Histoire de la ville et du diocèse de =. IX, 147. XI, 351. — L'université et les collèges de = au moyen-age. XI, 519. — Congrès international d'archéologie préhistorique tenu à =. XVI, 157. — Troubles à = vers la fin du règne de Caracalla. XVI, 295. — Histoire de la ville et du diocèse de =. XVI. 447. — Coutume de = relative au mannequin du Suisse de la rue aux Ours. XVIII, 188.

Parthenon. — Les bas-reliefs du =. X, 168.

Pascal. — Expériences de physique de =. XX, 17 et suiv.

Passe-ports. — = athéniens. IV, 172.

Passion. — Si les légionnaires romains ont pris part à la = de Jésus-Christ. XVII, 318, 385.

Pasht, divinité égyptienne. — Les représentations de =. VIII, 429, 438. — Statuette de =. XI, 68.

Patriarche. — Les celtiques =. XVI, 391.

Patrocle. — = figuré sur une pierre gravée étrusque. VII, 339. — = figuré pansé sur un vase étrusque. XII, 342.

Pau. = Tumulus des environs de =. XI, 36.

Pausanias. — Le médecin =. XIX, 211.

Pêche. — Origines de la navigation et de la =. XIV, 209 et suiv.

Pectoral. — Le = du grand-prêtre juif. XX, 96 et suiv.

Peintures. — = du temple d'Abydos. II, 24 — = murales de l'église de Jumigny. II, 383. — Ancienne = à Vienne (Isère). II, 430. — = romaine à fresque. III, 88. — Une = de Pompéi rapprochée du tombeau de Petra. V, 214. VI, 1. — Une = gothique en forme de retable à l'hôpital de Beaune. V, 259. — Les = de la basilique de Saint-Clément, à Rome. V, 357. — = mystique sur un sarcophage égyptien. V, 370. — = d'un vase grec. VI, 29. — = sur un vase de Milo. VI, 401. — La = sur toile du temps de Boèce. VIII, 176. — = à fresque du tombeau de Vulci. VIII, 448, 457. IX, 141. — Histoire de la = et de la statuaire. IX, 311. — La = sur les statues antiques. IX, 364. — Une = honorifique mentionnée dans une inscription. X, 400, 404. — Sur un manuel de la = du ve siècle supposé avoir servi de guide aux essais photographiques de Daguerre. XI, 251. — = d'Orvieto. XII, 74. — = antiques relatives au cycle homérique. XII, 342 et suiv. — Les = chrétiennes du cimetière de Flava Domitilla, à Rome. XIII, 243. — = du xiie siècle dans le monument de Langon. XIII, 251. — = miniature du lit de justice tenu par le roi Charles VII en 1458. XIV, 440. — — Les = étrusques de festins religieux. XV, 410 et suiv. — = sur des vases. XVII, 345 et suiv. — = sur les tombeaux égyptiens de Saqqarah XIV, 82. — = et dessins comiques sur un vase antique de Phalère. XIX, 217. — Sur les = de genre dans l'antiquité. XIX, 389. — Belles = retrouvées au Palatin. XIX, 460 et suiv.

Pelasges. — Mode de construction des =. VIII, 53. — Rapports entre les anciens = et les Libyens. XVI, 93.

Pélée. — = figuré enlevant Thétis sur un miroir étrusque. XIV, 114, 119.

Pentaour, scribe égyptien. — II, 226. IV, 120.

Perçoirs de pierre. — I, 32, VI, 273.

Périple. — = d'Hannon. III, 195. — Date du = de la mer Erythrée. V, 222

Persephone. — Rapports du mythe de = et de celui des Sirènes. X, 295.

Pesanteur. — (V. *Densité*). — Distinction établie au moyen-âge entre la = virtuelle et la = effective. XIX, 121 et suiv. — Doctrines du moyen-âge et de la renaissance sur la =. XIX, 287 et suiv.

Peste. — = de 1348. IV, 242. — Fléau de la = connu des anciens Egyptiens. V, 292.

Pétra. — Tombeau de =. VI, 2.

Pétrossa. — Découverte et nature du Trésor de = en Valachie. XVII, 46 et suiv.

Peuplades. — = barbares du nord sous l'empire romain. XV, 4 et suiv. — = de l'Afrique septentrionale sous l'empire romain. XV, 10 et suiv.

Peuples. — = nommés par les monuments égyptiens comme ayant pris part à la coalition contre Ramsès II, XVI, 35 et suiv. — Les cinq = de la Crète à l'époque d'Homère. XVI, 112.

Peutinger (table de). — I, 186. III, 113. — Examen de l'édition de la =. VI, 272. — Diverses indications de la =. VII, 409. VIII, 389. — Examen du fragment de la = représentant la Gaule. IX, 60. — Quelques erreurs de Mannert, éditeur de la =. IX. 62.

Phallus. — Un = dans un terramare. XI, 314.

Phazanie. — La = en Afrique. VI, 305.

Phénicie. — Exploration archéologique de la = III, 171, 317 IV, 70, 144. V, 275, 336, 394. — Influence de l'Egypte sur la =. VII, 198. — Sur la pourpre de =. IX, 216. — Pierre gravée de =. XVIII, 137.

Phidias. — Vie et ouvrages de =. IV, 407. — Les fils de =. VI, 196. — Sur l'œuvre de =. XVIII, 375.

Philœ. — Les ruines de =. IX, 383. X, 221 et suiv.

Philippes. — II, 45, 49, 67. — Bataille de =. II, 74. — Le Panthéon des rochers de =. XI, 450.

Philistins. — Sur les anciens =. XX, 345.

Philologie. — Mémoires d'histoire ancienne et de =. VIII, 452. — La = dans Leibnitz. IX, 17. — Observations de = sur divers passages de saint Jean Chrysostome. XI, 238. — Questions de = relatives au texte de l'oraison funèbre d'Hypéride. (V. *Hypéride.*) — Etude de = sur le texte des Suppliants d'Eschyle. XIII, 221. — Recherches de = sur le texte de Joinville XV, 169, 233 et suiv. — Essais de =. XVIII, 445. (V. *Textes, Manuscrits, Inscriptions, Dialectes, Grec, Langage.*)

Philoctète. — = sur un miroir étrusque. XII, 344. — = sur une pierre gravée étrusque. XII, 346 et suiv.

Philon d'Alexandrie. — Ecrits historiques de =. XVII, 101.

Phinée. — Histoire de = et des Harpyes. III, 24.

Phocide. — Antiquités de la =. XVI, 432.

Photographie. — Sur les origines supposées anciennes de la =. XI, 250 et suiv. — Vues de la Grèce en =. XX, 374.

Phratries. — IV, 174. X, 401, 460. XI, 497 et suiv. XIV, 331. (V. *Collèges.*)

Phylès, noms d'un sculpteur grec. XI, 298.

Physiologie. — La = depuis Solon jusqu'à Hippocrate. XVIII, 356 et suiv.

Physique. — = grecque relative au principe d'Archimède. XVIII, 389 et suiv. XIX, 42 et suiv., 111 et suiv. — Doctrine de Galilée sur la =. XIX, 345 et suiv. — Sur la = de Descartes. XX, 15.

Piankhi. — Règne du roi éthiopien =. XII, 168. — Campagnes de =. XVII, 330 et suiv.

Pierre d'Espagne. — Sur le traité de la logique de =. X, 267.

Pierre (âge de la). — Antiquité présumée de l'=. V, 182. — Y a-t-il deux =. *Ibid.* — = en Danemark. VI, 19. — Débris de = à Moosséedorf. VI, 273, 274. — Trois périodes de l'=. VII, 139. — L'= dans les cavernes de la vallée de Tarascon. VIII, 539. — Populations de l'=. IX, 70. — Cavernes de la Dordogne appartenant à l'=. IX, 233. — Les sépultures de l'=. IX, 290. — L'= en Syrie. IX, 301. — Les différentes périodes de l'=. IX, 454. — Atelier d'armes de l'= découvert à Pressigny. X, 332. — Antiquités de l'= dans la grotte de la Chaise. XII, 90 et suiv. — Antiquités de l'= dans les terramares du

Reggianais. XII, 112 et suiv. — Antiquités de l'= dans l'Amérique du Nord. XII, 180 et suiv. — Composition des haches de l'=. XII, 319. — Antiquités de l'= à Abbeville. XIV, 38 et suiv. — Le souterrain de Léojac de l'=. XIV, 67. — Sur l'= et les origines à cette époque de la navigation et de la pêche. XIV, 269 et suiv. — L'= en Grèce. XV, 16, 356. XVI, 141 et suiv. — Station de l'= dans le Tarn-et-Garonne. XVII, 213 et suiv. — Sépulture de l'= en Bretagne et à Boulogne-sur-Mer. XVII, 364 et suiv. — L'= dans les landes de la Gironde. XVIII, 95 et suiv. — Cimetière de l'= polie près de Worms. XVIII, 377. — L'= en Egypte. XX, 441.

Pierres à aiguiser. — VI, 25. IX, 145.

Pierres à écuelles. — X, 25, 238. XVI, 143.

Pierres. — = à moudre, provenant d'un terramare. XI, 315. — Diverses espèces de = précieuses sur le costume du grand-prêtre juif. XX, 100 et suiv.

Pierres discoïdes. I, 33, XIII, 368.

Pierres gravées. — Agate-onyx représentant un athlète. III, 90. — Camée en calcédoine représentant les prêtres saliens. VII, 325. — Les = étrusques. VII, 324. — Une = en forme de scarabée portant le nom juif *Sebenias*. VIII, 358. — Les = à légende sémitique. XI, 335 et suiv. — Deux = étrusques représentant l'une une scène de pansement, l'autre un athlète. XIII, 346 et suiv. — = à légendes sémitiques. XVII, 432 et suiv. — = phénicienne. XVIII, 137. — Une = ayant appartenu au grand mogol Chah-Djihan. XIX, 425. — = placées sur le pectoral du grand-prêtre juif. XX, 100 et suiv. (V. *Cachets*, *Intailles*, *Sceaux*.)

Pierres sigillaires. — Les = de Reims. V, 251. (V. *Cachets*, *Sceaux*.)

Pilotis des habitations lacustres. I, 27. IX, 145. X, 238.

Pilum. — Description du = romain. V, 307. — Sur la forme et la restitution du = romain, XI, 82 et suiv. 387 et suiv.

Pioche. — = de bronze. XVI, 315.

Pion. — Nom du = du jeu de dames dans les hiéroglyphes. XII, 58.

Plan. — = d'Eané en Macédoine. XVIII, 20.

Planina. — = nom de ville, XVI, 46.

Plaque. — = de ceinturon antique avec figures en relief. VIII, 546. — = et agrafes dans les tombes du plateau de la Somma. XII, 467. — = gauloises. d'argent provenant d'une sépulture franque. XIX, 192 et suiv. — = gauloises de Nages. XX, 396. (V. *Cimetières*.)

Platon. — Le Timée de =. III, 157. — Le Phédon de =. III. *Ibid.* — Le premier Alcibiade de =. III, 158. — Le Parménide de =. III, 161.

Plaute. — Edition critique de la *Cistellaria* de =. VIII, 552.

Pléthon. — I, 303.

Plomb. — Mines de = en Gaule. XVII, 300.

Plombs. — Collection de = historiés trouvés dans la Seine. IV, 476. VII, 279. VIII, 362. XI, 166. XIV, 80.

Pluton. — Sanctuaire de = à Eané. XVIII, 21 et suiv.

Plutonium. — Ce qu'était un =. XVIII, 23 et suiv.

Podalire. — Machaon et =, médecins, fils d'Esculape, célébrés par Homère. XII, 99.

Poème. — Découverte d'un = latin du IVe siècle. XVII, 451. — Quel est l'auteur de ce =. XVIII, 44 et suiv. — De la médecine dans les = lyriques des Grecs. XVIII, 349. — Collection d'anciens = slaves-bulgares. XVIII, 409 et suiv. — Le = *de ponderibus*. XIX, 112. — Sur le = de Lucrèce. XX, 367.

Poésie. — Du spiritualisme et de l'idéal dans la = grecque. XVIII, 78.

Poids. — = égyptien. III, 12. — = assyro-phénicien. V, 30. — = grec de Syra. VI, 231. — Sur un = grec trouvé à Babylone. XX, 191. — Liste de = grecs. XX, 201. — Les = latins. XX, 205.

Poignards. — = de bronze dans un tumulus celtique. XII, 469. — Classification des épées et = en bronze. XIII, 180 et suiv.

Poignards de l'âge préhistorique. I, 35. V, 84. XVII, 217.

Poinçons de l'âge préhistorique. I, 34. VI, 273. IX, 388. XII, 91. XIII, 308. XV, 367.

Poliorcétique. — Ouvrages grecs sur la =. XVI, 286 et suiv.

Politès. — Représentation du meurtre de = par Pyrrhus-Néoptolème sur des monuments étrusques. XII, 82 et suiv.

Polybe. — Fragments inédits de =. XIX, 50 et suiv.

Polyclète. — =, célèbre sculpteur, rival et contemporain de Phidias. XVI, 116 et suiv.

Polythéisme. — Le = hellénique. VIII, 192.

Pompéi. — Sur une peinture de =. VI, 1. — Une maison de =. VI, 197. — Découverte de squelettes humains à =. VI, 406. VII, 210. — Nouveau quartier de = exploré. VIII, 275. — Fouilles récentes à =. XVI, 445. — Coffres-forts de =. XIX, 131. (V. *Antiquités*.)

Pont. — = romain de Saint-Vincent (vallée d'Aoste). VI, 70. — Le = de Caligula retrouvé. VIII, 368. — Le = de César sur le Rhin. VIII, 387. — Le = d'Hadrien aux abords de la voie sacrée d'Eleusis. X, 93.

Pontius Lælianus, personnage mentionné par une inscription de Troesmis. X, 394.

Porc. — Image du = sur une monnaie romaine contre-marquée en Judée. XX, 252 et suiv.

Porche. — Le = de la basilique de St-Martin de Tours. XX, 84.

Portus Itius. — I, 7, 20, 21, 25, 104, 105, 106, 107, 137. III, 83. VIII, 301.

Possonnière. — Le château de la =. XVI, 376.

Posthumus. — = empereur gaulois. XVI, 59.

Poterie. — = celtique de Moustoir-Carnac. XII, 18 et suiv. — = des habitations lacustres du lac Fimon. XII, 120. — = des Indiens d'Amérique. XII, 184. — = des cavernes de la vieille Castille. XIII, 114 et suiv. — = de la caverne de Bossey. XIII, 367 et suiv. = = préhistorique de Thérasia. XIV, 427. — = de l'âge de bronze. XVI, 55. — = des monuments mégalithiques d'Algérie. XVIII, 294. — Fours antiques à = près d'Agen. XVIII, 294, 297 et suiv. — = de l'âge de bronze dans l'Asie. XX, 131 et suiv. — Formes particulières aux = de Rhodes, Thasos et Cnide. XX, 136.

Poterie de l'âge préhistorique. — I, 37. — = des Kjoekkenmædding. II, 125. — = de Concise. IX, 145. — = des cavernes de la vieille Castille. XIII, 125 et suiv. — = de la caverne de Bossey (Savoie). XIII, 367. — = de l'allée couverte d'Argenteuil. XV, 367.

Poterie gallo-romaine.— = à Toulon-sur-Allier. II, 436. — = des Bellovaques. III, 259. — = à Etreux (Aisne). IV, 164. — = à Mauchamp. V, 418. — = à Saint-Wandrille. VII, 32, 76. — = à Orléans. VII, 208. — = à Caulnes. IX, 417. — = à Orival. IX, 448. — = à Cunaille (Loir-et-Cher). XIII, 342. — = à Senlis. XX, 60. — = de Caudebec-les Elbeuf. XII, 246.

Poterie gauloise. — = à Bouy (Seine-et-Marne). I, 63. — = à Suriauville (Vosges). II, 203. — = à Villeneuve-le-Roi (Seine-et-Oise). II, 432, 435. — = à Auvenay. III, 3. — = des Bellovaques. III, 259. — = à Toulon-sur-Allier. IV, 233. — = à Saint-Wandrille (Seine-Inférieure. IV, 480. = — d'Alise. VI, 343. — = des tumuli de Pau. XI, 37 et suiv. — Débris de =. XI, 193. — La = des dolmens du Morbihan. XI, 257 et suiv. — = d'un tumulus-dolmen de la Corrèze. XI, 509. = à Beaune. XIII, 371. — = du cimetière de Somsois. XIV, 30. — = à Beaune. XVI, 319. — = à Nages. XX, 396. — = de Moustoir-Karnac. XII, 18 et suiv.

Poterie indienne. — XI, 288. XII, 185.

Poterie tchoude. — IX, 373. — = gallo-romaine à Caulnes. IX, 417.

Poterie des terramares. (V. *Terramares*.)

Pount. — Nom de l'Arabie dans les inscriptions égyptiennes. II, 295. — Identification de = avec la Phénicie. IX, 316.

Pourpre. — Sur la = phénicienne. IX, 216.

Préteur. — Le siége ou *sella* du =. XVIII, 106 et suiv.

Prétextat. — Zèle de = pour le paganisme. XVIII, 46.

Préture. — Histoire de la =. XVIII, 147.

Prière. — = de Ramsès IV à Osiris. XIX, 273 et suiv.

Priscus. — Fragments inédits de l'historien grec =. XVIII, 86 et suiv.

Prix. — = à décerner par l'Académie des Inscriptions. (V. *Bulletin* et *Académie*.) — = en numéraire des jeux. XIX, 138 et suiv., 161 et suiv. (V. *Jeux*). — Rapport sur les = de l'Académie des Inscriptions en 1869. XX, 434 et suiv.

Procès. — = du concile de Paris en 1210. X, 425.

Procession. — La = du Ramesseum de Thèbes. XI, 56. — Les = sur les murs du temple d'Edfou. XI, 356 et suiv.

Projectus. — Signification attribuée au nom de =. XVII, 355 et suiv.

Prophétie. — Sur les = sybillines. XX, 168 et suiv.

Prosélytes — Diverses catégories de = chez les Juifs. XIII, 231 et suiv.

Province. — Liste des = romaines. XIII, 377 et suiv. XIV, 69 et suiv. XV, 1 et suiv. — Liste des = de l'empire perse sur la stèle de Chalouf, XIV, 436. — Divisions et topographie de l'ancienne = de Touraine. XV, 381. — Antiquités des diverses = de la Grèce. XVI, 426 et suiv. — Alphabet des diverses = grec-

ques. — (V. *Alphabet*). — La = romaine de Scythie. XVII, 259. — Diverses = où se trouvent les traditions relatives à Gargantua. XVIII, 176.

Proxène. — Ce qu'étaient les =. XIII, 355.

Proserpine. — (V. *Persephone*). Effigie de = sur un miroir étrusque. XI, 234.

Prydain. — =, chef des Cymrys. XVIII, 437.

Prytane. — Les = de Rhodes. XI, 226.

Psammétique Ier. — Inscription relative à =. VII, 194. — Sur =. VII, 416. — Avènement et règne de =. XII, 168.

Ptah, divinité égyptienne. (V. *Rituel funéraire.*) — = adoré à Memphis par un roi conquérant venu de l'Ethiopie. XII. 164.

Ptérie. — Monuments de la =. V. 125.

Puits. — Découverte de = antiques à Paris. VI, 119. — = à Villelouet (Loir-et-Cher). VI, 344. — Le = des tombeaux égyptiens. XIX, 15 et suiv.

Purgatoire. — L'idée du = chez les Egyptiens. I, 89.

Puyx. — Sur l'emplacement du =. VI, 108.

Pyramides. — = sépulcrales à Amrit. V, 338. — La = d'Arques. IX, 102.

Pyrénéens (Histoire des peuples et des Etats). — IV, 239.

Q

Quades. — Les =, tribu de la Germanie. XV, 5.

Questeur. — Les insignes du =. XVIII, 58 et suiv., 100 et suiv. — Monnaies et médailles des =. *Ibid.*

Questure. — Sur les insignes de la =. XVIII, 58 et suiv., 100 et suiv., 158 et suiv.

Quinquégentiens, peuples d'Afrique. III, 53.

uintus Axius Allianus. — = procurateur impérial dans la Dacie. X. 314. — La vie et les honneurs de = d'après les inscriptions. X, 315, 318, 319.

R

Ra. — (V. *Rituel funéraire*).

Rabelais — Essai de mythologie celtique sur les livres de =. XVIII, 172 et suiv.

Race. — Les = qui ont habité la Gaule aux temps anciens. XIX, 154 et suiv.

Racines. — Classification des = dans les langues indo-européennes. XVI, 262. — Manuel pour l'étude des = grecques et latines. XX, 156 et suiv.

Racloirs de pierre. — I, 32. IV, 74. IX, 245.

Ramnes. — Les =, antique tribu de Rome. VI, 287.

Ramsès. — La famille des =. IX, 130. — Les princesses de la famille des = ont la dignité suprême du sacerdoce. XII, 324. — La généalogie et la chronologie des =. XIX, 274 et suiv.

Ramsès Ier. — Mention de =. XI, 180.

Ramsès II. — I, 73. — Histoire de = à Tanis. III, 100. IV, 251. IX, 130. — Guerres de =. IX. 341. — Traité de = avec les Kéta. IX, 343. — Poëme sur les campagnes de =. X, 67. — Dates relatives au règne de =. X, 492. — Inscription de Tanis relative à =. XI, 170. — Traité entre = et le prince de Chet. XIII, 268. — Campagnes de =. XVI, 36 et suiv.

Ramsès III. — = est le même que Rhampsinite (V. ce nom). XII, 58.

Ramsès IV. — Prière de = à Osiris. XIX, 273.

Ramsès XII. — V, 147.

Raouserké. — Le nom du roi = sur la nouvelle table d'Abydos. XIII, 87.

Rebu. — = nom égyptien des Libyens. XVI, 38, 81.

Réchaud. — = grec figuré sur un bas-relief funéraire. XX, 426 et suiv.

Récipient monétaire. — sur les =. XVIII, 159 et suiv. — Les =. XIX, 131 et suiv. (V. *Cista*, *Fiscus*.)

Récitatif. — Symétrie du = dans les tragédies d'Eschyle. V, 228.

Redon. — (V. *Abbayes*).

Redones. — Les =, population de l'ancienne Gaule. IX, 327.

Reine. — Importance accordée aux = dans l'Ethiopie. XII, 171 et suiv.

Reims. — = pendant la domination romaine. IV, 406. — Cachets d'oculiste à =. V, 251. — Trésor de la cathédrale de =. XVIII, 296.

Religion. — Les = et les philosophies dans l'Asie centrale. XVII, 326. — La = du mystère des bardes. XVIII. 210 et suiv. — Sur la = des Gaulois. XX, 54.

Reliquaire. — Les — donnés par saint Louis à l'abbaye de Saint-Maurice d'Agaune. XVII, 105. — Les = de la ca-

thédrale d'Auxerre. XIX, 329 et suiv.

Renne. — L'âge du = dans les cavernes de la Dordogne. IX, 233. — Mœurs des populations de l'âge du =. IX, 262. — Station de l'âge du = dans le Périgord. XV, 66. — Statuette de l'âge du =. XVII, 207. — Station de l'âge du = dans le Tarn-et-Garonne. XVII, 213 et suiv. — Gravure représentant le =. (V. *Tchoudes*). — Station de l'époque du = au Salève (Savoie). XVIII, 139.

Rennes. — Antiquités romaines à =. XVII, 246. — Catalogue du musée archéologique de =. XVII, 472. — Le monogramme de quelques comtes de =. XVIII, 152.

Répertoire archéologique de la France. — III, 162.

Réseau. — Divers = des voies romaines en Gaule. (V. VOIES ROMAINES.)

Résurrection — Le dogme de la = chez les égyptiens. V. 371. VI 129. — Le dogme de la = des corps. IX. — 205. (V. *Rituel funéraire*.)

Revenu. — Les = du défunt exprimés dans les peintures funéraires des Egyptiens. XIX, 86.

Rhampsinite. — Le roi égyptien = descendant aux enfers et jouant aux dés avec Isis. XII, 56.

Rhodes. — Inscriptions grecques de =. XI, 218 et suiv., 292 et suiv. — Importance de l'île de =. XI, 301. (V. *Inscriptions grecques*.) — Inscriptions de l'île de. = (V. *Inscriptions grecques*). — Antiquités de =. XVIII, 153. — Ecole médicale de =. XIX, 259.

Rhodovani. — Antiquités de = (Crète). XIV, 396 et suiv.

Rhône. — Géographie des bouches du =. XV, 94 et suiv.

Rituel funéraire des anciens Egyptiens. — I, 69. — = du manuscrit de Turin. I, 74. — = du manuscrit de Leyde. I, 231. — Etudes sur le =. I, 337. — Dogme de l'immortalité de l'âme dans le =. VI, 130. — Le chapitre VI du =. IX, 226. — Passage du = relatif au jeu de dames. XII, 62. — Traduction complète du =. XVI, 302.

Rocher. — Le = de Saint-Georges (Rhodes). XVIII, 157.

Roi. — La série des = égyptiens de la table d'Abydos. XI, 52. — Cérémonies de l'élection du = en Ethiopie, d'après une stèle de Gebel-Barkal. XII, 169. — Le titre de = sur les monnaies de l'antiquité. XIV, 92 et suiv. — Les = égyptiens des premières dynasties. XIV, 289 et suiv. — Sur la chronologie de quelques = égyptiens. XVIII, 272 et suiv. — Les = de la 18e dynastie égyptienne. XVIII, 447.

Rome. — Les premières populations de =. VI, 277. — Dépôt de marbres anciens découvert à =. XVIII, 228. (V. *Antiquités*.)

Rondelle. — (V. *Anneau*, *Disque*.)

Ronsard. — Le château de =. XVI, 376.

Rosette. — Indications chronologiques de la pierre de =. XVII, 1 et suiv. (V. *Calendrier*.)

Rotenno, peuple asiatique, mentionné par les hiéroglyphes. — IV, 214, 346, 351.

Roue. — Signification de la = dans un monument étrusque. XII, 87.

Rouelle. — (V. *Anneau*).

Rouen. — Le musée céramique de =. XVII, 34. — Statue de Henri-Court-Mantel trouvée dans la cathédrale de =. XVII, 43. — Antiquités romaines à =. XIX, 188 (V. *Antiquités*). — Découvertes archéologiques aux Dominicains de = en 1869. XX, 224.

Rudiobus. — = est peut-être le nom d'une divinité gauloise. VI, 263.

Ruines. — = de Philippes. II, 49. — = d'Halæ. II, 392. — = romaines de Champlieu. II, 438. — = phéniciennes de Byblos. III, 323. — = de Maschnaka, III, 329. — = de Palatitza. IV, 318. — = d'Uyuck en Ptérie. V, 129. — = de synagogues en Palestine. V, 401. — = d'un oppidum gaulois. — VII, 146. — = du Haouran. VII, 199. — = de la VII, 200. — = du trophée de Q. Fabius Maximus. X, 12. — Les = d'Araq-el-émir. X, 52. XI, 474. — Les = de Tibneh. XI, 100. — Les = d'une ville inconnue près de Plaisance. XI, 129. — Les = d'Aztalan en Amérique. XII, 280. — Les = d'Angcor. XII, 473. — Les = de Delphes. XIII, 143. — Les = de Souia (Crète). XIV, 403. — Les = de Paléokastro (Crète). XV, 416. — Les = de Téménia (Crète). XVI, 107 et suiv. — Les = d'Axos (Crète). XVI, 411 et suiv. — Les = romaines de l'Algérie. XVII, 166. — Les = de la ville romaine de Tomis. XVII, 270. — = romaines près de Dijon. XVII, 321. — =. d'Eané en Macédoine. XVIII, 18 et suiv. — = d'une ville romaine à Kaialik (Bulgarie). XVIII, 81 et suiv. — = de Gortyne (Crète). XVIII, 126. — = cyclopéennes d'Erimokastro (Rhodes). XVIII, 153 et suiv.

Rutènes. — Monnaies des =. XVII, 170.

S

Sabacon. — Le règne et la dynastie de =. XII, 167.

Sabazis. — = est le nom d'un dieu phrygien, identifié à Bacchus. XI, 452. — = confondu souvent avec Mên. XI, 458.

Sacculus. — Le =, l'un des insignes des questeurs. XVIII, 113.

Sacerdoce. — Les femmes, contrairement à l'opinion d'Hérodote, exerçaient le = en Egypte. XI, 373. — Sur le = d'Alexandre et des Ptolomées. XIV, 155 et suiv. — Le = donné à l'élection. XVI, 23. — Discours de saint Jean Chrysostome sur le =. XVIII, 151.

Sacerdotal. — Le costume = chez les Juifs. XX, 91 et suiv.

Sacrificateurs. — Du nom et du rôle des = chez les Grecs. XI, 225. — Mention des = dans une inscription grecque. XI, 502 et suiv.

Sacrifice. — Indices du = humain dans les légendes celtiques. XVII, 157. — Sens profond du = humain chez les Celtes. XIX, 33 et suiv.

Safa. — Situation, nature, exploration du =. VI, 250.

Saga d'Isfirding (la). — III, 92.

Saïda, ancienne Sidon. — Fouilles de =. IV, 145. — Nécropole de =. *Ibid*. — Inscriptions latines et grecques à =. XX, 286.

Saint-Sauveur-le-Vicomte. — Histoire du château et des sires de =. XVI, 374.

Saisons. — Les = du calendrier égyptien au nombre de trois. X, 84. — Noms des = dans les hiéroglyphes. X, 493.

Salomon. — On donnait au moyen-âge le nom *d'Œuvre de* = à tout ouvrage réputé parfait. XII, 359 et suiv. — La table de =. XII, 363. — = introduit en Judée les représentations d'animaux vivants. XVII, 446.

Salvius. — Lettre à l'évêque.=XVII,112.

Samemroum, Dieu phénicien. — III, 334.

Samson. — La légende de = XX, 333 et suiv.

San. — (V. *Tanis.*)

Sancerre. — Nom gallo-romain de la ville de =. XI, 70 et suiv.

Samé. — Sur le nom et la numismatique de la ville de =. XIV, 405 et suiv. XV, 20 et suiv., 76 et suiv., 113 et suiv.

Sanscrit. — Découverte et étude du =. IX, 19. — Le génie propre du =. IX, 27. — L'accent tonique dans le =. IX, 29

Santorin. — Deux inscriptions grecques relatives à une société religieuse découvertes dans l'île de =. XII, 214 et suiv. — Antiquités préhistoriques de =. XVI, 147.

Saqqarah. — II, 18, 206. XIII, 81 et suiv. XIX, 7 et suiv., 81 et suiv. (V. *Table, Fouilles, Hiéroglyphes, Dynasties.*)

Sarasvâti. — =, déesse du langage dans le Rig-Véda. IX, 20.

Sarazins. — Si les = ont émigré en Cornouailles. XV, 428.

Sargon, roi assyrien. — VIII, 124.

Sarmentius. — Signification attribuée au nom de =. XVII, 355 et suiv.

Sarrasin (Jean-Pierre). — Sur la lettre de =. XV, 242.

Sarcophage. — = d'Arles avec une représentation de Job. II, 36. — = de Kneifé (Phénicie). III, 419. — = d'Eschmunazar à Saïda. IV, 145, 146. — Série de = phéniciens à Saïda. IV, 147, 148, 149. — = phénicien à Tortose. V, 278. — = égyptien avec une scène mystique. V, 370. — Deux = égyptiens du musée du Louvre. VIII, 7. — Des = de Babylone. IX, 295. — Les = du musée du Caire. IX, 315. — Un = gallo-romain à Nice. XII, 188. — Série de = en porphyre au musée de Sainte-Irène. XVIII, 257 et suiv. — = hébraïque de Jérusalem. XIX, 454. — Un = gallo-romain de plomb. XX, 329. (V. *Tombeaux, Sépultures.*)

Sasu. — Les = sont les Edomites dans les hiéroglyphes. XI, 365.

Sati, divinité égyptienne. — = assimilé à Junon. VIII, 438. — Les =, peuple mentionné par les hiéroglyphes. IX, 231.

Saturnales. — Coutumes analogues aux = chez les modernes. II, 91.

Saturninus. — Sur la signification et l'étymologie du nom de =. XIX, 251.

Scandinaves. — Essai d'éthnographie des =. XIX, 157.

Scarabée. — Nom du = dans la langue des anciens Egyptiens. XVI, 258 et suiv. = phénicien. XVIII, 137.

Sceaux. — Des = en général. III, 166. — = amphoriques de Thasos. III, 283. — = et bulles des archives du département des Bouches-du-Rhône. IV, 235. — = amphoriques. IV, 444. — Histoire

des = de Saint-Omer. VI, 185. — = égyptien de Ptolémée Epiphane. VII, 74. — = grec du Nânec. *Ibid.* — Deux = de Ptolémée Epiphane. VII, 210. — Collection des = des Archives de l'empire. VII, 241. — Histoire des = de la ville de Saint-Omer. IX, 78. — Un = en cuivre du XIIIe siècle. IX, 101 — Un = des seigneurs de Bazoches (Soissonnais) X, 247. — Un = estampillé de dolium. X. 451. — Deux = du XIIe siècle. XVII, 40. — Un = de plomb du IVe siècle. XVII, 395. — = de vases gallo-romains. XVIII, 295. — Deux = amphoriques de Thasos. XX, 135 et suiv. — = d'amphore de Rhodes portant le nom d'un mois intercalaire. XX, 360.

Schebchonk. — Plusieurs rois égyptiens du nom de =. XVIII, 281 et suiv.

Scies de pierre. I, 32, 33.

Scribe. — Palette d'un = égyptien. XX, 305.

Scramasax. — Le =, arme mérovingienne. XI, 92. — Un = dans une sépulture franque. XV, 65. (V. *Armes.*)

Sculpture. — De la = antique et moderne. XVII, 248. — Spécimen de la = crétoise antique. XVIII, 130 et suiv. — Sur la = grecque en général et crétoise en particulier. XVIII, 132 et suiv. — Spécimens de la = byzantine. XVIII, 255 et suiv. — Ecole allemande de = sur bois. XVIII, 373. — Fragments de = trouvés dans l'île de Chypre. XIX, 258. (V. *Art*, *Artistes*, *Bas-relief*, *Statue*, etc.)

Scythie. — La province romaine de =. XVII, 259.

Sebichos. — Règne de =. XII, 167.

Seine (Sequana). — Inscriptions latines à la déesse de la =. V, 114. — Objets antiques trouvés dans la =. (V. *Armes*). — Barque gauloise trouvée dans la =. VI, 408. — Origine des noms des affluents de la =. XV, 149 et suiv. — Le nom de la =. XV, 153.

Séleucides. — L'ère des =. XI, 268. — Monnaies des = en Assyrie. XX, 194 et suiv.

Selymbria. — Orthographe du nom de =; situation de cette ville. XV, 21 et suiv.

Sénèque le philosophe. — Les lettres de =. XI, 75. — Idées de = sur la foudre. XII, 136 et suiv. — Séjour de = à Alexandrie pendant sa jeunesse. XIII, 230.

Sénèque le tragique. — Règle des trois acteurs dans les œuvres de =. XI, 21. — L'*Hercule* de =. XI, 22. — *Les Troyennes* de =. XI, 23. — L'*Œdipe* de =. XI, 27. — La *Médée* de =. XI, 31. L'*Agamemnon* de =. XI, 32.

Senlis. — Antiquités romaines de =. XX, 60.

Sépulture. — = gauloise à Bony (Seine-et-Marne). I, 63. — du moyen âge. I, 64. — = gauloises à Alaise. I, 325. — = égyptiennes. II, 23. — = gauloises à Suriauville (Vosges). II, 200. — = étrusques. II, 212. — = présumées des Helvètes. III, 2. — = gallo-romaines. III, 120 — = de Mesnil-Aubry. III, 252. — = phéniciennes de Byblos. III, 325. — = phéniciennes de Saïda (Sidon). IV, 145. — = phéniciennes à Sour (Tyr). IV, 151. — = burgondes à Forst (Suisse). IV, 309. — = gauloises à Contrexeville. IV, 394, 306. — = gauloise à Brully et à Auvenay (Côte-d'Or). IV, 409. — = gauloises à Saint-Vandrille (Seine-Inférieure). IV, 480. — = mérovingiennes à Labruyère (Côte-d'Or). IV, 483. — = de Villadin (Aube). V, 218. — = de Tortose. V, 277. — Les = mérovingiennes de Château-Thierry. V, 286, 415. — Les = pyramidales à Amrit. V, 338. — Une = gallo-romaine à Gougé (Côtes-du-Nord). V, 353. — Une = gauloise à Villelouet (Loir-et-Cher). VI, 344. — Plusieurs =, dans la Seine-Inférieure. VII, 33. — = franques. VII, 35. — = de Charles V à Rouen. VII, 40. — = gallo-romaines à Saint-Germain, près Corbeil. VII, 131. — = romaines à Constantine. VII, 133. — Moule humain pris dans une = de Pompéi. VII, 210. — Une = gauloise à Châtillon-sur-Seine. VII, 269. — = antiques de Choisy-le-Roi. VII, 306. — = romaines près de Zulpich. VII, 433 — = gauloises à Audrieu (Calvados). VIII, 176. — Les = gauloises dans la province d'Algérie. VIII, 510. — = burgondes à Pouilly-sur-Saône. VIII, 542. — = gallo-romaines dans la Meurthe VIII, 545. — = du moyen-âge en Bretagne. IX, 141. — Sur les = antiques IX, 289. — L'attitude repliée dans les = de l'âge de pierre. IX, 292. — Description d'une = des anciens Tchoudes. IX, 372. — Sur le mode de = des anciens Gaulois. IX, 401. — Une = gallo-romaine à Angerville. IX, 447. — Usages concernant les = chrétiennes des premiers siècles. X, 31, 32. — Découverte de = gauloises aux environs de Strasbourg, X, 330. — = germaniques. *Ibid.* — = gauloises du Manélud X, 358. — = gallo-romaines de Saint-Étienne-au-temple (Marne). X, 410, 411. — = indéterminées à Saint-Germain-les-Arlay Jura). X, 412. — = gauloises à Luzarches. X, 500. — = antiques dans la province de Constantine. XI, 205 et suiv. — = gauloise sous un

dolmen de la Corrèze. X, 510. — Les = celtiques de Moustoir-Carnac. XII, 15 et suiv., 25 et suiv. — = très-antiques de Camarola. XII, 118, 119. — = gallo-romaines à Blainville. XII, 151. — = gauloises de Caudebec-lès-Elbeuf. XII, 246. — Les = des anciens habitants de l'Amérique du Nord. XIII, 283. — = antiques du plateau de Somma. XII, 453 et suiv. XIII, 50 et suiv. — = de la fin du IVe siècle à Quincy-sous-le Mont (Aisne). XIII, 208. — Classification des =. XIII, 222. — = franques d'Avesnes, près Gournay. XV, 64. — = burgondes en Savoie. XV, 72. — = gauloises à Caudebec-lès-Elbeuf. XV, 105. — = de l'âge de pierre. XVI, 52. — = gallo-romaines du Catillon. XVI, 151. — = phéniciennes de Tharos. XVI, 260. — = gallo-italique de Sesto-Calende. XVI, 279. — Divers types de = dans les monuments celtiques. XVI, 391. — = franques en Normandie. XVII, 38. — Diverses = de l'âge de la pierre en Bretagne et à Boulogne-sur-Mer. XVII, 364 et suiv. — = de Héricourt-en-Caux. XVIII, 368. — = des abbés de Nieuil-sur-l'Autise (Vendée). XVIII, 369. — = franques à Montivilliers. XIX, 191. — = de l'âge de la pierre polie à Mousheim. XIX, 325 et suiv. — = de l'âge du bronze. XX, 132 et suiv. — = du XVIe siècle à Jouarre. XX, 152. — = de l'île de Chypre. XX, 208 et suiv. — = anciennes trouvées à Marœil (Pas-de-Calais. XX, 290. — = mérovingiennes à Nesle-Hodeng (Seine-Inférieure). XX, 441 et suiv.

Séquanes. — Luttes des = et des Eduens. XVII, 58 et suiv. — Monnaies des Eduens et des =. XVII, 68 et suiv., 122 et suiv., 133 et suiv.

Seraphim. — Origine des =; sens du mot =. XX, 110 et suiv.

Serdab. — =, couloir étroit dans les tombeaux égyptiens. XIX, 14.

Serpent. — Une tête du = de bronze à trois têtes au sanctuaire de Delphes. XVII, 243. — Le = dans les traditions hébraïques et égyptiennes. XX, 108 et suiv.

Serrenses. — Position géographique des =. XI, 511 et suiv.

Serrurerie. — = au moyen-âge. III, 81.

Servius Tullius. — Rome sous le règne de =. VI, 277. — = sur les tables de bronze de Lyon. VIII, 460. — Origine étrusque de =. VIII, 468.

Sesenu. — =, nom d'Hermopolis dans les hiéroglyphes. VI, 136.

Sesuvii. — Géographie des =, peuplade gauloise. IX, 410.

Seth. — =, divinité des Hycsos. X, 496. XII, 209.

Seti Ier. — Les guerres de =. IX, 340. Effigie de = sur la table d'Abydos. XI, 51. — Le roi =, fils de Ramsès Ier. XI, 180. — La liste géographique de =. XI, 358. — L'inscription de = au temple d'Abydos. XIII, 73 et suiv.

Setnau. — =, personnage égyptien. XVI, 161.

Shakala. — =, nom égyptien des Sicules. XVI, 39.

Shardaina. — =, nom égyptien des Sardainiens. XVI, 39. — Orthographe du nom des =. XVI, 87. — Origines des =. XVI, 89. — Armes et vêtements des =. XVI, 90. — Colonies des =. XVI, 93.

Shu, divinité égyptienne. — VIII, 427, 430, 439.

Sidon. — (V. *Saïda*).

Siége. — Le = des questeurs. XVIII, 61. — Le = des préteurs. XVIII, 106. — La forme et l'usage de divers =. XVIII, 112. — Fragments inédits de Polybe sur le = de Syracuse. XIX, 50 et suiv., 124 et suiv.

Sifflet. — = en os des cavernes à ossements. IX, 248.

Signature. — Origine et emploi de la =. IX, 306.

Silco. — Inscription du roi éthiopien =. X, 202.

Silex. — = de Concise. I, 32, 33. — = des Kjockkenmœdding. II, 126. — = de la Seine. II, 129. — = dans les tumuli gallo-germains d'Auvenay. III, 4. — Armes de = à Catenoy (Oise). III, 170. — = taillés de Quincy. III, 290. IV, 74. — = du camp de Saint-Pierre. V, 282. — = de Châteaubleau. V, 410. — = du Danemark. VI, 19. — Nature et âge probable du gisement des = d'Abbeville. VI, 57. — = à Baillolet (Seine-Inférieure). VI, 120. — Sur la provenance géologique des =. VII, 137. — = dans des sépultures antiques de Choisy-le-Roi. VII, 306. — = dans une tombelle celtique. VIII, 369. — Agglomération de =. IX, 224. — = taillés des cavernes de la Dordogne. IX, 233. — = des cavernes de Beyrouth. IX, 301. — Eclats de = dans un tumulus celtique. IX, 397. — = taillés dans un amas de coquilles découvert sur les côtes de Provence. X, 113. — = dans un tumulus breton. X, 157. — Atelier de = découvert à Pressigny. X, 332. — Les = dans

les tombes gauloises du Mané-lud. X, 358 et suiv. — = dans une sépulture gauloise à Luzarches. X, 501. — Les = de la province de Constantine. XI, 215. — = dans les cavernes de Gibraltar. XI, 231 et suiv. — Les = des terramares. (V. *Terramares.*) — Armes en = dans un tumulus allémanique. XI, 406. — Les = de Pressigny. XI, 529 et suiv. — Fabrication et lieux d'origine des = destinés à faire des pierres à fusil. XI, 530 et suiv. — Couteaux en = du tumulus de Moustoir-Carnac. XII, 21 et suiv. — = taillés de la grotte de la Chaise. XII, 90 et suiv. — = des Tarramares du Reggianais. XII, 112 et suiv. — = aux environs d'Agen. XII, 154. — = des dolmens de l'Aveyron. XIII, 68, 70. — = travaillés des casernes de la vieille Castille. XIII, 114 et suiv. — = d'Abbeville. XIV, 39 et suiv. — = dans les dolmens de Keryaval. XIV, 154 et suiv. — = du camp de Chassey. XIV, 179. — = trouvés dans les diverses provinces de la Grèce. XV, 16. — = de la grotte du Pouzet. XV, 68. — = dans la Seine-Inférieure. XV, 195. — = de l'allée couverte d'Argenteuil. XV, 365 et suiv. — Tête de lance en =. XV, 434. — Noms du = poli chez les anciens. XVI, 49 et suiv. — = provenant de la Grèce et des îles. XVI, 141 et suiv. — = taillés trouvés aux environs de Beaune. XVI, 320. — Présence des = dans les monuments dits mégalithiques. XVI, 388 et suiv. — Les = de la tribu mâconnaise. XVII, 211. — = dans un tumulus celtique. XVII, 364. — = d'une sépulture de l'âge de la pierre polie. XVII, 370. — = dans les tumuli des landes de la Gironde. XVIII, 96. — Mines de = dans la Gironde. XVIII, 98. — Sur l'âge et la taille des =. XVIII, 372. — Atelier de taille pour les =. XIX, 188. — = polis de Mousheim. XIX, 325 et suiv.

Simon-le-Juste. — = grand'prêtre des Juifs. XI, 143.

Sioux. — Pratiques religieuses des =. XI, 281. (V. *Indiens.*)

Sirène. — Statue de = trouvée à Athènes. IX, 362. — Le mythe des =. X, 282 et suiv. — Les noms des =. X, 291. — Le rôle des =. X, 286 et suiv. — Que signifie le chant des =? X, 292. — Rapports des = avec Proserpine. X, 295 et suiv. — Les = tuent par la volupté. X, 298 et suiv. — Traditions et légendes sur la mort des =. X, 301.

Sistre. — Le =, emblème du sacerdoce des femmes en Egypte. XI, 375. — = antique de bronze. XVII, 467.

Siva. — Le culte de =, divinité hindoue, X, 375. — Le cône est l'emblème de = générateur. X, 375. — Alliance du culte de = avec le culte de Bouddha. X, 375 et suiv. — Etablissement prépondérant et momentané du culte de = au Japon. X, 380.

Slave. — Conversion des = au christianisme. XVIII, 223.

Smyrne. — La ville de =. X, 239. — Bas-relief colossal aux environs de =. (V. *Bas-reliefs.*) — Historique sommaire de la ville de =. XVI, 215.

Sociétés savantes. — Distribution des prix aux = de France. IX, 385. — Réunion et résultat du concours des = de France. XI, 442. XIII, 366. — Les = des Antiquaires de France et d'Anthropologie. — XVI, 444. — La = de l'Institut de correspondance archéologique. XVII, 175. — Publication de la = fondée pour l'encouragement des études grecques en France. XVII, 177. — Concours de la = archéologique. XVII, 388. — Publication de la = de linguistique. XVII, 399. — Congrès de la =, dite association archéologique Cambrienne. XIX, 220. — Mémoires de la = de linguistique. XIX, 226. (V. *Académies.*)

Sociétés. — Histoire et influence des = grecques religieuses appelées *éranes* et *thiases* (V. *Collèges* et *Prhatries*). XV, 156 et suiv.

Socrate. — Vie de =. XX, 76.

Solon. — Idée de = sur la médecine. XVIII, 351.

Solonion, ville des Allobroges. — Prise de =. II, 397. — Emplacement de =. II, 411.

Somma. — Antiques sépultures du plateau de = (Lombardie). XII, 453 et suiv. XIII, 50 et suiv.

Sordones. — Le pays des =. XV, 56 et suiv.

Sothis. — Rôle important de l'étoile = dans la mesure du temps en Egypte. X, 87, 489 et suiv. — Période déterminée par la révolution de =. *Ibid.*

Soulac. — Antiquités de = (Gironde). VII, 209.

Souliers. — = à pointe recourbée de personnages sculptés sur les bas-reliefs de Giaour-Kalé-si. XII, 6.

Sour, ancienne Tyr. — Fouilles de =. IV, 150. — Nécropole aux environs de =. IV, 151.

Souterrains. — Les = de Machault (Ardennes). VII, 211. — Découverte des = de Dendérah. XI, 347. — Le = de Léojac de l'âge de pierre. XIV, 67.

Sphinx. — = égyptiens de Tanis. III, 104, 338. — = à Byblos. III, 327. — = syriens à Oum-el-Awamid. IV, 155. — Les = d'Uyuck en Ptérie. V, 129. — Le = de marbre blanc de Delphes. VIII, 58. — Le = d'Œdipe. VIII, 204. — Les = de Sân (Tanis). IX, 129, 320. — Divers = acquis pour le musée du Louvre. XI, 68. — Le = d'Avaris. XI, 173.

Spiritualisme. — Du = dans l'art et la poésie des Grecs. XVIII, 78.

Stade. — Un = phénicien à Amrit. V, 340.

Statère. (Voyez *Monnaies gauloises*.) — = des Allobroges et des Véuètes. X, 2, 3. — Un = d'or au type de Lysimaque, roi de Thrace. — Les = gaulois sont imités des = de Philippe. XII, 406. — Divers = gaulois. XVII, 68, 122 et suiv. — Poids du = d'or de deux drachmes. XX, 196. — Trésor de 139 = gaulois. XX, 293 et suiv.

Station. — = thermale de l'époque romaine en Algérie. VII, 135 — = préhistoriques de la Madelaine, de Laugerie-Haute. IX, 253. — Existence d'une = romaine à Locmaria. XIII, 219. — = de Vidubia (V. ce mot). — = de l'âge du renne dans le Périgord. XV, 66. — Découverte d'une = palustre à Bordeaux. XVII, 169. — Figurine d'une = de l'âge du renne. XVII, 207. — = de l'âge du renne en Savoie. XVIII, 139. — = de l'âge du bronze dans l'Aisne. XX, 131 et suiv.

Statistique. — = archéologique du département d'Eure-et-Loir. IV, 240.

Statuette. — = de bronze à Trienne. I, 127. — = de marbre, copiée sur la Minerve de Phidias. II, 430. — = de l'art gallo-romain. II, 436. — = gauloises d'Hercule. III, 259. — = de bronze de Neuvy (Loiret). IV, 130. — = de basalte vert égyptienne. IV, 258. — = en bronze de Jules César. IV, 379. — Une = de bronze représentant un bœuf, V. 353. — Deux = romaines de Bucilly (Aisne). V, 368. — Une = de Cérès. VI, 201. — Une = égyptienne en bois du musée de Boulaq. IX, 319. — Une = de Pasht. XI, 68. — Une = de Mercure en bronze. XII, 390 — Une = de Jupiter. XIII, 148. — Une = de Mercure. XIII, 147. — = de gymnase. XVII, 98. — Une de l'âge du renne. XVII, 207. — = de cuivre d'un tumulus tchoude. XVIII, 37. — = de bronze de Cythère, d'origine phénicienne. XVIII, 124. — Une = babylonienne d'albâtre. XVIII, 231. — = chypriote du Musée d'Athènes. XIX, 341 et suiv. — Sur une = de bronze provenant d'Asie-Mineure. XIX, 393 et suiv. — = de bronze représentant un athlète, trouvée à Autun. XX, 292.

Statue. — = du roi Chéphrem. II, 19. = funéraires égyptiennes. II, 23. — = colossale de Sésourtasen Ier. II, 24. — = cuirassée à Cornus. II, 212. — = colossale égyptienne à Tanis. III, 101. — Quatre = de sphinx à Tanis. III, 104. — = colossale égyptienne III, 337. — = de Philippe-le-Hardi à Dijon. V. 106. — Deux = en granit de guerriers galiciens. V. 285. — Cinq = colossales de Tanis. V, 297. — = romaine de Bucilly (Aisne). V, 366. — = d'Éros ailé. VI, 55. — = funéraire égyptienne de Bakenkhonsou. VI, 101. — = statue de Ménandre. VI, 196. — Dépôts de fragments de = dans l'île de Chypre. VI, 245. — = d'Anoubis en costume grec. VI, 245. — = d'albâtre représentant la reine égyptienne Ameniritis. VII, 418. — = de chien trouvée à Athènes. VIII, 181. — = colossale de la première Faustine. VIII, 277, 373. — Une = de dame romaine au musée du Caire. IX, 315. — Les = égyptiennes du musée du Caire. IX, 315 et suiv. — = funéraires trouvées à Athènes. IX, 361. — Découverte aux environs du théâtre de Pompée d'une = colossale prétendue de Domitien. X, 329. — La = d'or de la Valeur fondue pour délivrer Rome assiégée. X, 437. — Une = d'Hercule en bronze. XIII, 446. — La = de Richard Court-Mantel retrouvée dans la cathédrale de Rouen. XIV, 363. — = d'un guerrier gaulois. XVI, 69. — La = de Junon de Polyclète. XVI, 116. — = de bronze doré du théâtre de Pompée à Rome. XVI, 368. — = de Henri-Court-Mantel, trouvée dans la cathédrale de Rouen. XVII, 43. — Les = de pierre des tumuli tchoudes. XVIII, 41. — = grecques archaïques à Constantinople. XVIII, 240. — gréco-romaines à Constantinople. XVIII, 247 et suiv. — Plusieurs = découvertes dans l'île de Chypre. XIX, 257.

Stèle. — = assyriennes de Mahr-el-Kelb. IV, 69. — = de Toutmès. III, à Karnak. IV, 197. — Des = de Chypre. V. 346. — = de Gevrier (Savoie). V, 359. — = grecque de Syra avec inscription. VI, 230. — Une = égyptienne à Gebel-Barkal. VII, 413. — Une = athénienne. VIII, 17. — = égyptienne historique. VIII, 94. — La = du tombeau de Dexileos à Athènes. VIII, 351. — = Itinéraire de Thebessa (Théveste). VIII, 359. — Collection de = anciennes. VIII, 537. — = grecques funéraires. IX, 120. —

La = de Thoutmès III. IX, 316. — Une = découverte aux environs d'Athènes et contenant un décret honorifique. XI, 154. — La = de l'an 400. XI, 169. 346. — Fragment d'une = relative aux colléges ou associations de secours mutuels dans l'antiquité. XI, 497. — = funéraire grecque de Salonique avec inscription. XII, 66 et suiv. — Les = de Gebel-Barkal. XII, 161 et suiv. — Les = du cimetière gallo-romain et mérovingien de Bourges. XII, 393 et suiv. — Une = ptolémaïque avec inscription. XIII, 103. — La = portant le traité de Ramsès II avec les Cheta. XIII, 269. — = avec inscription grecque. XIV, 350. — La bilingue de Chalouf. XIV, 433. — Une = hypothécaire avec inscription grecque. XV, 36. — Sur la = du songe. XVII, 329. — = représentant Pluton. XVIII, 21. — = romaine avec inscription. XVIII, 121. — Inscription de la = d'Apis. XVIII, 274. — Les = des tombeaux de Saqqarah. XIX, 14. — Inscription de la = d'Abydos. XIX, 273. — = de marbre funéraire avec inscription à Athènes. XX, 425.

Stella. — Du sens du mot = dans une inscription funéraire. X, 122.

Stercorius. — Signification attribuée au nom de =. XVII, 355 et suiv.

Stratége. — Les = rhodiens. XI, 296.

Subsellium. — Le =, l'un des insignes de la Questure. XVIII, 61 et suiv., 104 et suiv.

Substructions. — Marques et caractères retrouvés sur les = de l'enceinte du temple à Jérusalem. XX, 59. (V. *Ruines.*)

Stevin. — Doctrine du physicien = sur la densité des corps. XIX, 286 et suiv.

Style. — Un = romain dans une sépulture du IVe siècle. XIII, 209.

Suban. — =, capitale d'un nôme, identifiée à Eleithya. XII, 210. — = divinité du nôme précédent. *Ibid.*

Suisse. — L'archéologie préhistorique en =. XX, 296 et suiv.

Sulpicius Gallus. — = astronome romain. IX, 192.

Sutekh, divinité égyptienne. III, 100, 110. IV, 256, 259. V, 304. IX, 130, 132. XI, 170 et suiv. — = identifié à Noubti. XI, 170, 181 et suiv., 190.

Suten-senen, ville de l'ancienne Égypte. — Identification de =. VIII, 112.

Syagria, nom d'une dame gauloise, célèbre par sa pieuse charité. X, 445.

Sibyllin. — Date du troisième livre des oracles =. XX, 261 et suiv. — Analyse de ce livre. XX, 264.

Symbolon. — Diverses acceptions du mot grec =. IV, 170. — Sur le mot = dans une inscription grecque sur un monument gaulois. XX, 166.

Symposius. — Les énigmes de =. XIX, 310.

Synagogues. — Ruines de = en Palestine. V, 401.

Synnada, ville d'Asie mineure. VIII, 323.

Syra. — Antiquités de =. VI, 224.

Syracuse. — Fragments inédits de Polybe sur le siége de =. XIX, 50 et suiv., 124 et suiv.

Syrie. — Exploration archéologique de la =. VI, 250. VII, 200.

Syringes. — Exploration des = de Thèbes. IX, 384. X, 224.

T

Table. — La = à libation, du musée de Marseille. XI, 56. — La = de Parme. XI, 133. — = sous le bas-relief d'une divinité de Palenqué. XI, 493. — La = de Peutinger. XI, 514. — La = de Salomon. XII, 363. — La = de Peutinger écrit mal *Massava* par deux *s*. XII, 387. — La nouvelle = d'Abydos. XIII, 73 et suiv. XI, 163. = Les = figurées sur les monnaies. XVIII, 65. — Sur la = de Peutinger. XX, 300 et suiv.

Table Théodosienne. — III, 113. VI, 66.

Table royale égyptienne d'Abydos. — La nouvelle = comparée aux autres listes royales. XI, 50. — L'ancienne =. XI, 53. — Omission blâmable relative à la =. XI, 163.

Table royale égyptienne de Memphis. — La =. IX, 320. X, 64, 160. — Parallélisme de la chronologie de Manéthon et de la =. X, 181 et suiv. — La = autrement dite de Saqqarah. XI, 54.

Tableau. (V. *Peintures.*)

Tablettes. — = en cire, leur histoire. II, 1, 91. — = pour écrire. IV, 84. — = judiciaires du tribunal des héliastes. XVII, 140 et suiv. — Inscriptions de = judiciaires athéniennes. XIX, 225. — = trouvées en Assyrie portant des mots grecs. XX, 194.

Tafnecht, roi égyptien. — VIII, 115.

Ta-han. — Quel est le pays appelé = par les Chinois? X, 191. — Mission bouddhique traversant le =. X, 385.

Tahennu. — Les = sont les Libyens dans les hiéroglyphes. XI, 364. XVI, 42 et suiv., 82.

Tahraka. —Règne et place chronologique du roi égyptien =. XII, 167, 168.

Taliesin — =, barde célèbre. (V. *Barde*). — Traduction d'un chant de =. XIX, 40.

Talisman. — Un = celtique. XVII, 162.

Talmis. — Inscription grecque de =. X, 202.

Tamahou. — Les =, population blanche du nord de l'Afrique, désignée dans les inscriptions égyptiennes. IX, 39, 40, 41. X. 67. — Les = sont les Libyens dans la langue des hiéroglyphes. XI, 362. — Bas-reliefs peints relatifs aux =. IX, 39. — Le pays des =. XVI, 42, 82.

Tamesku, nom de la ville de Damas dans les hiéroglyphes égyptiens. — IV, 358.

Tanaquil. — = sur la fresque de Vulci. VIII, 466. — Le nom de = sur un miroir étrusque. XIV, 117.

Tanis. — Fouilles de =. III, 97. V, 298. — Nom égyptien de =. III, 98. — = identifié à Avaris. III, 99, 107, 250. — Exploration de =. IX, 128. — Inscription bilingue de =. XIII, 448. XIV, 49. et suiv.

Tanuter, pays oriental mentionné par les hiéroglyphes égyptiens. IV, 216.

Tapisseries. — Les = de tenture de Fouquet. VII, 432.

Tarquin. — = sur une fresque étrusque. VIII, 464.

Tatouage. — Traces de = sur certaines effigies des monnaies gauloises. XIII, 408.

Téoamoxtli. — Le =, livre sacré des Toltèques. XI, 44.

Tchoudes. — Les tumulus des =. V, 287. IX, 371. XVIII, 29 et suiv.

Tefnu, divinité égyptienne. VIII, 427, 439.

Temple. — = gallo-romain de Champlieu. (V. ce mot). — = d'Abydos. II, 23. — = de Karnak. II, 27, 288. IV, 196. — = d'Edfou. II, 33. X, 68. — = de Médinet-Abou. II, 206. — = phénicien à Byblos. III, 325. — = des Druides d'Uzès. IV, 247. — = grec de Palatitza. IV, 317. — Emplacement du = d'Auguste au confluent du Rhône et de la Saône. V, 319. — Le = d'Amit. V, 357. — Les = d'Atka et de Kalaat-Fakra. V, 354. — = de Jérusalem. V, 399. VII, 281. IX, 428. — Le = de Siah (Haouran). VI, 151. — = de Jupiter à Supliaja (Bukowisa). VI, 405. — Le = de Salomon. VII, 12, 14. — = d'Hercule à Tivoli. VII, 81. — Le = d'Apollon à Delphes. VIII, 43. — Le = de Sân (Tanis). IX, 128. — Le = d'Hadrien à Cyzique. IX, 350. — Les = de Java. X, 377. — = Le mur oriental du = de Delphes. X, 408 et suiv., XI, 343. — Textes géographiques du = d'Edfou. XI, 353. XII, 193, 321. XIV, 297. XV, 330. — Une inscription du = de Rome et d'Auguste à Ancyre. XI, 413. — = de Boro-Boudor à Java. XI, 495. — Découverte d'un = antique à Cyrène. XII, 391. — Découverte d'un = à Angcor. XII, 474. — Fouilles pour retrouver le = d'Abydos. XIII, 73. — Le = de Jupiter Stator retrouvé à Rome. XIII, 217. — Le = de Junon à Argos. XVI, 116. — = de Pluton. XVIII, 21 et suiv. — = romain de Héricourt-en-Caux. XVIII, 218. — Le = de Vénus Arsinoé au cap Zéphyrium. XIX, 268. XX, 377. — Le = juif est une copie d'un = égyptien. XX, 108. — Anciens = chypriotes de Vénus. XX, 208 et suiv.

Téménia. — Les ruines de = en Crète. XVI, 107 et suiv.

Terramara. — Les = du duché de Parme. IX, 438. — Les = du Reggianais. XI, 302. XII, 112.

Terrassement. — Les = de l'Amérique du Nord. XII, 180 et suiv.

Tessères. — = de plomb gauloise. IV, 69. — = à inscription latine. IV, 401. 474. — Nouvelles = de gladiateurs avec inscriptions. XVII, 408 et suiv. — = fausses et = authentiques. XVII, 420 et suiv. (V. *Médailles* et *Symbolum.*)

Tetricus. — =, empereur gaulois. XVI, 60.

Teutomalius, roi gaulois vaincu par Q. Fabius Maximus. X, 18, 19.

Textes. — = de Damascius. I, 180, 250, 307. II, 103. III, 483. — = hiéroglyphiques. I, 69, 231, 337. II, 235, 260, 292, 297. = des Choéphores d'Eschyle. II, 351. = assyriens. (V. *Ecritures cunéiformes.*) — = de la rhétorique d'Aristote. IV, 52, 291. — = hiéroglyphiques. IV, 120, 199, 344. — = géographiques du temple d'Edfou. XI, 353. XII, 193, 321. XIV, 297. XV, 330. — Récension nouvelle du = de l'oraison funèbre d'Hypéride. XII, 228 et suiv., 445 et suiv. XIII, 18 et suiv. — = grecs d'inscriptions inédites de Thasos. XII, 268 et suiv., 139 et suiv., 368 et suiv. — = grec de l'inscription de Tanis. XIV, 49 et suiv. — = assyrien, contenant un traité. XIV, 164. — Etudes sur les = de Joinville (v. ce mot). XV, 169 et suiv.

233 et suiv. — Etude sur les = des divers manuscrits du traité d'Aristote *De partibus animalium*. XVI, 196 et suiv., 233 et suiv., 305 et suiv. XVII, 72 et suiv. — Etude et traduction du = de l'historien grec, Aristodème. XVI, 363 et suiv. — = des monuments celtiques. XVII, 147. — Les = irlandais. XVII, 148. — = inédits de l'historien grec Aristodème. XVII, 177. — = grec inédit relatif au siége d'une cité gauloise. XVII, 403. — = inédit d'un poëme latin du IVe siècle. XVII, 451 et suiv. — Notes critiques sur le = précédent. XVIII, 51 et suiv. — = de fragments historiques inédits de Priscus. XVIII, 89 et suiv. — = d'une inscription grecque contenant un édit d'Anastase sur l'administration militaire de la Libye. XVIII, 417. — = de fragments inédits de Polybe sur le siége de Syracuse. XIX, 54 et suiv. — = d'un fragment inédit d'Appien. XIX, 102. — = Comparés de Polybe et de Tite-Live. XIX, 124 et suiv. — = grecs et latins relatifs aux récompenses en numéraire données dans les jeux. XIX, 140 et suiv. — = d'une chanson bachique du XVIe siècle. XIX, 176. — Transcription du = de la prière de Ramsès IV à Osiris. XIX, 273. — = de fragments présumés inédits de Dion-Cassius. XIX, 375 et suiv., 454 et suiv. — = bibliques concernant les insignes et le costume sacerdotal chez les Juifs. XX, 92 et suiv. — Observations sur le = des *météorologica* d'Aristote. XX, 415 et suiv.

Thalès. — Eclipse prédite par =. IX, 183.

Thalétas. — =, poëte lyrique Crétois. XVIII, 194.

Tharos. — =, colonie phénicienne dans l'île de Sardaigne. XVI, 269.

Thasos. — Inscriptions inédites de l'île de =. XII, 139 et suiv., 368 et suiv., 439 et suiv. (V. *Inscriptions grecques*.)

Théâtre. — Découverte du = de Bacchus à Athènes. V, 354. — Le = de Bacchus, le premier monument de ce genre. VI, 108. — Nouvelles découvertes dans le = de Bacchus. VI, 196. — = gallo-romain à Areinos (Vendômois). VII, 206. — Le = de Lillebonne restauré. IX, 96. — Description des découvertes au = de Bacchus à Athènes. IX, 434. — Découverte aux environs du = de Pompéi d'une statue colossale. X, 320. — Inscriptions grecques trouvées dans le = de Bacchus à Athènes. XIII, 218. — Si les femmes pouvaient prendre place au =. XVI, 29.

Thèbes. — Nom égyptien de = IX, 229. — Conquête de = par un roi éthiopien. XII, 164. — Divers noms de = dans les hiéroglyphes. XII, 199.

Thémistocle. — Histoire de =. XVII, 178 et suiv.

Théra. Nom ancien de l'île de Santorin. — Inscription de = relative à une association religieuse. XIII, 245. — Les épitaphes de =. XVI, 276. (V. *Santorin*.)

Thérapeutique. — La = des anciens Egyptiens. V, 293.

Thérasia. — Antiquités préhistoriques de =. XIV, 423. XV, 78. XVI, 144.

Théon, d'Antioche, sculpteur. XI, 297.

Thermianus. — = est le nom d'un prêtre de Rome et d'Auguste dans une inscription. XI, 415 et suiv.

Thèse. — Catalogue des = pour le doctorat-ès-lettres depuis 1810. XX, 233. — La salle des = à l'université d'Orléans. XX, 446.

Thésée. — = figuré sur un miroir étrusque. XIV, 111.

Thessalie. — Les couvents des Météores en =. IX, 153. — Etat de la = au XIVe siècle. IX, 160.

Thétis. — = figurée sur un miroir étrusque enlevée par Pélée. XIV, 114.

Thiers. = Véritable nom de la ville de =. XV, 103.

Thimna. — =, nom de la ville où fut enseveli Josué. XI, 105.

Thrace. — Inscriptions de la =. VI, 318.

Thrasyllus. — Monument de =. VI, 115.

Tiare. — Description d'une = particulière sur des bas-reliefs de Ghiaour-kalési. XII, 4.

Tibère. — Inscription portant le nom de l'empereur =. XVI, 373.

Tiberius Veturius, personnage mentionné dans une inscription de Troesmis. X, 392.

Tiglath-Piléser (Teglath-phalasar). — Inscription assyrienne portant le nom de =. V, 143. — Place chronologique du règne de =. XVIII, 311.

Timocratès. — = stratège Rhodien. XI, 294 et suiv.

Tirelire. — Histoire et figures des anciennes =. XIX, 163 et suiv. — = du moyen-âge en Orient. XX, 137 et suiv.

Tities. — Les =, antique tribu de Rome. VI, 287.

Tivoli. — Ruines du temple d'Hercule à =. VII, 81.

Togirix. — Nom d'un chef gaulois = sur les monnaies. XVII, 134 et suiv.

Tombeau. — = de Jacques d'Artevelde à Gand. I, 313. — = de Jovin à Reims. (V. Jovin). — = du massif et du pourtour d'Alaise. I, 325. — = égyptiens pillés. II, 26. — = de Thèbes. II, 27. — = gaulois à Surianville(Vosges).II,200. — = de Saqqarah. (V. ce mot). — = étrusques.II, 212. — = des églises de France dans la collection Bodleienne.II, 220. — = de Saint-Denis. III, 345. — = de François Ier. III, 351. — = de Sour et de Saïda (v. ces mots). — = phrygiens. IV, 323. — = francs. V, 18. — = gallo-romain du musée de Dijon. V, 121. — = de l'époque romaine en Ptérie. V, 127. — Les = d'Aladja. V, 128. — Les = d'Amasia. V, 135, 207. — Un = du XIIIe siècle. V, 354. — Les = de Chiriqui (Amérique). V, 356. — Les = de Zacharie et d'Absalon à Jérusalem. V, 398. — Les = de Hinnom. *Ibid.* — Le = de Pétra, VI, 2. — Les = de Syra. VI, 225. — Les = de Camiros, IV, 467. V, 409. VI, 265. — Un = romain à Vienne (Autriche). VII, 207. — = à Flamersheim. VII, 209. — Un = étrusque, près d'Orvieto. VII, 274. — Un = romain, à Ofen (Hongrie). VII, 433. — Le = d'Agathon découvert à Athènes. VIII, 16, 89. — Le = de Dexileos. VIII, 82. Le = de Denys à Athènes. VIII, 91. — Le = de Dexileos. VIII, 178, 351. — Un = de Vulci. VIII, 448, 457. — Les = de Jérusalem. IX, 200. — Les = des saints Ambroise, Gervais et Protais à Milan. IX, 222. — = découverts à Milan par saint Ambroise. X, 39. — = romain des derniers temps de la république. X, 74. — Rapprochements entre la construction des = des anciens et leurs temples. X, 716. — Le = de Josué. XI, 100. — L'inscription du = dit de saint Jacques. XI, 137, 324, 308. — Le = d'Osymandias. XI, 354. — Les = de Refer-Berëim au moyen-âge. XII, 69 et suiv. — = mérovingiens de Pommiers. XII, 152. — Les = chrétiens du Ier siècle. XII, 242. — Fouilles des = de Hallstadt. XII, 315 et suiv. — Classification des =. XIII, 222. — Respect des = à Rome. XIII, 225. — Un = antique de l'île de Cémolos. XIV, 56. — Les dimensions du = de Josué. XIV, 225. — Le = de Sainte-Honorine à Graville. XVII, 36. — Sur les = celtiques. XVII, 153 et suiv. — Découverte du = de sainte Triphine. XVII, 159. — Le = des Longueil à Saint-Jacques de Dieppe. XVII, 165. — = gaulois et gallo-romains dans la Marne. XVIII, 216. — = d'une prêtresse de Cérès. XVIII, 440. — = de l'ancien empire égyptien à Saqqarah. XIX, 7 et suiv., 81 et suiv. — Description détaillée du = de Saint-Martin à Tours. XX, 1 et suiv. — Exploration d'un = à Thasos. XX, 135 et suiv., 139 et suiv. (V. *Sépultures.*)

Tombelles. — = d'Auvenay. III, 1. — Les = celtiques de l'Alsace. VI, 187. — Les = de Saint-Michel. VIII, 368. — Les = de Cojou. IX, 85. (V. *Tumulus.*)

Tomis. — Ruines de =. XVII, 270.

Tongres. — (V. *Aduatuques.*)

Topographie. — = de la montagne des Ansarieh (Liban). XIV, 64. — La = de l'Iliade. XV, 232. — La = du *castrum divionense.* XVI, 60 et suiv. — = ecclésiastique de la France durant les deux derniers siècles. XX, 448.

Torpille. — Les phénomènes électriques de la = connus des anciens. XIII, 178.

Torrecilla. — Antiquités préhistoriques de =. XIII, 117.

Torricelli. — Travaux et expériences de =. XX, 17 et suiv.

Tortose. — Etat actuel de =. V, 274.

Toth. — Divinité égyptienne. (V. *Rituel funéraire.*) Les cynocéphales sont consacrés à =. VI, 135. — Type féminin de =. VIII, 439. — C'est = qui a inventé le jeu des =. XII, 57. — La palette est l'emblème de =. XX, 306.

Toulouse. — Monuments celtiques recueillis à =. XIX, 92. — Liste de noms d'indigènes de =. XIX, 98.

Toum. — (V. *Rituel funéraire.*)

Torture. — Les = religieuses chez les Peaux-Rouges. XI, 276. — Les = religieuses chez les Hindous. XI, 278 et suiv.

Tournoi. — Episodes d'un = sur un coffret du XVIe siècle. III, 270.

Tour. — La = de Byblos. III, 322. — La = dite la *forteresse cuite.* IV, 325. — La = dite des Limaçons à Amrit. V, 339. — = de David ou d'Hippicus à Jérusalem. V, 399. — La = d'ordre à Boulogne-sur-Mer. VIII, 410. — La = Balkiz à Cyzique. IX, 350. — Quelques = antiques dans la province de Constantine. XI, 205. — La = du Louvre. XIV, 262. — = romanes conservées. XIX, 197 et suiv.

Tours. — Restitution de la basilique de Saint-Martin de Tours. XIX, 313 et suiv., 403 et suiv. XX, 1 et suiv., 81 et suiv.

Toutmès Ier. — II, 309. IV, 347.

Toutmès III. — II, 29. — Ses annales. II, 288. — Ses expéditions. II, 310. — Victoires de =. IV, 196, 348. — La stèle de =. IX, 316. — Les guerres de =. IX, 338. — La chambre des ancê-

tres de =. XI, 55. — Fête de l'avènement de =. XII, 330.

Tragédie. — Sur le sens des mots *saltare* et *cantare* appliqués à la =. IV, 333. — Symétrie du récitatif dans les = d'Eschyle. V, 228. — Nouvelle édition des = d'Eschyle. X, 414. — Règle des trois acteurs dans les = de Sénèque. XI, 21. — Caractère d'Amphitryon dans une = d'Euripide. XI, 26. — La = d'*Œdipe* dans Sénèque. XI, 27. — La = de *Médée* dans Sénèque. XI, 31. — La = et le drame national. XVIII, 446. — Etudes critiques et exégétiques sur la = des *Perses* d'Eschyle. XIX, 75 et suiv.

Transmigration. — Les = de l'âme d'après la doctrine des bardes. XVIII, 339 et suiv., 431 et suiv. XIX, 27 et suiv.

Travail. — Le = manuel honoré par le christianisme. XI, 462.

Trésor. — Le = de la cathédrale d'Aoste. V, 161. — Les = d'art en Belgique. V, 219. — Emaux du = de la cathédrale de Troyes. VII, 439. — Aiguière du = de Saint-Marc à Venise. XII, 366. — = de 15,000 monnaies gauloises d'argent à Villeneuve-au-Roi. XIV, 183, 284 et 285. — Le = de Pétrossa (Valachie). XVII, 46. — = gaulois à Goutrem (Aveyron). XVII, 170. — = de la cathédrale de Reims. XVIII, 296. — = de la cathédrale d'Auxerre. XIX, 328 et suiv. — Le = de Hildesheim. XX, 65. — Le = de Bernay. XX, 68. — Découverte d'un = de 139 statères gaulois. XX, 293 et suiv.

Trésorier. — L'emploi du =, analogue à celui du questeur romain. XI, 296. — Mention de = dans une inscription grecque. XI, 502.

Tresserve. — Cité lacustre de =. XVI, 323.

Trèves. — L'église de = après l'invasion des Ripuaires. VIII, 531.

Trévires, peuplade gauloise. — Les = et leurs clients. VII, 383. VIII, 27. — Les = et par conséquent les Luxembourgeois appartiennent à la Gaule. XVI, 297 et suiv.

Triade. — La = adorée à Edfou. XI, 360. — Les = du mystère des bardes de l'île de Bretagne. XVIII, 204. — Traduction et authenticité du livre des =. XVIII, 330 et suiv. — Diverses = des bardes. XIX, 33 et suiv.

Triens. — Un = des Gabales. XI, 14. — Description de divers =. XI, 14 et suiv.

Triphine (sainte). — Tombeau de =. XVII, 159.

Tripolitaine (villes de la). — IV, 29, 413.

Triptolème. — = sur un bas-relief d'Eleusis. XV, 161.

Troesmis. — Emplacement de = retrouvé. VI, 243. VII, 270. — Inscriptions de =. X, 391 et suiv. XII, 401 et suiv. XIII, 186 et suiv. XVII, 257 et suiv. — = était municipe et non colonie. XII, 407. — Monuments divers de =. XII, 409, 413.

Troie. — Fouilles sur l'emplacement prétendu de l'acropole de =. X, 156.

Trophées. — = de Vibius à Philippes. II, 71. — Les ruines du = de Q. Fabius Maximus. X, 12.

Troyes. — Fouilles de la cathédrale de =. X, 331.

Tsar. — Quelle était la ville égyptienne de =? XI, 182.

Tumulus. — = à Alaise. I, 327. — = gaulois de Surianville. II, 200. — = d'Auvenay. III, 1, 5. — = de Hübelwaldele. III, 81. — = de Limé. III, 129. — =. IV, 309. — = du Forst (Suisse). IV, 309. — = grecs du champ de bataille de Pydna. IV, 316. — = de Contréxéville. IV, 394. — = de Brully et d'Auvenay. IV, 409. — = de Penmarch (Finistère). IV, 484. — Les = de Pologne (Kurhany). V, 283. — Les = des Tchoudes. V, 287. — Les = du Danemark. VI, 21. — Les = du Schleswig. VI. *Ibid.* — Les monuments dits *celtiques*, Dolmens, etc., etc. VI, 52. — Que sont les = gaulois? VII, 218. — Les = d'Auvenay. VIII, 261. — Un = de Locmariaker. VIII, 538. — Le = du Vieux-Bourg-Quentin. IX, 124. — Le = de Beltz. IX, 303. — Description d'un = tchoude. IX, 371. — Description d'un = gaulois de Crubelz. IX, 395. — Le = de Locminé. X, 157. — Le = de Mackwiller (Bas-Rhin). X, 157. — Les = de Meloisey. X, 328. — Le = du Manélud. X, 355. — Les = des environs de Pau. XI, 36. — Les = des bords de l'Ohio. XI, 287 et suiv. — Armes en fer et en silex d'un = allémanique. XI, 406. — Le =-dolmen du Puy-de-la-Palen (Corrèze). XI, 508. — Fouilles du = de Moustoir-Carnac. XII, 15 et suiv. — Les = funéraires et les = sacrés de l'Amérique du Nord. XII, 282 et suiv. — Les = des sacrifices chez les Indiens. XII, 285. — Les = temples chez les mêmes. XII, 287. — Les = en formes d'animaux chez les mêmes. XII, 288 et suiv. — Objets trouvés dans le =

de Plésidy. XII, 469. — Le = de Rodmarton. XIV, 221. — Les = de Sauville. XIV, 243. — Les = servant à marquer des limites territoriales. XVI, 210. — Les = des Vosges et de la Côte-d'Or. XVI, 417. — Le = du tombeau de sainte Triphine. XVII, 159. — = de la forêt de Carnoet (Finistère). XVII, 364 et suiv. — Sur les = tchoudes, en Russie. XVIII, 29 et suiv. — Les = de Bossy. XX, 34 et suiv. (V. *Sépultures*, *Tombeaux*.)

Turbie. — Inscriptions de la =. XX, 280 et suiv. (V. *Antiquités*, *Inscriptions latines*.)

Tursha. — =, nom égyptien des Tyrrhéniens. XVI, 39.

Typhon. — Un synonyme de =. VII, 123.

Typum. — Sens du mot = dans une inscription latine. V, 417.

Tyr. — (V. *Sour*.)

U

Ubertas. — La déesse = sur les monnaies romaines. XIX, 134.

Ubiens. — Le territoire des =. VIII, 387.

Ucuete. — =, nom gaulois d'une divinité topique. XV, 321.

Umbo. (V. *Bouclier*.)

Umbranates. — Ruines identifiées avec l'antique cité des = de Pline. XI, 131.

Unelli. — Géographie des =, population de l'ancienne Gaule. IX, 404.

Université. — L'= de Paris au moyen-âge, XI. 520. — La salle des thèses de l'= d'Orléans. (V. *Thèse*.)

Urim et Tumim. — Que désignent les mots = dans la description du costume sacerdotal chez les Juifs? XX, 103 et suiv., 109 et suiv.

Uræus. — Forme de l'=. V, 275. — L'= sur les monuments d'Amrit. V, 338. — Signification du double = sur le front des rois éthiopiens. XII, 162. — Le mot = égyptien a donné aux Coptes le nom de roi. XX, 108.

Urne. — Sur quelques = sépulcrales de Volterra. XII, 81 et suiv. — = du musée du Vatican et de la galerie de Florence. XII, 82.

Ustrinum. — = gallo-romain à Villeneuve-le-Roi (Seine-et-Oise). II, 431.

Uta. — Signification de l'= dans les hiéroglyphes. VI, 133.

Uxellodunum. — Emplacement d'=. II, 62.

V

Vaison. — Collection d'antiquités gallo-romaines de =. XIX, 73. XX, 222.

Vaisseaux. — = non pontés d'une inscription grecque. XI, 224. — Organisation des équipages sur les = grecs. XI, 223.

Valerius Maternus. — Famille et descendance de = d'après les inscriptions. XII, 191.

Vallares formidines. — Sens des mots = restitués dans une inscription latine. X, 124.

Vandales. — Histoire et géographie des = XV, 7.

Vandeuvre. — Notice historique sur = et ses environs. V, 421.

Varron. — Ouvrages de M. Terentius =. XVIII, 222.

Vases. — = des tombeaux anciens. I, 395. — = peints étrusques. II, 212. — = peints de style dorique, phénicien et gréco-égyptien. II, 213. — = de provenance gallo-romaine. II, 436. — = peint représentant Andromaque. III, 58. — = de Vulci représentant la rencontre d'Hélène et de Ménélas après la prise de Troie. III, 498. — = anciens et grecs. III, 498. — = divers de la nécropole de Camiros (Rhodes). IV, 468. — = grecs ou étrusques du musée de Dijon. V, 108. — Le = de Cumes du musée Campana. V, 271. — = grec servant de mesure. V, 332. — Grand = de Chypre. V, 346. — = de Bengazi (Cyrénaïque). V. 404. — = de Camiros. V, 410. — Les = de laiton des tumulus danois. VI, 26. — Un = grec représentant Jupiter et Sémélé. VI, 29. — = gaulois à Autun. VI, 61. — = (oxybaphon) du musée Campana. VI, 90 et suiv. — = d'Amathonte. VI, 246. — = en forme de statuette à Camiros. VI, 260. — = en argent à relief, d'Alise. VI, 343. — Plusieurs = trouvés à Milo. VI, 401. — = peint de Corinthe représentant Pâris et Eros. VII, 1. — = athénien avec dorures. VII, 3. — Description de plusieurs = à ornements dorés. VII, 4. — Grand =, du *Dolium* gallo-romain. VII, 76. — = gallo-romain à reliefs. VII, 158. — Le = de Cléopâtre. VII, 259. — = d'origine étrusque, trouvé dans le Puy-de-Dôme. VIII, 83. — = peints, du VIIe siècle avant notre ère. VIII, 274. — = mérovingiens. VIII, 277. — = à ornements dorés représentant Eros et Hélène. IX, 52. — = en terre, près du lac Albano. IX, 65. — = acous-

tiques dans les églises. IX, 100. — Un = archaïque avec un sujet tiré de l'Iliade, et provenant des fouilles de Camiros. X, 227. — = gallo-romains. XI, 197. — Le = antique de Gibraltar. XI, 231 et suiv. — Les = des dolmens du Morbihan. XI, 257 et suiv. — = rapprochés des = étrusques dans les terramares du Reggianais. XI, 314. — = gaulois de Moustoir-Carnac. XII, 18. — = de l'époque gallo-romaine dans un cimetière antique à Blainville. XII, 151. — Un = antique de verre représentant des combats de gladiateurs. XII, 305. — Un autre = analogue. XII, 308. — = de Hallstadt. XII, 315 et suiv. — = étrusque représentant Achille pansant Patrocle. XII, 342 et suiv. — = arabo-sicilien du musée du Louvre. XII, 356. — = funéraires des tombes du plateau de la Somma. XII, 457 et suiv. — Un = gallo-romain avec des ornements en relief et le nom du potier. XIII, 66. — Le = d'Amathonte apporté au musée du Louvre. XIV, 66. — Le = oriental appelé baptistère de saint Louis. XIV, 306. — = du cimetière gallo-romain de Séancourt. XIV, 316. — Les = d'un cimetière franc. XV, 65. — = acoustiques dans une église. XV, 200. — = de l'âge de pierre. XVI, 145. — = de verre du musée de Strasbourg. XVI, 148. — = de terre et de verre dans des sépultures gallo-romaines. XVI, 151. — = d'une sépulture gallo-italique. XVI, 280. — = grec métrologique portant le sceau d'Athènes. XVI, 292. — Le = Burgon et son inscription. XVI, 335. — = grecs à peintures. XVI, 431. — Divers = ciselés avec sujets du trésor de Pétrossa. XVII, 47 et suiv. — Description d'une collection de = gaulois. XVII, 93. — Un = avec inscription mentionnant la bière. XVII, 167. — = peints. XVII, 345 et suiv. — = gallo-romain avec inscription. XVIII, 225. (V. *Amphore*.) — = gallo-romains avec estampilles en Savoie. XVIII, 295. — = pour la monnaie chez les anciens. (V. *Récipient*.) — = provenant de sépultures franques. XIX, 191. — sur un = de Phalère avec des peintures comiques. XIX, 213. — Sur le = de sang des catacombes romaines. XIX, 429. — Les = du trésor de Hildesheim. XX, 66. — Divers = antiques provenant d'Orient. XX, 137.

Vauciennes. — Sur l'identification de = avec d'anciennes localités. XIX, 366 et suiv.

Vélaunes. — Sur une main de bronze supposée appartenir aux =. XX, 161 et suiv. — Pays des =. XX, 169, 186. — Inscriptions relatives aux =. XX, 180.

Véliocasses, anciens peuples du Vexin. — IV, 288. XIV, 203.

Vélite. — Ce qu'était le =. V, 306.

Vellaunodum, ville gauloise. — Emplacement de =. VIII, 389.

Vellocasses. (V. *Belocasses*.)

Veneti. — Les =, population de l'ancienne Gaule. IX, 331.

Ventail. — Sens du mot = dans les chansons de geste. VIII, 176.

Ventia, ville des Allobroges. — Prise de =. II, 397. — Emplacement de =. II, 398, 402. IV, 287.

Venier (saint). — Origine du nom de =. XIII, 255.

Vénus. — Légende populaire de la = corinthienne. I, 178. — = et Adonis. I, 220. — Légende germanique sur =. II, 94. — Figurine gallo-romaine de = anadyomène. II, 437. — = gauloise. III, 178. — = grecque à Byblos. III, 327. — La = du musée de Besançon. IV, 379. — Représentation de = dans le monument gallo-romain de Langon. XIII, 252. — = figurée sur un miroir étrusque. XIV, 112. — = sur le bas-relief d'un autel gallo-romain. XV, 197. — La = d'Antibes. XV, 360 et suiv. — Temple de = à Chypre. XX, 208 et suiv. — Le temple de = Arsinoé du cap Zéphyrium. XIX, 268. XX, 377.

Vercingétorix. — L'orthographe et l'étymologie de ce nom. II, 181. — = lève le siège de Gergovina; sa campagne contre César. VIII, 393. — Campagne de = contre César. VIII, 504. — Lutte de = contre les Romains. XVII, 63 et suiv.

Vergobret. — Restes probables de ce titre à Autun. II, 318. — Les = éduens. (V. *Eduens*.)

Verrerie. — Marques de fabrique de la = romaine. VIII, 215. XV, 437. — Fabrique de = en Gaule. XII, 308 et suiv. — Spécimens de = mérovingienne dans les sépultures. XIII, 107. — Objets de = dans des sépultures gallo-romaines. XVI, 151. — Représentations des types monétaires romains sur des = chrétiennes. XIX, 135. — Objets de = mérovingienne dans des sépultures. XX, 443.

Vers. — Inscription du XIIe siècle en = léonins. XIII, 41 et suiv.

Versoix. — Inscriptions latines à = près de Genève. XVI, 154.

Vespasien. — Sur l'histoire de =. XIX, 417.

Vêtement. — Le = du grand-prêtre juif. XX, 95.

Veules. — Antiquités mérovingiennes de =. IX, 98.

Vibenna. — = sur la fresque de Vulci. VIII, 462.

Vicarii. — Institution des = dans l'empire romain. VI, 39.

Vichnou. — Les avatars de =. XI, 284.

Victor. — Sur quelques noms dérivés de celui de =. XIX, 251.

Vicus. — Découverte d'un = gaulois à Saint-Pierre-le-Chastel (Puy-de-Dôme). X, 159. — Un = à Servière (Puy-de-Dôme). X. 484.

Vidubia. — Emplacement de la station de =. XV, 50.

Viducasses. — Inscription latine de =. =. XII, 52 et suiv., — Nom indigène et primitif de la cité des =. XII, 53.

Vie. — Ce qu'est le principe de = dans Homère. XII, 105 et suiv.

Vieux (Viducasses). — Fouilles de = IV, 404. — Marbre trouvé à =. IX, 8.

Vieux-Brisach. — Son histoire et sa topographie. II, 285.

Vigellius Saturninus. — Mention de = dans une inscription de Troesmis et ailleurs. X, 396.

Vienne (Dauphiné). — Fouilles de =. XII, 390 et suiv.

Villa. — = gallo-romaine à Port-sur-Saône. IV, 404. — = gallo-romaine à Neuville (Aube). V, 352. — = romaine à Chessels (Somersetshire). V, 354. — = gallo-romaine à Caulnes (Côtes-du-Nord). V, 412. — Une = gallo-romaine à Nuits (Côte-d'Or). XI, 72 et suiv. — Une = à Yvignac. XI, 164. — Sur la = d'Ausone. XIX, 384.

Villecard de Honnecourt. — Album de l'architecte du XIIIe siècle =. VI 103, 185, 250, 361.

Ville. — Les = romaines de la Bulgarie. XVII, 264 et suiv. XVIII, 81 et suiv.

Virga. — La =, l'un des insignes de la questure. XVIII, 61 et suiv., 67 et suiv.

Viridomarus. — Nom de = sur les monnaies gauloises. XVII, 132 et suiv.

Voie romaine. — = dite de Brunehaut. I 45. — Les = de la Belgique. II, 286. — L'ancienne = Aurélienne entre Antibes et Aix. III, 112. — = dite de Brunehaut. III, 129. — = dans le pays des Sardones. III, 416. — = de Langres à Besançon. IV, 232. — Construction typique des =. IV, *Ibid.* — = dite Egnatienne (Grèce). IV, 480. — = de Langres à Mirebeau. V, 119. — = à Triguerre (Loiret). V, 410. — = à Caulnes (Côtes-du-Nord). V, 412. — Les = de la vallée d'Aoste. VI, 65. — La = égnatienne. VI, 319. — Mesures itinéraires des = à l'époque gallo-romaine en Gaule. VII, 344. — Les = en Gaule d'après les itinéraires. VII, 406. VIII, 62, 148, 342. — = dite chemin de la Barbarie, sur l'ancien territoire des Remi. VIII, 402. — = ou gauloise de l'Avranchin. VIII, 425. — La = de Jublains ayant un gué artificiel à Saint-Léonard. X, 365. — La = d'Agrippa en Bourgogne. XVI, 62.

Voie sacrée. — La = éleusinienne. X, 88.

Voie gauloise traversant un vicus. X, 161. (V. *Bibracte.*)

Volces-arécomiques, peuple de la Gaule. — Un oppidum des =. VII, 145.

Volterra. — Antiquités étrusques de = XI, 81 et suiv.

Vulci. — Fresque d'un tombeau de =. VIII, 448, 457.

W

Wampum. — Le = des Indiens leur servit d'alphabet. XII, 292.

Wen-chin. — Les =, ou peuple tatoués à l'est de la Chine. X, 191.

X

Xerxès. — Histoire de =. XVII, 178 et suiv.

Z

Zacharie. — Tombeau de = à Jérusalem. V, 398.

Zinc. — Mines de = en Gaule. XVII, 303.

F. DELAUNAY.

INDEX DES GRAVURES

DES DIX PREMIÈRES ANNÉES

DE LA

REVUE ARCHÉOLOGIQUE

NOUVELLE SÉRIE

ANNÉE 1860, 1er SEMESTRE.		T. Ier.
Planche I, grav. —	**Antiquités lacustres de Concise,** en Suisse. — Art. de M. Fr. Troyon.	p. 24
Planche II, grav. —	**Ruines de Champlieu** (Oise). Plan général. — Art. de M. E. Viollet-le-Duc.	44
Planche III, grav. —	**Ruines de Champlieu** (Oise). Théâtre. — Art. de M. E. Viollet-le-Duc.	44
Planche IV, chrom-lith. —	**Rituel** funéraire des Egyptiens, vignettes inédites. — Art. de M. E. de Rougé.	69
Planche V, chrom.-lith. —	**Rituel** funéraire des Egyptiens, vignettes inédites. — Art. de M. E. de Rougé.	69
Planches VI-VII, grav. —	**Tombeau de Jovin,** à Reims. — Art. de M. Ch. Loriquet.	141
Planche VIII, grav. —	**Plan** de l'ancienne église de la Madeleine en la Cité. — Art. de M. Ad. Berty.	197
Planche IX, grav. —	**Trois Ilots de la Cité,** restitués d'après les anciens documents. — Art. de M. Ad. Berti.	197
Planche X, grav.-s.-bois. —	**Plan** de l'église de Saint-Lyé (Aube). — Art. de M. d'Arbois de Jubainville.	289
Planches X-XI, grav. —	**Plan d'Athènes** au dix-septième siècle. — Art. de M. Beulé.	294
Planche XII, grav. —	**Antiquités d'Alaise.** — Art. de M. Castan.	325
Planche XIII, grav. —	**Antiquités d'Alaise.** — Art. de M. Castan.	325
Planche XIV, lith. —	**Rituel** funéraire des Egyptiens, vignettes du chap. XVII. — Art. de M. E. de Rougé.	337
ANNÉE 1860, 2e SEM.		T. II.
Planche XV, grav. —	**Plan** des ruines de Philippes. — Art. de M. G. Perrot.	45
Planche XVI, lith. —	**Karnak,** annales de Toutmès III, portion nouvellement mise au jour par M. Mariette. — Art. de M. Mariette.	287
Planche XVII, grav. —	**Job,** fac-simile d'un dessin inédit tiré de la Bibliothèque impériale. — Art. de M. Le Blanc.	37

ANNÉE 1860, 2e SEM. T. II.

Planche XVIII, grav. — **Les Muses illissiades.** — Art. de M. Beulé. 185

Planche XIX, grav. — **Quarts de Ton** du graduel *Tibi Domine.* — Art. de M. F. Raillard. 187

Planche XX, lith. — **Quarts de Ton,** tableaux 1-2-3. — Art. de M. F. Raillard. 187

Planche XX (XXI), chro.-lith. — **Isabelle d'Artois.** — Art. de M. E. Viollet-le-Duc. 219

Planche XXI (XXII), lith. — **Plan** du sanctuaire de Karnak. — Art de M. Mariette 287

Planche XXII (XXIII), lith. — **Tableau** d'assemblage des Blocs. Inscription du sanctuaire de Karnak. — Art. de M. Mariette. 287

Planche XXIII (XXIV), lith. — **Inscription Trilingue** découverte à Tortose. Art. de MM. Le Blant et Renan. 345

Planche XXIV (XXV). grav. — **Les Harpyies.** — Art de M. Cerquand. 367

ANNÉE 1861, 1er SEM. T. III.

Planche I, grav. — **Fouilles d'Auvenay** (Côte-d'Or). — Art. de M. Alex. Bertrand. 1

Planche II, grav. — **Fouilles d Auvenay** (Côte-d'Or). — Art. de M. Alex. Bertrand. 1

Planche III, grav. — **Tumulus de Limé.** — Art. de M. Prioux. 129

Planche IV, lith. — **Le Sphinx de Tanis** d'après un dessin envoyé par M. Mariette. — Art. de M. Mariette. 97

Planche V, lith. — **Le Sphinx de Tanis** d'après un dessin etc. — Art. de M. Mariette. 97

Planche VI, grav. — **Coffret de Franz de Sickingen,** cabinet des médailles. — Art. de M. Chaboüillet. 230

Planche VII, grav. — Sujets du pourtour du **Coffret de Sickingen.** — Art. de M. Chaboüillet. 230

Planche VIII, grav. — **Arc de l'Ecce-Homo** à Jérusalem d'après une photographie. — Art. du P. Ratisbonne. 185

Planche IX, lith. — **Timbres** amphoriques de Thasos. — Art. de M. G. Perrot. 283

Planche X, lith. — **Timbres** amphoriques de Thasos. — Art. de M. G. Perrot. 283

Planche XI, grav. — **Plan** de l'église impériale de Saint-Denis. — Art. de M. E. Viollet-le-Duc. 301

Planche XII, grav. — **Objets en bronze** découverts dans le département de l'Allier. — Art. de M. Tudot. 494

ANNÉE 1861, 2e SEM. T. IV.

Planche XIII, grav. — **Objets** trouvés dans les fouilles d'Alise Sainte-Reine. Art. de la direction. 66

Planche XIV, grav. — **Epées romaines, Epées gauloises** fouilles d'Alise Sainte-Reine. — Art. de la direction. 141

Planche XV, lith. — **Stèle** du règne de Toutmès III. — Art. de M. E. de Rougé. 195

Planche XVI, lith. — **Statuette** de basalte vert conservée au musée du Louvre (profil). — Art. de M. T. Devéria. 249

Planche XVII, lith. — **Statuette** de basalte vert conservée au musée du Louvre (face) — Art. de M. T. Devéria. 249

Planche XVIII, grav. — Emmanchements des **Haches de bronze.** — Art. de M. Penguilly-l'Haridon. 329

Planche XIX, grav. — **Champ funéraire** de Brully. — Art. de M. F. de Saulcy. 409

ANNÉE 1862, 1er SEM. T. V.

Planche I, lith. — **Carte** des duché, haute justice et doyenné d'Aumale. — Art. de M. Sémichon. 62

Planche II, grav. — **Tombeau** près d'Aladja. — Art. de M. G. Perrot. 125

Planche III, grav. — **Diptyque de Probus,** trésor de la cathédrale d'Aoste. — Art. de M. Ed. Aubert. 161

Planche IV, grav. — **Boule** travaillée de main d'homme, trouvée dans les Lignites du Laonuais. — Art. de M. de Melleville. 181

Planche V, grav. — **Casque** antique trouvé dans un ancien bras de la Seine. — Art. de M. E. Viollet-le-Duc. 225

Planche VI, lith. — **Groupe** de statues trouvées à Tanis. — Art. de M. E de Rougé. 297

Planche VII, lith. — **Statue** de Tanis avec la tête restaurée. — Art. de M. E. de Rougé. 297

Planche VIII, grav. — **Mercure Criophore.** — Art. de M. Beulé. 361

Planche IX, grav. — **Objets** trouvés dans la Seine à Argenteuil. — Art. de M. Léon Fallue. 375

ANNÉE 1862, 2e SEM. T. VI.

Planche X, grav. — **Pompeï et Petra.** — Art. de M. Hittorff. 1

Planche XI, grav.-s.-bois. — **Donnas.** — Art. de M. E. Aubert. 65

Planche XII, grav.-s.-bois. — **Pont** Saint-Martin. — Art. de M. E. Aubert. 65

Planche XIII, grav.-s.-bois. — **Pont** Romain, faubourg d'Aoste. — Art. de M. E. Aubert. 65

Planche XIV, grav.-s.-bois. — **Pont** de Saint-Vincent, état actuel. — Art. de M. E. Aubert. 65

Planche XV, grav.-s.-bois. — **Pont** de Saint-Vincent, restitution. — Art. de M. E. Aubert. 65

Planche XVI, lith. — **Hypocéphale** Egyptien. — Art. de M. J. de Horrack. 129

Planche XVII, grav. — **Vase** provenant des fouilles de Camiros. — Art. de M Bertrand. 264

Planche XVIII, lith. — **Inscriptions** funéraires de l'époque mérovingienne trouvées à Artone, en 1702. — Art. de M le général Creuly. 313

Planche XIX, lith. — **Inscriptions** funéraires de l'époque mérovingienne, etc. — Art. de M. le gal Creuly. 313

Planche XX, grav. — **Siége** du prêtre de Bacchus. — Art. de M. Beulé. 349

ANNÉE 1863, 1er SEM. T. VII.

Planche I, lith. — **Vase** peint, trouvé à Corinthe. — Art. de M. J. de Witte. 1

Planche II, lith. — **Plan** des Ruines du temple d'Hercule, vainqueur à Tivoli. — Art. de M. P. Foucart. 81

Planche III, lith. — **Fouilles de Murviel,** levé des ruines. — Art. de MM. de Montgravier et Ricard. 145

Planche IV, lith. — **Fouilles de Murviel,** restauration de l'enceinte. — Art. de MM. de Montgravier, et Ricard. 145

Planche V, lith. — **Fouilles de Murviel,** entrée principale de l'Oppidum. — Art. de MM. de Montgravier et Ricard. 145

Planche VI, lith. — **Fouilles de Murviel,** coupe du mur — Art. de MM. de Montgravier et Ricard. 145

ANNÉE 1863, 1er SEM. — T. VII.

Planche VII, grav. — **Vase** de la reine Cléopâtre au musée Britannique. — Art. de M. F. Lenormant. 459

Planche VIII, grav. — **Monument** funéraire trouvé à Auzia (Afrique). — Art. de M. Detlefsen. 293

Planche IX, grav. — **Plan** général de la cité d'Alet. — Art. de M. Alfr. Ramé. 353

ANNÉE 1863, 2e SEM. — T. VIII.

Planche X, grav. — **Bijoux phéniciens**, nécropole de Camiros (Rhodes). — Art. de M. Aug. Salzmann. 1

Planche XI, grav. — **Mur Pélasgique** au-dessous du temple d'Apollon à Delphes. — Art. de M. P. Foucart. 43

Planche XII, grav. — **Fouilles d'Athènes.** — Art. de M. C. Wescher. 89

Planche XIII, grav. — **Fouilles d'Athènes.** — Art. de M. C. Wescher. 89

Planche XIV, lith. — **Cintre** de la stèle du roi Pianchi-Meriamoun. — Art. de M. E. de Rougé. 94

Planche XV, grav. — **Monument** de Dexiléos à Athènes. — Art. de M. C. Wescher. 351

Planche XVI, lith.-phot. — **Inscription** grecque-archaïque, trouvée à Gortyne. — Art. de M. L. Thénon. 441

Planche XVII, grav. — **Fresque** d'un hypogée étrusque de Vulci. — Art. de M. Noël des Vergers. 457

ANNÉE 1864, 1er SEM. — T. IX.

Planche I, lith. — **Aryballe** trouvé à Athènes, vase peint à ornements dorés. — Art. de M. Eug. M. O. Dognée. 52

Planche II, grav. — **Carte de la Gaule** de la table de Peutinger. — Art. de M. Maury. 60

Planche III, grav. — **Oppidum** de l'Etang de Saint-Just, Landes de Cojou. — Art. de M. Alfr. Ramé. 81

Planche IV, grav. — **Le Four-Sarasin** (tertre, enceinte et dolmen), Lande de Cojou. — Art. de M. Alfr. Ramé. 81

Planche V, lith. — **Rochers et Couvents** des Météores en Thessalie. — Art. de M. Léon Heuzey. 153

Planche VI, lith. — **Signatures des princes Serbes**, extraites des bulles découvertes aux Météores. — Art. de M. Léon Heuzey. 153

Planche VII, lith. — **Inscriptions** hébraïques à Jérusalem. — Art. de M. de Vogüé. 200

Planche VIII, grav. — **Silex** taillés de diverses stations de Périgord. — Art. de MM. Lartet et Christy. 233

Planche IX, grav. — **Figures**, ornements et ustensiles de diverses stations du Périgord. — Art. de MM. Lartet et Christy. 233

Planche X, lith. — **Inscriptions** araméennes du Haouran. — Art. de M. de Vogüé. 284

Planche XI, lith. — **Inscriptions** nabatéennes du Haouran. — Art. de M. de Vogüé. 284

Planche XII, grav. — **Statues** funéraires trouvées près de la porte Dipyle à Athènes. — Art. de M. A. Salinas. 361

Planche XIII, phot. — **Théâtre** de Bacchus à Athènes. — Art. de M. Fr. Lenormant. 434

Planche XIV, lith. — **Plan** des fouilles du théâtre de Bacchus à Athènes. — Art. de M. Fr. Lenormant. 434

ANNÉE 1864, 2e SEM.		T. X.
Planche XV, grav. —	**Bas-relief** gallo-romain du musée de Dinan. — Art. de M. Anatole de Barthélemy.	1
Planche XVI, lith. —	**Distribution** des Dolmens sur la surface de la France. — Art. de M. Alex. Bertrand.	144
Planche XVII, lith. —	**Table** de Saqqarah. — Art. de M. Mariette.	169
Planche XVIII, lith. —	**Inscription** du camp de César à Nicopolis. — Art. de M. G.-C. Ceccaldi.	211
Planche XIX, grav. —	**Plan** de l'église de Saint-Thibaut. — Art. de M. S. Prioux.	474
Planche XX, grav. —	**Piliers** de l'église de Saint-Thibaut. — Art. de M. S. Prioux.	474
Planche XXI, lith. —	**Extrait du Mss. CCXIX**, ancien fonds grec de la biblioth. imp. — Art. de M. C. Wescher.	350
Planche XXII, phot. —	**Armes** trouvées dans les fossés de César à Alise. — Art. de M. Werchère de Reffye.	337
Planche XXIII, phot. —	**Armes** trouvées dans les fossés de César à Alise. — Art. de M. Werchère de Reffye.	337
Planche XXIV, lith. —	**Le Mané Lud**, plan et coupe. — Art. de M. René Galles.	355
Planche XXV, lith. —	**Tumulus** dolmen du Mané Lud. — Art. de M. René Galles.	355
Planche XXVI, lith. —	**Tumulus** dolmens du Mané Lud. — Art. de M. René Galles.	355
Planche XXVII, grav. —	**Abside** de l'Eglise du prieuré de Saint-Thibaut; façade du prieuré. — Art. de M. S. Prioux.	474
Planche XXVIII, grav. —	**Corniches** de l'Eglise du prieuré de Saint-Thibaut. — Art. de S. Prioux.	474

ANNÉE 1865, 1er SEM.		T. XI.
Planche I, grav. —	**Monnaies** mérovingiennes. — Art. de M. A. de Barthélemy.	1
Planche II, lith. —	**Vases** provenant de tumuli, Basses-Pyrénées. — Art. de M. P. Raymond.	36
Planche III, grav. —	**Figures** comparatives d'armes antiques. — Art. de M. J. Quicherat.	81
Planche IV, lith. —	**Stèle** de l'an 400. — Art. de M. Aug. Mariette.	169
Planche V, lith. —	**Carte** de la Province de Constantine. — Art. de M. Féraud.	202
Planche VI, lith. —	**Vases** trouvés sous les Dolmens du Morbihan. — Art. de M. G. de Closmadeuc.	257
Planche VII, lith. —	**Vases** trouvés sous les Dolmens du Morbihan. — Art. de M. G. de Closmadeuc.	257
Planche VIII, lith. —	**Alphabet** Araméen. — Art. de M. de Vogüé.	319
Planche VIII *bis*, lith. —	**Alphabet** Hébreu archaïque. — **Alphabet** Hébreu carré. — Art. de M. de Vogüé.	319
Planche IX, lith. —	**Plan** du temple d'Edfou (Haute-Egypte). — Art. de M. Jacques de Rougé.	353
Planche X, lith. —	**Edfou**, couloir autour du sanctuaire. — Art. de M. Jacques de Rougé.	353
Planche XI, grav. —	**Bas-relief** de Palanqué. — **Bas-relief** de Boro-Boudor, à Java. — **Figure** de divinité indoue. — Art. de M. Gust. d'Eichtal.	486

ANNÉE 1865, 2e SEM. — T. XII.

Planche XII, lith. — **Obiadja** Ghiaour-Kaléci. — Art. de MM. G. Perrot et Guillaume. 1

Planche XIII, lith. — **Plan et coupe** du tumulus de Moustoir Carnac. — Art. de M. René Galles. 15

Planche XIV, lith. — **Plan** du Dolmen montrant la disposition des objets. — Art de M. René Galles. 15

Planche XV, lith. — **Cryptes** de la partie orientale du tumulus. — Art. de M. René Galles. 15

Planche XVI, grav. — **Tombeau** étrusque appartenant à M. F. Lenormant. Art. de M. Giancarlo Conestabile. 81

Planche XVII, grav. — **Objets** trouvés dans la Grotte de la Chaise. — Art. de MM. Bourgeois et Delaunay. 90

Planche XVIII, lith. — **Ostracon** grec du musée impérial du Louvre. — Art. de M. Frœhner. 30

Planche XIX, lith. — **Edfou**, couloir autour du sanctuaire. — Art. de M. J. de Rougé. 193-321

Planche XX, grav. — **Vase** de verre, découvert en Savoie. — Art. de M. F. Lenormant. 305

Planche XXI, lith. — **Edfou**, couloir autour du sanctuaire. — Art. de M. Jacques de Rougé. 193

Planche XXII, grav. — **Vase** arabo-sicilien. — Art. de M. A. de Longpérier. 356

Planche XXIII, grav. — **Représentation** des scènes chirurgicales d'après l'Iliade et le cycle Homérique. — Art. de M. Daremberg. 195-321

Planche XXIV, grav. — **Bas-reliefs** archaïques de l'île de Thasos. — Art. de M. Miller. 438

Planche XXV, grav. — **Bas-reliefs** archaïques de l'île de Thasos. — Art. de M. Miller. 438

ANNÉE 1866, 1er SEM. — T. XIII.

Planche I, lith. — **Projet** de classification des haches en bronze. — Note de la direction. 59

Planche II, lith. — **Projet** de classification des haches en bronze. — Note de la direction. 59

Planche II *bis*, grav. — **Nouvelle table** d'Abydos. — Art. de M. Aug. Mariette. 73

Planches III-IV, lith. — **Instruments** et Poteries de la Cueva Lobrega. — Art. de M. L. Lartet. 114

Planche V, lith. — **Projet** de classification des poignards et épées en bronze. — Note de la direction. 180

Planche VI, lith. — **Projet** de classification des poignards et épées. — Note de la direction. 180

Planche VII, grav. — **Cimetière** de Flavia Domitilla à Rome. — Art. de M. de Rossi. 225

Planche VIII, grav. — **Collier** de Vignely (Seine-et-Marne). — Art. de M. Alex. Bertrand. 285

Planche IX, lith. — **Mosaïque de Lescar.** Raymond. — Art. de M. P. 305

Planche X, grav. — **Monnaies** gauloises portant des noms de chefs. — Art. de M. F. de Saulcy. 400

Planche XI, grav. — **Monnaies** gauloises portant des noms de chefs. — Art. de M. F. de Saulcy. 400

Planche XII, lith. — **Bas-relief** de Nymphi. — Art. de MM. G. Perrot et E. Guillaume. 427

ANNÉE 1866, 2e SEM. T. XIV.

Planche XIII, lith. — **Plan** du cimetière de Somsois (Marne). — Art. de M. Morel. 23

Planche XIV, grav. — **Objets** divers trouvés dans le cimetière gaulois de Somsois (Marne). — Art. de M. Morel. 23

Planche XV, lith. — **Miroir** étrusque trouvé près de Pérouse. — Art. de M. Giancarlo Conestabile. 109

Planche XVI, lith. — **Dolmen** de Kergaval en Carnac. — Art. de M. René Galles, etc. 153

Planche XVII, lith. — **Tombeau** de Josué. — Art. de M. Aurès. 225

Planche XVIII, lith. — **Tombeau** de Josué. — Art. de M. Aurès. 225

Planche XIX, lith. — **Tombeau** de Josué. — Art. de M. Aurès. 225

Planche XX, lith. — **Edfou,** couloir autour du sanctuaire. — Art. de M. Jacques de Rougé. 297

Planche XXI, lith. — **Carte** de l'empire romain sous Dioclétien. — Art. de M. Mommsen, traduction d'Em. Picot. 369

Planche XXII, grav. — **Monnaies** de Macédoine. — Art. de M. F. Bompois. 405

Planche XXIII, grav. — **Monnaies** de Macédoine. — Art. de M. F. Bompois. 405

ANNÉE 1867, 1er SEM. T. XV.

Planche I, lith. — **Brique** estampée découverte dans le midi de la France. — Art. de M. A. de Barthélemy. 154

Planche II, lith. — **Carte** de la géographie de Festus Avienus, *Ora Maritima Galliæ*. — Art. de M. F. de Saulcy. 54

Planche III, grav. — **Monnaies** gauloises au type du cheval et de l'oiseau. — Art. de M. A. de Barthélemy. 154

Planche IV, grav. — **Les grandes déesses.** — Bas-relief d'Eleusis. — Art. de M. F. Lenormant. 161

Planche V, lith. — **Inscriptions** du temple de Dendérah. — Art. de M. Aug. Mariette. 290

Planches VI-VII, lith. — **Projet** de classification des bracelets en bronze. Note de la direction. 300

Planche VIII, grav. — **Fouilles** de l'allée couverte d'Argenteuil. — Art. do M. Léon Leguay. 364

Planches IX-X-XI, grav. — **Fouilles** de l'allée couverte d'Argenteuil. — Art. de M. Léon Leguay. 364

Planche XII, grav. — **Tête de lance** en Silex. — Art. de M. H. de Ferry. 434

ANNÉE 1867, 2e SEM. T. XVI.

Planche XIII, grav. — **Statue gauloise** du musée Calvet à Avignon. — Note de la direction. 69

Planche XIV, grav. — **Divers Umbo** de boucliers gaulois. — Note de la direction. 69

Planche XV, grav. — **Tête de femme** trouvée à Argos. — Art. de M. F. Lenormant. 116

Planche XVI, grav. — **Objets** trouvés sous la lave à Thérasia. — Art. de M. Alb. Dumont. 141

Planche XVII, grav. — **Grande hache** en bronze du cabinet de M. Pelet. Art. de M. Aurès. 184

Planche XVIII, grav. — **Haches** en bronze trouvées à Vauvert (Gard) en 1851. — Art. de M. Aurès. 184

Planche XIX, lith. — **Carte** de la source des bains de Diane. — Art. de M. Slaars. 214

ANNÉE 1867, 2e SEM. — T. XVI.

Planche XX, grav. — **Tombe** Gallo-Italique de Sesto-Calende (Italie). — Note de la direction. 279

Planche XXI, grav. — **Tombe** Gallo-Italique de Sesto-Calende (Italie). — Note de la direction. 279

Planche XXII, lith. — **Origine** de l'alphabet grec. — Art. de M. F. Lenormant. 273

Planche XXIII, lith. — **La Poissonnière**, château de Ronsard, cheminée de la grande salle. — Bibliographie (A. B.). 370

Planche XXIV, grav. — **Rouelles antiques.** — Art. de M. de Longpérier. 342-397

Planche XXV, grav. — **Rouelles et anneaux.** — Art. de M. de Longpérier. 342-397

Planche XXVI, grav. — **Anneaux et rondelles.** — Art. de M. de Longpérier. 342

ANNÉE 1868, 1er SEM. — T. XVII.

Planche I, grav. — **Miroir** trouvé à Corinthe. — Art. de MM. J. de Witte et Dumont. 89

Planche II, phot. — **Bas-relief** du temple de Bacchus, à Athènes. — Art. de MM. J. de Witte et Dumont. 89

Planche III, grav. — **Céramique Gauloise**, cimetières du département de la Marne. — Note de la direction. 93

Planche IV, grav. — **Reliquaire** du treizième siècle, trésor de l'abbaye de Saint-Maurice. — Art. de M. E. Aubert. 105

Planche V, lith. — **Tablettes** judiciaires inédites du musée d'Athènes. — Art. de M. Alb. Dumont. 140

Planche VI, lith. — **Variétés** de l'alphabet grec éolo-dorien. — Art. de M. F. Lenormant. 189

Planche VII, lith. — **Figurine** en pierre de la station de Solustre (Saône-et-Loire); âge du Renne. — Art. de M. H. de Ferry. 207

Planche VIII, lith. — **Mur gaulois** de l'Oppidum de Murceint (Lot). — Note de la direction (Castagnez). 249

Planche IX, lith. — **Plan** de la forteresse du sud à Troesmis. — Art. de M. Ern. Desjardins. 254

Planche X, lith. — **Etat** actuel de la forteresse du sud à Troesmis. — Art. de M. Ern. Desjardins. 254

Planche XI-XII, lith. — **Stèle** du songe. — Art. de M. G. Maspero. 329

Planche XIII, grav. — **Génie** des combats de coqs. — Art. de M. J. de Witte. 372

Planche XIV, grav. — **Intailles** phéniciennes. — Art. de M. de Vogüé. 432

Planche XV, grav. — **Intailles** araméennes. — Art. de M. de Vogüé. 432

Planche XVI, grav. — **Intailles** hébraïques. — Art. de M. de Vogüé. 432

ANNÉE 1868, 2e SEM. — T. XVIII.

Planche XVII, grav. — **Attributs** des Questeurs. — Art. de M. H. de Longpérier. 58-100

Planche XVIII, grav. — **Fiscus** (bronze et fer). — Art. de M. H. de Longpérier. 109

Planche XIX, lith. — **Ruines** d'une ville romaine à Kaialik (Bulgarie). — Art. de M. Guill. Lejean. 81

Planche XX, grav. — **Coffres-forts** trouvés à Pompeï. — Art. de M. H. de Longpérier. 158

Planche XXI, lith. — **Le Rocher** d'Hagios Ghiorghios-Erimoskastro (Ile de Rhodes). — Art. de M. Ch. Tissot. 153

ANNÉE 1868, 2e SEM. — **T. XVIII.**

Planche XXII, grav. — **Vase** gallo-romain, trouvé dans la Cité, à Paris. — Art. de M. Read. 225

Planche XXIII, lith. — **Four à Potier** gallo-romain, à Bellevue, près Agen (Lot-et-Garonne). — Note de la direction. 297

Planche XXIV, grav. — **Cimetière** de l'âge de la Pierre polie, découvert sur les bords du Rhin. — Note de la direction. 377

ANNÉE 1869, 1er SEM. — **T. XIX.**

Planche I, grav. — **Figure** sculptée sur un chapiteau de pilastre à Bayeux. — Art. de M. Léon Heuzey. 1

Planche II, grav. — **Les Tombes** de l'ancien empire (Egypte). — Art. de M. Aug. Mariette. 7

Planche III, lith. — **Les Tombes** de l'ancien empire (Egypte). — Art. de M. Aug. Mariette. 81

Planche IV, lith. — **Les Tombes** de l'ancien empire (Egypte). — Art. de M. Aug. Mariette. 81

Planche V, grav. — **Figures** trouvées dans l'île du Chypre. — Art. de M. Colonna Ceccaldi. 257

Planche VI, grav. — **Figures** trouvées dans l'île de Chypre. — Art. de M. Colonna Ceccaldi. 257

Planche VII, lith. — **Temple** de Vénus, Arsinoé Zéphiritis. — Art. de M. G. Colonna Ceccaldi. 268

Planche VIII, lith. — **Stèle** d'Abydos. — Art. de M. Paul Pierret. 273

Planche IX, grav. — **Basilique** de Saint-Martin. — Art. de M. J. Quicherat. 313

Planche X, grav. — **Cimetière** de Monsheim (Hesse Rhénane). — Note de la direction. 325

Planche XI, grav. — **Bronze** tiré du cabinet de M. de Saulcy. — Art. de M. G. Perrot. 393

Planche XII, grav. — **Basilique** de Saint-Martin de Tours. — Art. de M. J. Quicherat. 403

ANNÉE 1869, 2e SEM. — **T. XX.**

Planche XIII, grav. — **Basilique** de Saint-Martin de Tours, plan. — Art. de M. J. Quicherat. 1

Planche XIV, grav. — **Basilique** de Saint-Martin de Tours, plan des dépendances de l'Eglise. — Art. de M. J. Quicherat. 8

Planche XV, grav. — **Objets** découverts à Thasos. — Art. de M. Miller. 135

Planche XVI, grav. — **Statues** trouvées à Chypre. — Art. de M. T. Colonna Ceccaldi. 208

Planche XVII, grav. — **Bas-relief** funéraire du cabinet de M. Brunet de Presle. — Art. de M. Alb. Dumont. 233

Planche XVIII, lith. — **Fragments** de l'inscription de la Turbie. — Art. de M. de H. Cerquand. 280

Planche XIX, grav. — **Simulacre** de palette de scribe, musée égyptien du Louvre. — Art. de M. T. Deveria. 305

Planche XX, lith. — **Plan** du temple de Vénus Arsinoé Zéphyritis. — Art. de M. Aurès. 377

Planche XXI, lith. — **Temple** de Vénus Arsinoé Zéphiritis. — Art. de M. Aurès. 377

Planche XXII, lith. — **Plan** de l'Oppidum de Nages (Gard). — Art. de M. Ed. Flouest. 392

FIN.

Paris. — E. DE SOYE et FILS, imprimeurs, place du Panthéon, 5.

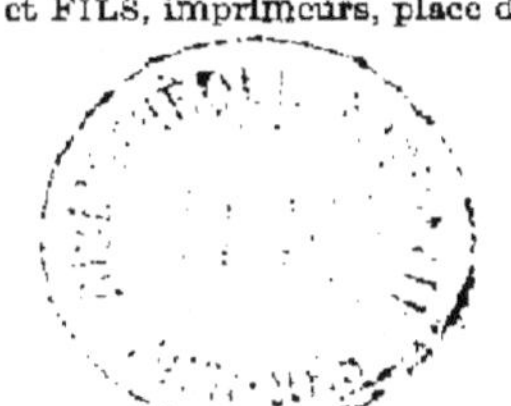

www.ingramcontent.com/pod-product-compliance
Lightning Source LLC
LaVergne TN
LVHW082354160826
845678LV00008B/1839

* 9 7 8 2 3 2 9 7 6 2 2 6 5 *